Vertreibung aus dem Paradies

Halima Alaiyan

Vertreibung aus dem Paradies

Meine lange Flucht aus Palästina

Mit einem Nachwort von Oskar Lafontaine

Marion von Schröder Verlag

Der Marion von Schröder Verlag ist ein Verlag der
Ullstein Heyne List GmbH & Co. KG
Redaktion: Regina Carstensen
Gesetzt aus der Berling bei Franzis print & media, München
Druck und Bindung: GGP Media, Pößneck

Printed in Germany

ISBN 3-547-71028-6

Und der Herr sprach zu Abram: »Geh aus deinem Vaterland und von deiner Verwandtschaft und aus deines Vaters Haus in ein Land, das ich dir zeigen werde.« … So nahm Abram Sarai, seine Frau, und Lot, seines Bruders Sohn, mit all ihrer Hab [illegible] gewonnen hatten in Haran und zogen aus, um i [illegible] eisen. Und sie kamen in das Land, u [illegible] bis an die Stätte bei Sichem [illegible] en aber zu der Zeit die Ka [illegible]

[illegible] Testament, Genesis, 12

Wir glauben an Allah
und an das, was er uns
und was er Abraham und Ismael und Isaak und Jakob
und den Stämmen offenbarte,
und an das, was Moses, Jesus und den Propheten
von ihrem Herrn gegeben wurde.
Wir kennen unter diesen keinen Unterschied.
Wir bleiben Allah ergeben.

Der Koran, 2. Sure

Meinen Eltern, meinen Geschwistern
und meinen drei Kindern gewidmet

Prolog

Fremde im eigenen Land

Mein Sohn war nicht mehr da. Talat war tot. Er hatte den Kampf gegen eine seltene Krankheit verloren. Nun war ich allein auf mich gestellt, war für niemanden mehr verantwortlich. Viele Bilder aus vergangenen Zeiten schwirrten durch meinen Kopf, die Erzählungen meines Vaters über mein palästinensisches Zuhause rückten immer drängender in mein Bewusstsein, bestimmten meine Gedanken. Jetzt schien die Zeit dafür gekommen zu sein, dass ich meinen Geburtsort aufsuchte. Ibdis hieß er, damals in Palästina. Heute liegt er in den Grenzen des Staates Israel.

Sobald sich diese Idee erst einmal in meinem Kopf festgesetzt hatte, ließ sie mich nicht mehr los. Von Tag zu Tag wurde der innere Drang stärker, die alte Heimat meines Vaters mit eigenen Augen zu sehen, an die ich mich nicht mehr erinnern konnte. Ich war noch ein Baby, als meine Familie 1948 aus unserem Dorf fliehen musste, um den grausamen Angriffen der Juden zu entkommen. Seitdem leben wir im Exil, in Ägypten, Saudi-Arabien, im Irak oder – wie ich – in Deutschland. Die größte Sehnsucht meines Vaters war es, eines Tages Ibdis wiederzusehen und dort zu sterben. Doch als Palästinenser mit einem ägyptischen Flüchtlingspass durfte er nie mehr in seine Heimat einreisen. Mein Vater starb in Kairo, und mit ihm sein Traum von einem befreiten Palästina. Wenn er schon nicht den Boden von Ibdis betreten durfte, dann wollte wenigstens ich es schaffen. Als deutsche Staatsbürgerin, die ich inzwischen geworden war, konnte ich ohne größere Komplikationen dorthin reisen. Ich wollte die Erde sehen, unter der ich alle meine verstorbenen Angehörigen am liebsten vereint gesehen hätte, auch meinen Sohn. Also beschloss ich, Ibdis zu finden, das Dorf, das mir mein Vater mit seinen Erinnerungen förmlich eingebrannt hatte.

Zusammen mit meiner Freundin Stefanie flog ich zu ihrer Schwester nach Tel Aviv. Linda lebte dort, seit sie nach einem Kibbuz-Aufenthalt einen Israeli geheiratet hatte. Was für eine Begegnung! Ein deutsch-jüdisches Ehepaar erwartete in Israel eine Palästinenserin, die im Land des Holocaust lebte.

Bevor es dazu kam, mussten einige Hindernisse überwunden werden. Schon am Flughafen Frankfurt wurde unser Gepäck gründlich durchsucht, und ich wurde von Angehörigen des israelischen Geheimdienstes regelrecht verhört.

»Was ist der Grund Ihres Besuches in Israel?«

»Ich möchte meinen Geburtsort sehen.«

»Seit wann leben Sie in Deutschland?«

»Seit fünfundzwanzig Jahren.«

»Wovon leben Sie in Deutschland?«

»Ich bin Ärztin.«

»Wer hat Ihnen das Studium finanziert?«

»Ich selbst.«

»Sind Sie verheiratet?«

»Ich bin geschieden. Seit zehn Jahren.«

»Warum wurden Sie geschieden? Für Moslems ist das nicht üblich.«

Ich schwieg, weil ich diesen Männern nicht meine Geschichte erzählen konnte. Sie drängten aber auch nicht auf eine Antwort, sondern setzten ihre Befragung fort.

»Wo leben Sie in Deutschland?«

»Im Saarland.«

»Nie woanders gewohnt?«

»Nein. Mein Sohn war an das Krankenhaus in Homburg gebunden. Dort gab es einen Blutspenderpool, dessen Blut ihm verträglich war.«

»Wie viele Kinder haben Sie?«

»Drei. Mein einziger Sohn ist gerade gestorben.«

»Haben Sie Geschwister? Wo leben sie?«

»Ein Bruder und eine Schwester leben in Saudi-Arabien, mein ältester Bruder und meine jüngste Schwester in Bagdad.«

»Und Ihre Eltern?«

»Meine Mutter lebt bei meinem ältesten Bruder, wie es sich gehört, wenn der Vater gestorben ist.«

»Wann haben Ihre Geschwister Sie das letzte Mal besucht? Wann waren Sie bei ihnen? Schicken Sie Ihnen Geld?«

Die Fragen schienen kein Ende nehmen zu wollen. Als ich endlich alles zur Zufriedenheit beantwortet hatte, wurden wir durch mehrere Sicherheitskontrollen geschleust, dann erst durften wir in das von Militär und Panzern umringte Flugzeug einsteigen.

Nach der Ankunft in Tel Aviv musste ich erneut Fragen beantworten: »Warum sind Sie hier? Zu wem wollen Sie? Wie lange bleiben Sie? Wie oft waren Sie in Israel?« Ich verstand die Sicherheitsmaßnahmen, doch überlegte ich, wie es sich in einem Land lebt, das derartige Vorkehrungen treffen muss. Als wir das Flughafengebäude verließen, kam es mir wie eine Befreiung vor. Ich dachte an die Berichte von Freunden, die zur Zeit der DDR ihre Verwandten in Ostdeutschland besuchen wollten und von Grenzkontrolleuren mit unendlichen Fragen genervt wurden.

Stefanie und ich wohnten bei ihrer Schwester Linda und ihrem Mann Rafael nicht weit vom Strand entfernt. Nach einem langen Spaziergang auf der Promenade setzten wir uns alle in die Küche und unterhielten uns angeregt. Plötzlich sagte ich lachend: »Ich plaudere gerade mit meinen Feinden.« Linda und Rafael erwiderten das Lachen, und wir diskutierten bis spät in die Nacht. Es war für mich das erste Mal in meinem Leben, dass ich zusammen mit einem Juden an einem Tisch saß und mit ihm aß. Hinzu kam, dass Rafael ein großzügiger und freundlicher Gastgeber war. Als ich spät in der Nacht im Bett lag, dachte ich, ich sei in einem arabischen Land; so sehr war ich bislang nur in Ägypten, Saudi-Arabien und im Irak verwöhnt worden.

Über zweiundvierzig Jahre waren seit unserer Vertreibung vergangen. Nun war ich in unsere Heimat zurückgekehrt, ein Glück, das meinen Eltern nicht beschieden war. Wie oft hatte mein Vater zu Allah darum gebetet, eines Tages in sein Dorf zurückkehren zu dürfen. Wie oft hatte er um sein verlorenes Zuhause geweint. Er wollte dort begraben werden, aber diesen Lebenswunsch konnten wir ihm nicht erfüllen. Doch nun war ich hier. Welch ein Gefühl der Freude und des Glücks! Wenigstens ich befand mich stellvertretend für ihn in seinem Paradies.

Gleich am nächsten Tag machte ich mich auf die Suche nach unserem Dorf Ibdis. Es musste südlich von Tel Aviv liegen, nicht weit entfernt von Jaffa. Mein Vater hatte immer von seinen Ausflügen ans Meer erzählt, und dass die Familie hin und wieder nach Jaffa gegangen war. Aber die Namen der Dörfer und Städte hatten sich in der Zwischenzeit geändert.

Rafael wälzte Lexika und Bücher, breitete alte Landkarten aus und fragte überall herum, bis er endlich den heutigen Namen herausbekommen hatte. Er zeigte auf einen Punkt auf einer neuen Karte und sagte: »Hier muss dein Geburtsort liegen. Das Dorf existiert nicht mehr, dort soll jetzt ein Kibbuz sein.«

Stefanie, Linda und ich mieteten uns ein Auto und machten uns auf den Weg nach dem einstigen Ibdis. Unterwegs stiegen die Bilder der Flucht in mir auf, wenigstens jene Bilder, die mir mein Vater ausgemalt hatte. Würde ich die Gegend noch wiedererkennen? Waren die Erinnerungen meines Vater möglicherweise getrübt durch Wunschträume? Oder hatten die Israelis alles zerstört, mit dem Aufbau des Kibbuz auch die Obstplantagen in Vieh- oder Getreideland umgewandelt? Da mir auch Linda keine Antwort geben konnte, erschien mir in meiner Ungeduld die Strecke bis zum Ziel unendlich lang.

Beim Hinausschauen aus dem Auto kam mir die Umgebung bekannt vor. Es war genau so, wie mein Vater es mir immer erzählt hatte: Haine mit Orangen-, Zitronen-, Feigen- und Olivenbäumen, die sich in einer endlosen Weite verloren. Alles war noch da. Warum sollte es auch anders aussehen als damals? Doch inmitten der Baumbestände entdeckte ich eine lange, hohe weiße Mauer, die die Kibbuz-Siedlung umschloss. Sie war in den Schilderungen meines Vater nicht vorgekommen. Vor der Mauer, die, wie ich jetzt erkennen konnte, durch ein breites, eisernes Tor unterbrochen wurde, ging ein alter Mann mit einem Jungen spazieren. Ich bat Linda, das Auto anzuhalten. Hastig stieg ich aus meinem Sitz.

»Kannst du mir sagen, wo mein Dorf liegt? Ibdis hat es einmal geheißen«, sprach ich den Mann auf Arabisch an.

»Wer bist du? Wie heißt dein Vater?«, fragte er überrascht.

Ich nannte unsere Namen, worauf sich auf dem gegerbten Gesicht des Alten ein Lächeln zeigte.

»Ich kannte deinen Vater und deine Mutter, auch deine Großeltern. Und hast du nicht auch drei Brüder?«

Mir liefen Tränen über die Wangen. Ich konnte es nicht glauben, dass ich hier einen Menschen getroffen hatte, der meine Eltern kannte. Der Mann redete weiter und zeigte mit seiner Hand auf Mauerreste schräg gegenüber dem Kibbuz.

»Das war einst euer Haus. Früher gab es daneben noch eine englische Polizeistation. Sämtliche Obstplantagen, die du sehen kannst, haben euch gehört. Der Kibbuz hier ist erst später errichtet worden.«

Ich bedankte mich bei ihm und lief eilig zu dem alten Gemäuer. Vorsichtig setzte ich mich auf einen stabil aussehenden Steinblock und schloss die Augen. Ich weiß nicht, wie lange ich da so saß und träumte. Mir kam es wie eine Ewigkeit vor.

Hier hatten also meine Eltern gelebt, hier waren meine Brüder groß geworden, hier wurde ich geboren, auf diesem kleinen Fleck Erde. Ich öffnete die Augen und betastete die Steine der Ruine. Ich glaubte, meine Eltern riechen zu können, den etwas scharfen Pferdegeruch in den Kleidern meines Vaters, die nach Zitrone duftenden Haare meiner Mutter. In diesem Moment fand ich meine Eltern, meine Vergangenheit.

Ich schritt den gesamten Platz, auf dem unser Haus gestanden hatte, langsam ab. Immer wieder blickte ich zu den Obstbäumen. Die schneeweißen und rosigen Blüten schienen in dem leichten Wind durch die Lüfte zu schweben. Dann sah ich meinen Vater zur Polizeistation gehen, sah ihn dort mit den Engländern sitzen und Kaffee trinken. Von ihnen hatte er ihre Sprache gelernt. Mein Vater konnte weder lesen noch schreiben, er war Analphabet, aber er konnte Englisch. Er konnte es sogar besser als wir Kinder, die es in der Schule gelernt hatten. Die britischen Polizisten waren auch häufig bei uns zu Hause, um als Gäste mit uns zu speisen. Später spielte mein Vater mit einem von ihnen Schach, wobei sie Pfefferminztee tranken und süße Datteln aßen. Ich sah meine Mutter, wie sie Weintrauben, Orangen und Feigen erntete und daraus Marmelade kochte. Ich sah meine Brüder durch die Obstgärten rennen und mit großem Wagemut die Bäume hochklettern.

Tief in meinem Innern spürte ich bei meinem Rundgang

durch die Ruine: Hier bin ich zu Hause. Hier könnte ich leben, hier möchte ich begraben sein. Ein solches Gefühl von Heimat hatte ich nie zuvor empfunden, nur hier, an diesem Ort, wo unser Haus gestanden hatte, wo meine Eltern ihr gemeinsames Leben aufbauten, wo ich geboren wurde, in Palästina.

Aber zugleich wusste ich, ich war eine Fremde, in meinem eigenen Land. Trotz meiner Traurigkeit versuchte ich ein Lächeln auf meine Lippen zu zwingen; ich wollte meine Freundinnen nicht mit meinem Schicksal belasten.

»Bitte sehr, ich möchte euch einladen, von meinem Obst zu kosten. Ihr könnt so viel essen und mitnehmen, wie ihr möchtet. Ihr seid meine Gäste«, rief ich Stefanie und Linda zu.

Wir mussten lachen und aßen uns satt an den Früchten, die nun einem anderen gehörten.

Ein paar von den Orangen nahm ich mit nach Deutschland, nicht um sie zu essen, sondern um ihren Geruch noch lange in der Nase zu haben, den Geruch von Zuhause. So wie mich damals meine Mutter bei unserer Flucht an ihr Herz drückte, so hielt ich jetzt die prallrunden Früchte. Wochenlang lagen sie in Homburg in einer Obstschale, bis sie ganz klein und schrumpelig geworden waren.

Auch einen Stein hatte ich mit mir fortgenommen. Er liegt noch immer auf meinem Schreibtisch, und bei seinem Anblick denke ich jedes Mal an unser Haus in Ibdis. Und dass ich damals in meiner Aufregung vergaß, den alten Mann nach seinem Namen zu fragen. Ich werde ihn wohl nie wieder sehen. Warum hatte ich ihn nicht auch nach den anderen Menschen im Dorf gefragt? Nun war es zu spät.

Die Orangenhaine meines Vaters

Mein Vater war ein stattlicher Mann, mit heller Haut, dunkel glänzendem Haar und Augen, so blau wie das Mittelmeer. Sein Gehaben erlebte ich als stolz, seine Erscheinung als imposant; nicht selten zeigte er sich streng. Er trat wie ein Patriarch auf, wenn auch wie einer, der eher zufällig diese Rolle einnehmen musste. So schien es mir wenigstens. Ich empfand ihn aber auch als liebevoll, zärtlich, warmherzig und rücksichtsvoll, als einen arabischen Mann, der seine Familie auf Händen trug und sie gegen den Rest der Welt beschützte.

Nur wenn er mir Geschichten aus Palästina erzählte, war er traurig, schwach und voller Sehnsucht. Tränen rannen über sein Gesicht, wenn er von unserer verlorenen Heimat sprach. Oft saßen wir beide auf einem Hügel inmitten von Orangenhainen, die mein Vater für einen ägyptischen Pascha verwaltete. Gemeinsam schauten wir auf das vor uns liegende fremde Land. Noch heute höre ich seine melancholische Stimme, mit der er von der Vertreibung aus unserem schönen, fruchtbaren und geliebten Palästina erzählte.

»Wir wurden in einer Nacht im Jahr 1948 vertrieben. Sie war von den vielen Bränden so hell wie der Tag«, begann mein Vater. »Mit der Zeit färbte sich der Himmel, der vom

Dröhnen der israelischen Flugzeuge erfüllt war, orangerot. Überall schlugen Bomben ein. Nach jeder Explosion leuchtete das Firmament wie bei einem Blitzschlag auf. Häuser krachten zusammen, Menschen schrieen und irrten umher, suchten nach ihren Angehörigen oder einem schützenden Ort. In diesem Chaos rannten wir über brennende Felder, fort von unserem Dorf Ibdis, das unentwegt bombardiert wurde.«

»Warum aber haben Menschen unsere Häuser zerstört?«, fragte ich, damals noch voller Unverständnis.

»Die Juden, die vor vielen tausend Jahren in dieser Gegend gelebt haben, dann aber in alle Winde zerstreut wurden, wollten eine neue Heimat haben«, antwortete mein Vater. »Wo immer sie auf der Welt lebten, wurden sie grausam verfolgt. Nun suchten sie eine sichere Bleibe.«

»Warum sind sie dann nicht als Gäste zu uns gekommen? Wir hätten sie doch freundlich bewirtet und ihnen Schutz gegeben«, sagte ich.

Mein Vater lachte mit seinen noch tränennassen Augen über meine naive Einschätzung der Situation.

»Halima, es ist auf dieser Welt viel komplizierter, als du denkst. Später wirst du das alles besser verstehen.«

Ich gab mich mit seiner Antwort nur halb zufrieden, denn es leuchtete mir nicht ein, warum wir wegen der Probleme der Juden nicht mehr in unserer Heimat leben konnten.

»Vater, wie alt war ich damals?«

»Du konntest noch gar nicht richtig laufen, dich gerade an einem Stuhl hochstemmen. Als jüngstes Kind hattest du bei unserer Flucht den sichersten Platz, nämlich in den Armen deiner Mutter. Ich hielt Miriam und Joseph an den Händen, deine beiden anderen Geschwister, Ruschdi und Schaukat, klammerten sich am Kleid deiner Mutter fest oder an deinem Onkel Abdallah, der gerade bei uns zu Besuch war. Deine Mutter presste dich an ihr Herz, das immer dann, wenn Soldaten auftauchten, fast stehen blieb.

Es waren jüdische Soldaten, die Palästina gewaltsam besetzten, um nach dem Zweiten Weltkrieg den Staat Israel zu gründen. Deshalb vertrieben sie uns aus unserer Heimat.«

»Was ist Israel?«, fragte ich. »Und was sind eigentlich die Juden, von denen du immer sprichst?«

»Die Juden sind Nachkommen von Abraham. Eigentlich hieß er Abram, aber nach einem Kampf mit einem Engel nannte man ihn Abraham, ›Gottesstreiter‹. Abraham hatte zwei Söhne, Ismael und Isaak. Isaak wiederum hatte ebenfalls zwei Söhne, Esau und Jakob. Dem Jakob, der auch den Namen Israel trug, wurden zwölf Söhne geschenkt. Sie begründeten die zwölf Stämme Israels, die in Palästina mit unseren Vorfahren zusammen lebten. Das alles steht im Alten Testament geschrieben. Wir Moslems sind die Nachkommen von Ismael.«

»Aber dann sind Juden und Moslems Brüder und Schwestern?«

»So kann man es sehen.«

»Dann verstehe ich nicht, warum wir aus unserem Land weggehen mussten.«

»Da bist du nicht die Einzige«, antwortete mein Vater.

»Und was geschah weiter auf unserer Flucht?«

»Als der Tag anbrach, verbargen wir uns in den Feldern. Zum Glück war das Getreide noch nicht abgeerntet, sodass die Halme uns Schutz boten. In die umliegenden Dörfer konnten wir nicht gehen, weil die Soldaten jeden Palästinenser, den sie entdeckten, töteten. Sie stürmten sämtliche Häuser und trieben die Menschen aus ihren Verstecken hinaus auf Sammelplätze und erschossen dort ohne Unterschied Männer, Frauen und Kinder. Manchmal kamen Soldaten in unsere Nähe. Wir mussten den Atem anhalten, um uns nicht zu verraten. Euch Kindern pressten wir die Hände auf den Mund, damit ihr uns nicht durch Weinen und Schreien verraten konntet.

Nach Einbruch der Dunkelheit liefen wir wieder weiter,

immer weiter. Es war schrecklich. Wir rannten stundenlang, ohne zu wissen, wohin wir uns wenden sollten, nur um irgendwo einen schützenden Platz zu finden. Immer wieder schlugen in unserer unmittelbaren Nähe Granaten ein. Onkel Abdallah wurde von einer Kugel getroffen. Wir konnten das Blut nicht stillen, das aus seiner Bauchwunde quoll. Er starb in meinen Armen. Es gab keine Möglichkeit, ihn zu begraben. Wir konnten ihm nur noch die Augenlider zudrücken und ihn ein letztes Mal umarmen. Wir mussten ihn zwischen den Maisstauden liegen lassen. Traurig erhob ich mich und blickte zurück in die Richtung unseres Dorfes. Ich sah eine riesige Feuerwalze, die über die Felder auf uns zurollte.

Wir hasteten weiter. Plötzlich gab es eine ungeheure Detonation, viel stärker als von den üblichen Granaten. Rings um uns hörten wir überall Schreie, die mühsam unterdrückt wurden. Stille Schreie, dachte ich, sind noch furchtbarer als laute. Beim Weitergehen stolperten wir in einen Schützengraben, fielen auf Verletzte und Tote. Flüsternde Stimmen befahlen uns auf Arabisch, uns hinzulegen, nicht zu sprechen und bis zum Hellwerden zu warten. Sie gehörten ägyptischen Soldaten, die aufseiten der Palästinenser kämpften.«

»Warum setzten ägyptische Soldaten für uns ihr Leben aufs Spiel?«, fragte ich.

»Alle arabischen Länder«, sagte mein Vater, »haben sich gegen den britischen Vorschlag, Palästina zu teilen und den Juden eine Hälfte unseres Landes zu geben, gewehrt. Dieser Vorschlag wurde aber von einer größeren Macht, den Vereinten Nationen, anerkannt, gegen unseren Willen, gegen den Willen aller arabischen Völker, die nicht in den Vereinten Nationen waren.«

Ich verstand kaum etwas von dem, was mein Vater erklärte. Ich begriff nur, dass es Länder und Vereinigungen gab, die stärker als Palästina waren. Manche von ihnen wollten uns helfen, manche nicht.

»Als die Sonne aufging«, fuhr mein Vater fort, »hatten sich die Flugzeuge verzogen. Beißender Rauch und der Gestank von verbranntem Fleisch erfüllten die Luft. In einigen Feldern loderten noch Flammen. Tiere jaulten, Menschen stöhnten und weinten. Eine junge Frau lief mit stummen Tränen an mir vorbei und versuchte, ihr Baby zu trösten, das sie an die Brust gedrückt hatte. Ich ging ihr nach, um ihr zu helfen, da bemerkte ich, dass sie nur ein verschmutztes Kopfkissen in ihren Armen hielt. Viele Verwundete lagen oder saßen auf dem Boden, Mütter, Väter und Kinder riefen verzweifelt die Namen von Angehörigen.

Auch wir hatten uns in dem Durcheinander nach der großen Explosion aus den Augen verloren. Deine Schwester Miriam und dein Bruder Joseph waren bei mir. Wo aber war eure Mutter? Wo warst du? Auch Ruschdi und Schaukat konnte ich nirgends entdecken. Verzweifelt suchte ich zwischen den Toten, fand euch aber nicht. Ich wusste nicht mehr, ob ihr noch am Leben wart. Laut rufend lief ich auf den Feldern umher, fragte jeden, der mir entgegenkam, ob er euch gesehen hätte. Doch die Menschen waren mir fremd, kannten sich auch untereinander nicht und waren mit sich selbst beschäftigt. Es dauerte viele Stunden, dann endlich gab die Stimme deiner Mutter Antwort. ›Allah sei Dank‹, rief ich erleichtert. Als deine Mutter mich hörte, kletterte sie mit dir aus einem Schützengraben hervor. Die von Bomben zerfetzten Körper toter ägyptischer Soldaten hatten euch geschützt. Tote haben euch das Leben gerettet.«

»Hast du sie gekannt?«

»Nein.«

Mein Vater streichelte mir über den Kopf.

»Eure Gesichter, eure Körper waren blutüberströmt, aber ihr wart unverletzt«, sagte mein Vater. »Ich umarmte euch und fragte nach deinen beiden anderen Brüdern. Entsetzt und zugleich hilflos schauten wir uns an: Niemand konnte sich so recht erinnern, wann wir Ruschdi und Schaukat das letzte Mal gesehen hatten. Nach einer kurzer Atempause suchten wir nach deinen Brüdern und drehten sogar in den Schützengräben die Toten um. Wir sahen sie uns an, und stets hoffte ich, meine Söhne nicht bei den Toten zu finden.

Plötzlich rief uns ein ägyptischer Soldat zu: ›Kommt, hier sind zwei Jungen!‹ Sie kauerten, fest aneinander geschmiegt, in einem Wassergraben. Es waren tatsächlich unsere Kinder, deine Brüder. Ihr Auftauchen kam uns wie eine Wiedergeburt vor. Ruschdi und Schaukat hatten fiebrig glänzende Augen, waren verstört vom Anblick der vielen toten Menschen und trauten sich nicht aus ihrem Versteck heraus. Inmitten dieses unsinnigen Krieges war unsere Zusammenführung ein außerordentliches Glück. Wir lagen uns alle in den Armen und weinten, zum ersten Mal, seit wir unser Haus verlassen hatten, teils aus Freude, teils aber auch aus Verzweiflung. Von all unseren Verwandten, Nachbarn und Freunden waren nur wir übrig geblieben. Um uns herum gab es nur noch Fremde. Wir hatten alles verloren, unser Zuhause, unsere Felder mit den Mandel-, Orangen- und Zitronenbäumen, unser gesamtes Geld.

Alle versuchten in dem großen Durcheinander sich gegenseitig zu helfen. Zusammen mit den Soldaten kümmerten wir Männer uns um die Verletzten. Sie wurden zu einem in der Nähe haltenden Zug gebracht, mit dem sie in ein Krankenhaus transportiert werden sollten. Die Toten wurden in einem eigenen Waggon aufeinander gestapelt.«

»Erzähl weiter, ich will die ganze Geschichte hören«, bat ich meinen Vater.

»Wir froren, obwohl es ziemlich warm war«, gab er weiter Auskunft. »Wir froren aus Angst, Müdigkeit, Hunger und Durst. Wir hatten nichts als unsere inzwischen zerfetzten und dreckigen Kleider auf dem Leib. Wir hatten kein Geld, keine Papiere, einfach nichts. Die ägyptischen Soldaten gaben uns etwas zu essen und zu trinken. Anschließend zeigten sie auf den Zug, in dem die Verwundeten und Toten lagen, die von der Front weggebracht werden sollten. Sie sagten zu mir: ›Rette deine Familie. Fahr nach Ägypten, dort bekommst du Hilfe.‹ Wir kletterten also alle in den Zug, ohne weiter darüber nachzudenken, was wir taten. Wir besiegelten mit dieser unbewussten Entscheidung unser Schicksal. Seit diesem Augenblick waren wir für immer entwurzelt, wurden wir zu Ausländern, Exilanten ohne Identität, aufrechterhalten allein von der Hoffnung auf eine Wiederkehr in die geliebte Heimat.

Die meisten Menschen in dem Zug waren verletzt. Wir hörten ein fortwährendes Jammern und Stöhnen, Weinende hielten sich gegenseitig fest, wenn ihr Zittern zu heftig wurde.«

»Wohin fuhr der Zug?«

»Er sollte in Richtung Ägypten fahren. So hatte man es uns glaubhaft versichert. Euch Kindern fielen die Augen sofort zu. Eng an uns geschmiegt, konntet ihr einigermaßen ruhig schlafen. Die Reise dauerte viele Stunden. Der Zug brachte uns weit weg von der Gefahr des Krieges, aber auch von unserer Heimat. Immer wieder musste ich an unser Dorf denken. Was war daraus geworden? Was aus den Menschen, die uns ein Leben lang vertraut gewesen waren? Ich blickte auf eure Mutter, auf euch Kinder. Ihr wart das Einzige, was mir nach diesen Schrecknissen geblieben war.

Nach einer Endlosigkeit hielt der Zug. Draußen war alles ruhig. Ich hörte keine über uns hinwegdonnernden Flugzeuge, keine tödlichen Bomben, keine Schießereien. Als wir die Waggontür öffneten, konnte man im Dunkel kaum etwas erkennen, aber ich merkte doch, dass wir an einer Bahnstation standen, die ich nie zuvor gesehen hatte. Warum der Zug hier hielt, war nicht ersichtlich. Kein Mensch war auf den Bahnsteigen zu sehen. Ich rüttelte euch wach, sagte, dass ihr euch bereithalten solltet. Einer Eingebung folgend, ließ ich euch dann an diesem Ort aussteigen.«

»Und warum gerade hier? In dieser Fremde?«

»Später habe ich mich das auch oft gefragt. In dem Zug waren zumindest Menschen um uns herum, wir waren geborgen und es war warm. Auf dem Bahnhof war es dagegen kalt und dunkel. Einsam standen wir auf dem Bahnsteig, sieben Flüchtlinge ohne Geld und Obdach. Wohin sollten wir gehen? Plötzlich trat ein uniformierter Bahnbeamter auf uns zu und fragte, was wir hier eigentlich wollten. Ihr Kinder habt euch fest an uns geklammert. All das, was hinter uns lag, brachte uns nahe zueinander. Mit Sicherheit auch die Angst vor einer ungewissen Zukunft.«

»Aber ich war doch zu klein, um das zu spüren!«

»Du hast von alldem nichts bemerkt. Du lagst behütet in den Armen deiner Mutter, als der Stationsvorsteher uns ansprach. Ich antwortete ihm, dass wir Flüchtlinge aus Palästina seien. Ägyptische Soldaten hätten uns bei der Flucht geholfen und uns hierher geschickt. Aber wir wüssten nun nicht, wo wir seien und wohin wir gehen sollten. Ob uns jemand helfen würde?

Der Beamte schaute jeden Einzelnen von uns prüfend und nachdenklich an. Nach einer Ewigkeit sagte er plötzlich in die Stille hinein: ›Ich nehme euch mit zu unserem Herrn, dem Pascha.‹ Und er fuhr fort: ›Er ist mit seiner Familie heute aus dem Ausland zurückgekommen. Er wird hier in Thahanub einige Zeit Urlaub machen und nach seinen Gütern schauen. Wir haben für unseren Herrn einen Empfang vorbereitet. Es gibt viel zu essen und zu trinken. Ich nehme euch dorthin mit. Unser Pascha wird für euch bestimmt eine Lösung finden. Er ist großzügig und hat ein gutes Herz.‹ Er schüttelte den Kopf und fügte, mehr zu sich selbst, hinzu: ›Ihr habt großes Glück, dass ihr gerade heute hier angekommen seid.‹ Wir freuten uns über seine Worte. Eben erst waren wir der Todesnot entronnen, eben erst hatten wir ägyptischen Boden betreten, und schon sollten wir einen Pascha treffen, der uns vielleicht einen Weg weisen konnte. Ich war mir in diesem Augenblick sicher, dass Allah weiter seine schützende Hand über uns halten würde.«

»Und was geschah dann?«

»Voller Vertrauen folgten wir dem Stationsvorsteher, in eine Richtung, die wir nicht kannten, und von der wir nicht wussten, wohin sie uns führen würde. Wir gingen einfach einem fremden Menschen hinterher, in eine fremde Richtung, zu einem fremden Ort. Aber vor uns konnte nichts Schlimmeres liegen als das, was wir hinter uns gelassen hatten. Anfangs kamen wir an einigen weiß getünchten Lehmhäusern vorbei, später sahen wir nur noch weite Felder. Mittlerweile schien der Mond sehr hell, die Sterne leuchteten klar, manche funkelten wie kostbare Diamanten. Wir konnten im Mondlicht sogar die mit Wasser gefüllten Bewässerungsgräben erkennen. Von irgendwoher hörten wir den Klang einer Panflöte. Die Zuckerrohrfelder schienen sich im Rhythmus der Musik zu bewegen, auch das Wasser schlängelte sich im Takt durch die Erdfurchen. Kaum zu glauben, dass die Hölle nur wenige Kilometer hinter uns lag. Je mehr wir uns dem Besitz des Paschas näherten, desto heller wurde die Umgebung. Bald darauf vernahmen wir Stimmen. Doch mit ihrer zunehmenden Deutlichkeit wuchs meine Furcht vor dem Unbekannten. Auf einmal tauchte vor uns ein großes Haus auf. Davor befand sich ein sandiger Platz, auf dem sich viele Menschen versammelt hatten. Einige brieten Lämmer auf Drehspießen, andere servierten gesüßten Tee.

Um lange, flache Tische saßen Männer und Kinder im Schneidersitz auf dem Boden. Frauen konnte ich nirgends entdecken. Vor ihnen standen köstlich duftende Speisen. Es gab Reis mit gebratenen Nudeln, riesige Fleischstücke, Bohnen in einer roten, scharfen Soße, verschiedene Säfte, Nüsse, Knaafe und Baalawe, zwei Süßigkeiten in Blätterteig, und vieles mehr. Mittendrin tanzten Männer in langen weißen Gewändern in einem Halbkreis ausgelassen zu einem rhythmischen Gesang. Dabei hielten sie sich an den Händen, einige von ihnen trugen Stöcke in der Hand, mit denen sie in bestimmten Abständen auf den Boden schlugen. Hinter der vergnügten Menge erblickte ich vor dem Haus eine Terrasse mit einem niedrigen Geländer. Dort saßen mehrere Männer auf geschnitzten Holzstühlen. Sie unterschieden sich in ihrer Kleidung von den anderen, hatten Anzüge an; manche von ihnen hatten auch einen Fez auf dem Kopf, jene rotwollene, zylindrische Mütze. Die Menschen im Hof trugen dagegen bodenlange, meistens weiße Hemden. Einige von ihnen hatten Tücher um den Kopf geschlungen und rauchten Wasserpfeife. Die Stimmung war fröhlich und freundlich, nicht zu vergleichen mit der, die wir in den vorangegangenen Tagen erlebt hatten. Wir sahen glückliche Menschen, die tanzten, sangen, aßen und tranken, anscheinend ohne zu wissen, dass unweit von ihnen in Palästina andere Menschen ermordet wurden.

Der Stationsvorsteher bahnte uns einen Weg zur Terrasse. In der Nähe der Tanzenden gab er eurer Mutter ein Zeichen, mit den Kindern zurückzubleiben. Zu mir sagte er: ›Du kommst mit zu unserem Herrn, zu unserem großen Pascha.‹ Ich folgte ihm zu den Männern mit den Anzügen, in wachsamer Haltung, ohne ein Wort zu sagen. Mein Führer wagte nicht, den Hausherrn direkt anzusprechen, der von mehreren Personen umgeben war. Er flüsterte dem Mann, der uns am nächsten war, etwas ins Ohr. Dieser gab die Mitteilung an seinen Nachbarn weiter, jener wiederum an den neben ihm Sitzenden, bis sie beim Pascha angekommen war. Zuerst schaute er mich eindringlich an, dann wandte er den Kopf in eure Richtung. Anschließend winkte er den Bahnhofsvorsteher und mich zu sich heran. Wir gingen langsam und ehrfürchtig auf ihn zu. Meine Schritte waren unsicher;

ich verspürte eine große Müdigkeit, weil ich in den letzten Nächten nur wenig Schlaf gefunden hatte und zudem nicht wusste, was mich erwartete.

Der Pascha fragte nun meinen Begleiter auf Arabisch, wer wir seien. Der erzählte ihm kurz, wo er uns getroffen habe, woher wir kämen und aus welchem Grund es uns in diese Gegend verschlagen habe. Zum Schluss sagte er: ›Der Herr möge entscheiden, was aus ihnen werden soll.‹ Mit seinen dunklen Augen blickte mich der Pascha erneut prüfend an. Nach einer Weile gab er euch mit einem Wink zu verstehen, dass ihr näher kommen solltet. Deine Mutter war scheu und schaute mich fragend an, ob sie dieser Einladung folgen solle. Ich nickte. Dennoch blieb sie wie versteinert stehen.«

»Wie eine Salzsäule?«

»Genau so. Glücklicherweise traten einige Männer zu deiner Mutter und ermunterten sie, dem Wunsch des Paschas zu folgen. Sie sagten: ›Er wird euch helfen, habt keine Angst.‹ Sie konnte nur langsam einen Fuß vor den anderen setzen, da deine Geschwister wie schwere Steine an ihrem Gewand hingen. Plötzlich verstummte die Musik, und alle Menschen sahen abwechselnd zum Pascha und in eure Richtung. Alle waren gespannt, was geschehen würde. Endlich kam eure Mutter näher, und dann standen wir alle vor dem großen Pascha und warteten auf sein Urteil über uns. Ich hielt meine Hände schützend über die Jungen, und deine Mutter verbarg Miriam und dich in ihren Armen. Nun stand ich da, einem fremden Mann ausgeliefert; ich, der ich in meiner Heimat ein angesehener Mann gewesen war, über große Ländereien verfügt und jedem Hilfe gewährt hatte, der sie brauchte. Jetzt benötigte ich sie selbst.

Der Pascha fragte mich nach dem Krieg. Ich schilderte ihm, wie es an der Front aussah, wie die Menschen qualvoll starben. Ich erzählte von unserer Flucht, von den brennenden Zitronenbäumen, von den zerbombten Häusern, von ermordeten Männern, Frauen und Kindern, von Verwundeten mit zerfetzten Gliedern. Ich sagte ihm, dass wir unser Leben ägyptischen Soldaten verdankten, getöteten Soldaten, deren Leiber in den Schützengräben wie ein Schutzschild auf uns gelegen hatten, und anderen, die uns in den Zug nach Ägypten gesetzt hatten.

Der Pascha sagte nichts weiter dazu. Er erkundigte sich jetzt nach meinem Beruf in Palästina. Ich sagte ihm: ›Herr, ich besaß viel Land. Ich hatte ein schönes Haus in dem kleinen Dorf Ibdis, nicht weit von Jaffa, mit Pferden, Schafen, Enten, Gänsen, Kaninchen und Tauben, mit Mandelbäumen, Zitronen- und Orangenplantagen, Weinstöcken und Getreidefeldern. Wir waren eine sehr große, wohlhabende und angesehene Familie. Von dieser Familie sind nur noch wir übrig geblieben, alle anderen haben ihr Leben durch die Angriffe der Israelis verloren.‹ Der Pascha antwortete: ›Ihr wolltet, dass die Engländer sich aus Palästina zurückzogen. Ihr hättet sie in eurem Land lassen und nicht gegen sie revoltieren sollen. Sie hätten euch jetzt vor den Israelis schützen können. Wir hier in Ägypten sehen die Engländer als unsere Freunde an. Das hättet ihr auch so haben können. Aber ihr wolltet weder die Türken noch die Engländer noch irgendeine andere Macht in eurem Land haben. Ihr wolltet allein in eurem Land Palästina regieren. Aber allein seid ihr zu schwach. So konnten die Juden, die überall auf der Welt verfolgt und umgebracht wurden, nach Palästina kommen und euch das Land wegnehmen. Und ich sage euch, es wird euch nicht gelingen, Palästina wiederzubekommen.‹

Ohne auf seine Äußerungen einzugehen, fuhr ich fort: ›Vielleicht dauert der Krieg ja nur einige Wochen oder Monate und wir können dann in unser Land zurück.‹ Der Pascha schüttelte nur den Kopf und meinte, dass er daran nicht glaube. Er hoffe zwar für uns, dass sich mein Wunsch erfülle, aber so schnell werde das sicherlich nicht der Fall sein, denn die gesamte westliche Welt unterstütze die Juden. Man werde versuchen, das, was die Deutschen den Juden angetan hatten, wieder gutzumachen. Sämtliche westliche Nationen würden ihnen einen Staat in Palästina sichern, egal auf wessen Kosten, weil sie selbst die Juden nicht haben wollten. Zudem sei Palästinas geographische Lage für die Amerikaner sehr interessant. Der Pascha machte nach seinen Ausführungen eine kurze Pause, dann sagte er: ›Setzt euch hier in meine Nähe, schaut euch die Feier an und genießt sie. Legt eure Angst ab, ihr seid in Sicherheit und bekommt alles, was ihr braucht.‹

»Hast du das geglaubt, was der Pascha prophezeit hat?«, fragte ich. Wenigstens das hatte ich von den Ausführungen verstanden, dass er anscheinend der Ansicht war, dass wir niemals wieder in unsere Heimat zurückkehren könnten.

»Ich habe mir meine Hoffnung nicht nehmen lassen. Auch jetzt, wo wir schon viele Jahre hier leben, noch nicht«, antwortete mein Vater leise.

»Und wie ging es dann weiter?«

»Der Pascha blickte den Bahnhofsvorsteher an und sagte zu ihm: ›Setz dich auch dazu und iss mit ihnen. Du hast gut gehandelt.‹ Er machte ein paar Bediensteten mit der Hand ein Zeichen, und sie brachten uns zu essen und zu trinken. Der Stationsvorsteher wurde mein Freund und blieb es, bis er vor drei Jahren starb. Nach dem Mahl verkündete der Pascha, wir seien seine Gäste und könnten so lange bei ihm wohnen, bis wir ohne Gefahr in unsere Heimat zurückkehren könnten. Dann fuhr er zu mir gewandt fort: ›Du wirst mit deiner Familie in meinem Haus unterkommen, bis ich euch in einer eigenen Wohnung unterbringen kann. Ab morgen wirst du mein neuer Verwalter sein. Ich brauche jemanden, der meine Ländereien und mein Gut beaufsichtigt. Da du etwas davon verstehst und dich mit der Landwirtschaft auskennst, sieh zu, dass wir eine gute Ernte einbringen, und dass die Menschen, die hier im Dorf leben, Arbeit und Essen haben und zufrieden sind.‹

Ich war völlig erschöpft, zu müde, um dies zu glauben und um mich freuen zu können. Ich konnte nicht lachen, aber auch nicht weinen, nach all dem, was in den letzten Tagen geschehen war. Ich sagte nur: ›Danke.‹«

»Was haben meine Geschwister und ich gemacht, während der Pascha mit dir gesprochen hat?«

»Ihr Kinder habt von den Speisen genommen, so viel in eure Bäuche hineinpasste, und seid noch während des Essens eingeschlafen. Wir trugen euch hinüber in die Räume, die uns zugewiesen wurden. Hier war Frieden, hier konntet ihr getrost schlafen, auch wenn der Lärm der lachenden und tanzenden Menschen noch lange weiterging und die Musik herüberschallte. Als ich mich später zu euch legte, dachte ich an Abraham, der wegen einer Hungersnot nach Ägypten ziehen musste, aber später erneut nach Kanaan, dem alten Palästina, zurückkehren konnte. Ob wir jemals wie Abraham unser Land wiedersehen würden?«

Mein Vater verstummte. Gedankenverloren blickte er auf die weiß blühenden Zitronenbäume. In wenigen Monaten würden gelbe und saftige Früchte an ihnen hängen. Ich fühlte, dass diese Ernte nicht die letzte sein würde, die er für den Pascha einbrachte. Meine kleine Hand suchte die wettergegerbten Finger meines Vaters. Ich spürte ihre Wärme, aber auch ihre Sehnsucht nach einer anderen Erde, einer, die ich nicht kennen gelernt hatte, weil ich damals noch viel zu klein gewesen war, um das Land meiner Geburt mit Bewusstsein wahrzunehmen.

Das Dorf des Paschas

An das prächtige Haus des Paschas kann ich mich noch selbst erinnern. Er bewohnte den herrschaftlichen Flügel mit seiner Familie, wenn er sich in Thahanub aufhielt. Aber er war nicht oft auf diesem Landsitz, sein eigentliches Zuhause hatte er in Kairo. Die Hauptstadt lag ungefähr fünfzig Kilometer nördlich von Thahanub entfernt. In den Seitenflügeln gab es viele Räume für die zahlreichen Gäste und für das Personal. Auch in den wenigen Wochen, in denen der Pascha hier wohnte, bekamen wir Kinder ihn kaum zu Gesicht. Wir spielten manchmal mit seiner Tochter, während er mit einigen Männern aus dem Dorf zusammensaß.

Unter dem Personal war ein Ehepaar, das besonders freundlich zu mir war. Sie gaben mir oft Süßigkeiten: Datteln, Obst oder Halawa, eine weiche Masse aus Sesamkernen, Pistazien und Schokolade. Auch beschützten sie mich gegen andere Kinder, die mich manchmal verprügelten, weil ich eine Heimatlose war. Der Mann war eine Art Hausmeister; alles auf dem Landgut wurde von ihm bewacht. Hin und wieder setzte er mich auf eines der Pferde und führte mich spazieren. Als ich ihn und seine Frau das erste Mal sah, erschrak ich und wich meinem Vater nicht von der

Seite. Nie zuvor hatte ich Menschen mit einer so dunklen Hautfarbe gesehen; sie waren nahezu schwarz.

»Warum sind diese Menschen so dunkel wie die Nacht?«, fragte ich ihn später. »Haben sie sich Farbe ins Gesicht geschmiert?«

»Wie kommst du darauf? Sie sind so dunkelhäutig, weil sie eine andere Menschenrasse sind.«

»Sind sie gefährlich? Muss ich mich vor ihnen in Acht nehmen?«

Mein Vater lachte über meine dummen Fragen. Er ging vor mir in die Knie, schaute mir beruhigend in die Augen und legte mir seine großen Hände sanft auf die Schultern.

»Was denkst du bloß? Warum sollen diese Menschen gefährlich sein? Nur weil sie eine andere Hautfarbe haben? Alle Menschen auf der Erde sind gleich gut oder schlecht, unabhängig davon, ob ihre Haut braun, weiß oder schwarz ist«, sagte mein Vater.

Ich habe damals nicht so recht verstanden, was mir mein Vater mitteilen wollte. Doch ich begriff, dass ich vor dem Ehepaar keine Angst haben musste.

»Sind die beiden Ägypter?«, fragte ich weiter.

»Nein. Ihre Heimat ist der Sudan. Das ist weiter unten in Afrika.«

»Und warum leben sie nicht in ihrem Land?«

»Hier verdienen sie ihren Lebensunterhalt. Ab und zu reisen sie zu ihrer Familie, um sie zu besuchen. Und vielleicht haben sie eines Tages so viel Geld beisammen, dass sie wieder zurückgehen können.«

Damit war unser Gespräch beendet. Mein Vater wurde still und nahm schweigend meine Hand. Ich traute mich nicht mehr, ihn zu fragen, warum nicht auch wir unsere Heimat besuchen und möglicherweise eines Tages dorthin zurückkehren konnten.

In dem kleinen Dorf Thahanub lebten vorwiegend Bauern. Das Zentrum bestand aus einer großen Straße, der Al-Schare-al-Kabir, von der viele kleine Seitengassen abgingen. Es gab ein- oder mehrstöckige Häuser aus Lehm oder Ziegelsteinen, zu denen jeweils ein eigener Garten mit Hühnern, Enten und Gänsen gehörte. Die Umgebung von Thahanub war herrlich und wechselte ihr Gesicht je nach Jahreszeit. Blühten die Zitronen- und Orangenbäume, dann dufteten die weißen und rosa Blüten in einer unglaublichen Intensität. Ihr Duft war so betäubend, dass ich manchmal unter den Zweigen einschlief. Waren die Früchte reif, pflückten wir Kinder sie von den Bäumen, ebenso ernteten wir in den Gärten Mangos, Guaven, Feigen und Datteln. Zu einer anderen Zeit stand der Mais so hoch, dass es mir vorkam, als strecke er sich bis in den Himmel. An den Kolben befanden sich viele Härchen, die wir Kinder uns als Schnurrbart ins Gesicht klebten. Anschließend schälten wir von dem Mais die grünen Blätter ab und aßen von den jungen, süßen Perlen, bis wir Bauchweh bekamen. Im dichten Gewirr der Stauden spielten wir gern Verstecken. Ein ähnliches Vergnügen bereiteten uns das hohe Zuckerrohr und die weiten Baumwollfelder.

Wenn ich heute Schnee auf Bäumen und Sträuchern erblicke, erinnert mich das – so seltsam es klingen mag – an unser Dorf in Ägypten. Sofort sehe ich die Baumwollplantagen vor mir, in denen unter der brennenden Sonne Frauen und Männer die weißen Büschel aus den stacheligen Fruchtkapseln herauszupften. Sie sangen dabei, und in ihrer Mittagspause ruhten sie sich auf dem saftigen Gras vor den Feldern aus, während einer von ihnen aus der Panflöte die schönsten Melodien hervorzauberte, die ich jemals gehört hatte. Die Frauen entfalteten auf dem Grün große farbige Tücher und bereiteten das Mittagessen zu, das meistens aus Brot, Gurken, Tomaten, Salat und einem weißen Käse bestand. Von dem Käse ging ein strenger Geruch aus, vor dem ich mich ekelte. Er wurde über Monate, ja sogar Jahre in Tontöpfen mit Salzwasser gelagert. »Je älter, desto besser«, sagten die Ägypter und störten sich nicht an den kleinen Maden, die daraus hervorkrochen. Nach dem Mahl zog es mich weiter. Ich kletterte auf Bäume, lief von einem Feld zum anderen, fühlte mich glücklich und frei wie ein Schmetterling.

Zwischen den Obstgärten und Weinfeldern hatte mein Vater Hochsitze errichtet, um das Land überwachen zu können. Ich suchte sie alle ab, bis ich meinen Vater entdeckte, kletterte zu ihm hinauf und ließ mir von ihm Geschichten erzählen, bis ich in dieser nur vom Gesang der Vögel durchbrochenen Zweisamkeit an der Seite meines Vaters einschlief.

Nach einem Jahr zogen wir in ein kleines Haus, das neben dem des Paschas lag. Was für eine neue Geborgenheit! Wir waren jetzt unter uns und wurden nicht mehr von fremden Menschen gestört. Eigentlich sähe es hier wie zu Hause in Palästina aus, meinte mein Vater. Aber wir waren in Ägypten und nicht in unserer Heimat. Alles um uns herum gehörte nicht meinen Eltern, sondern dem Pascha, die Pferde, die Kaninchen und Hühner, die Gebäude, Ländereien und Bediensteten. Sogar wir zählten in einem gewissen Sinn zu seinem Vermögen.

Mir schien es, als ob wir in einem Paradies lebten. Aber dennoch hatten wir immer das Gefühl, dass wir nur Gäste in diesem Land waren, die irgendwann in ihre Heimat zurückkehren sollten. Wir benötigten eine Aufenthalts- und Arbeitserlaubnis und wurden immer wieder daran erinnert, dass wir nicht hierher gehörten. Wir spürten, dass wir Fremde auf der Durchreise waren. Mein Vater sagte, dass die Ägypter immer wieder eine Bestätigung hören wollten, dass er auch wirklich dankbar sei, weil sie uns in ihrem Land aufgenommen hätten. Wir seien als Flüchtlinge nur geduldet und müssten unsere Verpflichtungen besser erfüllen als all die anderen, damit wir überhaupt anerkannt und respektiert würden. Deshalb wünsche er sich nichts sehnlicher, als wieder eine Heimat zu haben, eine eigene Heimat, in der er keinem Menschen zu Dank verpflichtet sein würde, wo niemand zu ihm sagen könnte: »Geh dorthin, woher du gekommen bist, wenn es dir hier nicht gefällt!«

Ich konnte das Wehklagen damals nicht verstehen, denn alles um mich herum war wunderbar. Es gab keine Sorgen, die Natur war himmlisch und die Menschen friedlich. Ich wurde von meiner Mutter hübsch zurechtgemacht und durfte draußen im Rüschenkleid durch die Welt hüpfen. Das war erlaubt, weil wir nicht direkt im Dorf wohnten, sondern etwas abgesondert auf dem Landsitz des Paschas. Was für ein Glück! Im Dorf hätte ich als Mädchen brav im Innern des Hauses bleiben müssen.

Ich roch den Duft gebratener Eier in frischer Butter, die würzige Sesampaste, dazu braune Bohnen, Ful genannt, heiße Falafel und den frisch aufgebrühten Tee, eingeschenkt in großen Gläsern und mit frischer Milch aufgefüllt. All das gab es zum Frühstück. »Uns geht es doch gut«, sagte ich zu meinem Vater, der verloren und sehnsüchtig in die Ferne schaute. Oft legte ich meinen Kopf auf seine Knie und ließ mir von ihm über das Haar streicheln. Ich fühlte mich gut aufgehoben und beschützt.

Meine Mutter war eine sehr hübsche Frau. Sie hatte langes, schwarzes Haar, dunkle Augen, die Weidenblätter ähnelten, und einen sehr schönen Mund. Im Gegensatz zu vielen anderen arabischen Frauen war sie sehr schlank. Vielleicht kam es davon, weil sie so viel im Haus arbeitete. Stets war sie in Bewegung, nie sah ich sie schlafen. Wenn ich morgens aufstand, war sie schon lange wach und hantierte in der Küche herum. Wenn ich abends zu Bett ging, war sie immer noch mit irgendwelchen Nähereien beschäftigt.

Oft kamen Menschen zu Besuch, und meine Mutter

bewirtete sie mit großer Gastfreundschaft. Sie ging auf jeden Besucher zu und erkundigte sich nach seinem Wohlergehen und nach dem seiner Familie. Sie bot den Gästen alles an, was wir an Speisen und Getränken im Haus hatten. Wir Kinder mussten uns dann mit Brot, Käse und Tee begnügen, während der Besuch oft das aufgetischt bekam, was wir am liebsten selbst gegessen hätten.

Die Worte meiner Mutter wurden immer in liebevollem Ton geäußert, sogar ihre Ermahnungen: »Leg dich hin und ruh dich aus. Mach deine Schulaufgaben und lerne. Sei ruhig, sei anständig, streite dich mit niemandem. Sei friedlich, habe Respekt vor allen Menschen, ganz gleich, welche Hautfarbe oder Religion sie haben, und toleriere ihre Gewohnheiten, Sitten und Gebräuche. Du musst sie nicht annehmen, aber Achtung musst du ihnen gegenüber zeigen. Hilf deinen Geschwistern und liebe deine Familie. Sie gibt dir die Kraft zum Leben.« Nie habe ich ein böses Wort aus ihrem Mund gehört, nie ein aggressives. Sie hatte Verständnis für alles und für jeden.

Bevor meine Mutter ihre Näharbeiten aufnahm, lag sie abends oft zwischen mir und meiner Schwester Miriam, die ein gutes Jahr älter war als ich, im Bett und erzählte uns Geschichten, bis wir einschliefen. Das tat sie nicht nur, als wir noch klein waren, sondern bis wir heirateten und das Elternhaus verließen. Mit ihren Märchen und Weisheiten vermittelte sie uns ihre Gefühle, ihre Ansichten und ihre Vorstellungen vom Leben. Sie verbreitete eine wohltuende Ruhe um sich und strahlte immer über das ganze Gesicht, trotz ihres arbeitsreichen Lebens.

Meine Mutter kümmerte sich um den Haushalt und um uns und hielt in einem kleinen Stall neben dem Haus allerlei Kleinvieh. Für die Kaninchen hatte sie große Tonkrüge flach ins Stroh gelegt, in die sie sich zum Schlafen verkrochen. Auch konnten sie dort ihren Nachwuchs verstecken. Die Hühner liefen draußen frei herum. Wir durften sie mit

Körnern und Grünzeug füttern. Aber irgendwann fing sie mein Vater ein, wobei wir ihm meistens halfen, und schlachtete sie. Unsere Mutter rupfte die Hühner und nahm sie aus. Die Innereien briet sie meist schon vor dem Essen und gab sie uns für unseren »kleinen Hunger«. Am besten schmeckten sie direkt aus der heißen Pfanne, zusammen mit frisch gebackenem Brot, das wir in das Bratenfett tunkten.

Es gab auch köstliche Mahlzeiten aus jungen Tauben, Enten, Gänsen, Lamm- oder Rindfleisch; hin und wieder aßen wir sogar Kamelfleisch, einmal in der Woche Fisch, an einem Tag nur Suppe. Das war meistens die traditionelle gelbe Linsensuppe, die ich damals nicht mochte. Aber meine Mutter war immer darauf bedacht, unsere Lieblingsspeisen zuzubereiten. So gab es jeden Mittag mehrere Gerichte zur Auswahl. Wir konnten uns aussuchen, was wir essen wollten. Sie verwöhnte uns, sich selbst vergaß sie dabei oft. Während sie uns versorgte, begnügte sie sich in der Küche mit kleinen Imbissen.

Das eigentliche Dorf lag fast eine Stunde vom Gut des Paschas entfernt. Dorthin mussten wir manchmal, um einzukaufen oder zum Arzt zu gehen. Im Basar gab es alles, was für den Haushalt gebraucht wurde, von Lebensmitteln bis zu Töpfen. Nur für das Fleisch gab es besondere Läden, auch für Kleider und Stoffe.

Wenn der Ambulanzwagen nach Thahanub kam, standen Erwachsene und Kinder davor Schlange, um sich von den Ärzten oder Krankenschwestern untersuchen zu lassen, um Medikamente zu bekommen oder sich impfen zu lassen, beispielsweise gegen Kinderlähmung. Impfungen waren unter Präsident Gamal Abd El Nasser Pflicht geworden. Nasser ließ auch Aufklärungsveranstaltungen durchführen, in den Dörfern öffentliche Toiletten bauen und stehende Gewässer beseitigen, um die Malaria einzudämmen. Auf diese Weise wurde der Gesundheitszustand der ländlichen Bevölkerung enorm verbessert. Nasser führte auch die

Schulpflicht ein; jeder Junge und jedes Mädchen sollte kostenlos unterrichtet werden. Auf diese Weise hoffte man den Analphabetismus zu besiegen. Später setzte er sich auch für die Geburtenkontrolle ein. Als junges Mädchen verliebte ich mich geradezu in Nasser. Für mich war er in seinem Kampf um sein Volk, in seiner Uneigennützigkeit der ideale Staatsmann. So, dachte ich, sollten alle sein.

Auf dem Weg zum Dorf gab es viele Felder, die von Kanälen durchzogen waren. Das Wasser für die Gräben stammte aus Brunnen, die in großen Abständen über die Felder verteilt waren. Es wurde von Kühen, Gammusen genannt, gefördert, die an ein Rad festgebunden waren und dauernd im Kreis gingen. Wenn man sich auf den Reliefs aus der Zeit der Pharaonen die Vorgänge beim Ackerbau anschaute, dann konnte man kaum eine Veränderung feststellen. Die Bauern verbanden den Gammusen die Augen, damit ihnen nicht schwindelig wurde. So erzählten es mir wenigstens die Dorfkinder. Ich aber glaubte, dass die Bauern das taten, damit die Kühe uns nicht sehen konnten, wenn wir vor ihnen herumsprangen und Grimassen schnitten. Ich wollte nun unbedingt herausfinden, was die Tiere empfanden, wenn sie stundenlang ihre Runden drehten. Aus diesem Grund bat ich einen Bauern, der neben dem Brunnen saß und alles überwachte, auch mir eine Augenbinde umzulegen und mich an dieses Rad zu binden. Er lachte über meinen Wunsch und sagte: »Was bist du für ein seltsames Mädchen. Sind alle palästinensischen Kinder so wie du? Wenn ich mache, was du da verlangst, wird dein Vater mich beschimpfen.«

»Wenigstens nur für einen kurzen Augenblick«, bettelte ich.

»Also gut. Aber auch nur, weil du es bist«, seufzte der alte Bauer.

Er band mir daraufhin die Augen mit einem bunten Tuch

zu, griff nach meiner Hand, führte mich zu der Kuh und befahl: »Halte dich am Halsband fest und geh einfach mit.« Ich tat wie mir geheißen und kreiste mit dem Tier herum. Es war aufregend und langweilig zugleich. Ich stellte mir vor, wie ich anstelle der Gammuse das Wasser aus dem Brunnen heraufzog, wie es durch die Kanäle floss, weiter, immer weiter, bis es nicht mehr zu sehen war, wie die Saat das Wasser aufnahm und zu keimen begann. Nach ein paar Runden gab ich auf und wollte es auch nie wieder versuchen. Ob die Tiere, wenn sie nicht an dieses Rad angebunden wären, die Arbeit auch machen würden? Das fragte ich mich danach so manches Mal. Einfach im Gras zu liegen musste doch schöner sein.

Der Bauer, der beim Wasserrad saß, kontrollierte auch die Wasserkanäle und hatte die Aufgabe, sie zu reinigen. Meistens aber spielte er die Panflöte und träumte vor sich hin. Ich saß oft an einem der Kanäle und ließ meine Füße im Rhythmus seiner Flöte im Wasser hin- und herschwingen. Zwischen meinen Füße schwammen immer wieder Aale hindurch. Ich versuchte sie zu fangen, so wie es mir der Bauer gezeigt hatte, aber sie waren viel zu glatt und zu groß für meine kleinen Hände. Manchmal legte ich mich auch mitsamt den Kleidern in das auf einer sanften Schräge vom Wasserrad in den Kanal fließende kühle Wasser. Das war ein wunderbares Gefühl. Zum Glück trockneten die Kleider meist sehr schnell in der Hitze. Wenn ich aber doch einmal nass nach Hause kam, gab es Schläge, sanfte Schläge von meiner Mutter, die mir nie wehtaten.

Uns Kindern erzählte der Bauer oft schauerliche Märchen von Toten oder Ermordeten, die nach dem Tod wieder aufstehen, um ihre Angehörigen oder ihre Mörder zu suchen. Am meisten fürchteten wir jedoch die Geistergeschichten, die Erzählungen von Genniah. Dieser Unhold ließ böse Geister über die Felder laufen, über das Wasser spazieren oder durch die Lüfte schweben. Dabei stießen sie laute Schreie aus und schädigten die Menschen in unterschiedlichen Gestalten, ja sie trachteten ihnen sogar nach dem Leben. Viel lieber hörten wir die Märchen aus Tausendundeiner Nacht. Begeistert lauschte ich den Abenteuern von Prinzen und Kalifen, hörte von klugen, zarten Frauen und tapferen Jünglingen, von Beduinen und Propheten. Sie waren aufregender als die Geschichten meiner Mutter, die vom Gehorsam gegenüber Eltern und älteren Menschen, von der Gottesfurcht und einem ehrlichen Dasein handelten.

Eines Tages starb mein jüngster Bruder. Ich wollte in der Nacht, wie ich es manchmal noch gern tat, zu meinen Eltern ins Bett kriechen. Dieses Mal aber fühlte ich sofort, dass etwas geschehen war. Joseph lag im Nebenzimmer auf seinem Bett, regungslos, die Augen geschlossen. Er sah aus, als ob er schliefe, aber sein Kinn war mit einem Tuch hochgebunden. Meine Mutter saß auf dem Bett und hielt Josephs Kopf in ihrem Schoß. Unter Tränen küsste und streichelte sie sein Gesicht. Mein Vater stand stumm daneben; er hielt die kleine Hand seines Sohnes. Ich sah, wie er meinen Bruder anschaute und wie die Tränen über sein Gesicht liefen und auf seine Brust tropften. Es war vollkommen still. Eine solche Stille hatte ich nie zuvor wahrgenommen. Es war die Stille des Todes.

Nie zuvor hatte ich bewusst einen toten Menschen gesehen. Obwohl mein Vater immer wieder von den getöteten Menschen in Palästina gesprochen hatte, hatte ich nicht begriffen, was der Tod wirklich bedeutete. Jetzt wusste ich: Tod war etwas sehr Trauriges und Endgültiges. Joseph würde nie wieder die Augen aufschlagen. Ich machte die Erfahrung einer unwiderruflichen Trennung. Der Schmerz über diese und andere Trennungen hat mich mein Leben lang begleitet.

In diesem Moment wollte ich meinen Eltern nahe sein.

Ich ging langsam zu ihnen hin, legte meinen Kopf auf die Brust meines Bruder und weinte mit ihnen. Ich weinte, weil sie weinten. Ich nahm ihre Stimmung auf, den Gesichtsausdruck meiner Eltern, die Körperhaltung. Einfach alles war zum Weinen, und meine Tränen flossen unaufhörlich.

Noch heute spüre ich die schwindende Wärme des toten Körpers unter meinem Gesicht, und wie die Hand meiner Mutter langsam und gleichmäßig über meinen Kopf streichelte, wie sich die Hand meines Vaters auf meine Schulter legte. Wir alle waren eine Einheit. Wie lange wir so verharrten, weiß ich nicht mehr. Ich war sehr traurig, fühlte mich aber zugleich geborgen.

Schließlich trennten meine Eltern mich von Joseph und brachten mich zu meiner schlafenden Schwester ins Bett zurück. Meinen Bruder bekam ich nie mehr zu Gesicht, er wurde im Dorf des Paschas begraben. Noch vor dem nächsten Sonnenuntergang wusch mein Vater seinen Sohn nach einem bestimmten Ritual, schnitt und reinigte ihm die Finger- und Zehennägel. Anschließend wurde Joseph in ein weißes, nahtloses Tuch eingewickelt und zum Friedhof getragen. Dort war das Grab vorbereitet, ein kleines Haus aus Stein, auf dessen Boden Joseph gelegt wurde. In Höhe seines gegen Mekka gebetteten Kopfes und zu seinen Füßen setzte man jeweils einen Stein. Als das Grab verschlossen war, blieben alle noch eine Weile stehen. Einige Frauen weinten, manche zerrissen ihre Kleider. Ein Imam, ein Geistlicher, las aus dem Koran vor, und die Männer verteilen Essen an die Armen und Bettler, damit die Seele meines Bruders so schnell wie möglich in den Himmel eingehen könnte.

Nach vierzig Tagen gingen meine Eltern mit uns zum Grab meines Bruder, um aus dem Koran zu lesen und für die Seele des Verstorbenen Essen an die Armen zu verteilen. Man durfte nur untertags auf den Friedhof gehen, um die

Ruhe der Toten nicht zu stören, denn nachts wachen ihre Seelen über den Gräbern. Oft sehnte ich mich danach, Joseph zu sehen, ich vermisste ihn sehr und fragte meine Mutter nach ihm. Ihre Antwort war jedes Mal ein Tränenmeer, sodass ich bald den Namen meines kleinen Bruders nicht mehr in den Mund nahm. Ich wollte meine Mutter nicht durch meine Fragen traurig machen. Erst nach und nach begriff ich voll, dass er nicht mehr da war, nie mehr zu uns zurückkommen würde. Diese Vorstellung tat mir weh. Er war der erste wirkliche Verlust, den ich erlitt. Alles andere existierte ja noch, meine Eltern, meine Geschwister, die Obstbäume, die Felder, die Hochsitze, die Wasserkanäle und die Wasserräder, die Melodie der Panflöte. Nur mein Bruder Joseph fehlte.

Meine Eltern sagten, er sei an einer Krankheit gestorben, obwohl er für mich nie krank ausgesehen hatte. War es eine kurze oder eine lange Krankheit gewesen? Ich weiß es noch heute nicht. Nie hatte jemand über gesundheitliche Probleme meines jüngsten Bruders gesprochen. Wahrscheinlich wussten meine Eltern selbst nicht, woran er gestorben war. »Allah hat ihn uns geschenkt und Allah hat ihn wieder zu sich genommen«, sagten sie. Joseph war acht Jahre alt geworden.

Männer dürfen alles

Meinen Eltern blieben nur noch vier Kinder. Die Söhne gingen schon im Dorf zur Schule. Ruschdi, der Ältere, war mit seinen vierzehn Jahren bereits mit vielen Aufgaben und Pflichten betraut, schließlich sollte er später die Nachfolge meines Vater antreten und die Verantwortung für die Familie übernehmen. Wenn mein Vater gelegentlich verreiste, fiel Ruschdi die Rolle des Familienoberhaupts zu. Er kaufte ein und begleitete meine Mutter und meine Schwester bei ihren Ausgängen. Er hatte schwarz gelocktes Haar, Augen und Brauen so dunkel wie Kohle, volle Lippen und eine gerade Nase. Er war ein sehr gut aussehender Junge, dazu liebevoll und äußerst aufmerksam.

Meinen zweiten Bruder nahm ich dagegen kaum wahr. Schaukat musste das Schicksal ertragen, der Zweite zu sein. Er war unzuverlässig und launisch und konnte in keiner Form seine Gefühle ausdrücken. Mit seinem sprunghaften Wesen verunsicherte er mich. Schaukats Haut war hell, wie die meines Vaters, von meiner Mutter hatte er das dunkle, glatte Haar. Auf dem rechten Auge schielte er ein wenig. Von seinen Wünschen und Träumen konnte ich mir nicht die geringste Vorstellung machen. Ich habe ihn eigentlich nie richtig kennen gelernt. Wie gern hätte ich ihn lachen gehört, wie gern hätte ich eine Umarmung, ja Trost von ihm erhalten. Ich liebte ihn, weil er mein Bruder war. Ich hätte ihm alles gewünscht, Ehrgeiz, Freude und Erfolg. Aber er lebte wie ein Mönch, völlig in sich versunken, und ließ jeden Menschen über sein Denken im Ungewissen. Schaukat fehlten die Lebenskraft, die Energie und die Zielstrebigkeit meines älteren Bruders. Für ihn war es zu mühsam, die Familie zu beschützen, sie zusammenzuhalten und für sie zu kämpfen. Vielleicht aber hatte mein Vater ihm dieses Interesse gar nicht erst anerzogen.

Bald folgten wir Mädchen unseren Brüdern in die Schule. Obwohl meine Schwester älter war, wurden wir zusammen eingeschult. Meine Eltern wollten das so, weil es ihnen einfacher erschien. Wir hatten einen gemeinsamen Stundenplan, und auf diese Weise konnten sie uns im Doppelpack zur Schule ins Dorf begleiten und auch wieder abholen. Mein Vater erklärte den Behörden, dass Miriam knapp sechs Jahre alt sei, wobei das mein wirkliches Alter war. Weil es aber damals in Palästina keine offizielle Registrierung mit einer entsprechenden Geburtsurkunde gab, konnte nicht nachgeprüft werden, dass meine Schwester schon sieben war.

Unsere Schuluniformen wurden von einer Schneiderin genäht. Es waren hellbeige, knielange Kleider. Dazu gehörten weiße Schuhe, weiße Strümpfe und weiße Haarschleifen. So angezogen machten wir uns auf den Weg in einen neuen Lebensabschnitt. Ich war die Jüngste in der Klasse, sehr verspielt und unaufmerksam und hatte die ganze Zeit über nur einen Gedanken: »Wann ist endlich die Schule aus, wann bin ich wieder zu Hause? Wann kann ich auf die Felder laufen, auf die Hochsitze und auf die Bäume klettern?« Es war so langweilig, auf der Schulbank zu sitzen und einem Lehrer zuzuhören. Was sie erzählte, interessierte mich überhaupt nicht. Trotzdem musste ich diesen mühsamen Unterricht Tag für Tag über mich ergehen lassen, höflich sein, brav antworten und darauf Acht geben, dass meine Kleider nicht schmutzig wurden.

Meine Eltern nahmen an, dass sich meine ältere Schwester um mich kümmern würde, damit ich mich unter all den fremden Kindern auch zurechtfände. Sie ahnten nicht, dass ihre Entscheidung, Miriam und mich zusammen zur Schule zu schicken, für uns beide unangenehme Folgen hatte. Alle Freunde und Bekannten meiner Eltern wussten, dass meine Schwester älter war, und glaubten daher, sie habe ein Schuljahr wiederholen müssen, weil sie ja in derselben Klasse war wie ich. Sie lobten mich als die Fleißigere, obwohl in Wahrheit Miriam viel pflichtbewusster, intelligenter und lebensklüger war als ich. Meine Schwester war richtig hübsch und immer wie eine Puppe gekleidet. Sie war bedeutend größer als ich und hatte eine sehr helle Haut, was bei den Arabern als Schönheitsideal gilt. Ihr Gesicht erinnerte an einen wie magisch anziehenden Mond. Ihre Figur war sportlich, ihre fast nachtschwarzen Augen beeindruckten jeden Menschen. Nur weil man sie für eine Sitzenbleiberin hielt, wurde Miriam von allen gehänselt und mitleidig angesehen, ich hingegen ständig zu weiteren Leistungen ermuntert. Das bescherte mir ein Leben lang den Hass meiner Schwester. Sie wollte die Schmach nicht auf sich sitzen lassen, verteidigte sich, indem sie ihrer Wut freien Lauf ließ, mich verprügelte und heftig gegen mich intrigierte, sodass ich von meinen Brüdern und meinem Vater Schläge bekam.

Ich war ganz anders als meine biestige Schwester, die ich dennoch über alles liebte: unbekümmert und voller Unternehmungslust. »Halima ist mein jüngster Sohn«, so sagte mein Vater immer zu seinen Freunden. Die Erwachsenen meinten, ich sei mutig. Was das bedeutete, wusste ich nicht. Mir war nur klar: In der Nähe meiner Eltern konnte mir auf dieser Welt nichts passieren. Es war für mich deshalb auch ganz natürlich, dass ich, wenn mein Vater dabei war, ohne Angst mit Männern redete, was für ein muslimisches Mädchen nicht selbstverständlich war.

Ich konnte auch sorglos in den Plantagen herumtollen und auf Bäume klettern, sogar auf Palmen. Hoch oben pflückte ich Datteln und aß von den süßen Früchten. Den anderen Kindern warf ich ganze Hände voll nach unten. Anschließend füllte ich die Taschen meines Kleides mit Datteln, um sie meiner Mutter nach Hause zu bringen. Manche waren schon überreif, weich und klebrig. Sie blieben am Stoff hängen und verschmierten mein schönes Kleid, sodass meine Mutter mich unter Beschimpfungen neu anziehen musste. In Wirklichkeit aber war sie trotz der ausgestandenen Angst ganz stolz, dass sie eine so furchtlose Tochter hatte. Ich war im Gegensatz zu meinen Geschwistern eher klein, hatte kurze, lockige Haare und eine besonders dunkle Haut.

Einmal stieg ich auf einen Mangobaum und entdeckte oben eine zusammengerollte Schlange. Mit einem einzigen Sprung war ich wieder unten auf der Erde, schaute hoch und glaubte zu hören: »Das ist mein Baum. Was fällt dir eigentlich ein, meine Ruhe zu stören?« Danach war dieser Baum für mich nahezu heilig. Ich nannte ihn insgeheim den »Baum der Schlange«. Erzählt habe ich es niemandem. Meine Freundinnen hätten sonst behauptet, ich sei auf einmal ängstlich geworden. Furcht durfte ich aber nicht zeigen, ich wäre nur ausgelacht worden. Es reichte mir schon, als Palästinenserin gehänselt zu werden.

Oft begleitete ich nach der Schule meinen Vater bei seiner Arbeit. Der Pascha war sehr zufrieden mit ihm, weil die Ernte immer gut ausfiel. Die Baumwollfelder wurden vergrößert und die Ernte ins Ausland verkauft, was dem Pascha viel Geld einbrachte. Mein Vater kontrollierte die Felder und die Arbeiter hoch zu Pferd. Wenn ich ihn sah, rannte ich durch die stacheligen Baumwollfelder und rief laut nach ihm. Hörte er mich, ritt er mir entgegen, beugte sich zu mir herunter, zog mich zu sich hinauf und setzte mich auf den Rücken seines weißen Pferdes, direkt vor seiner majestätischen Brust. Es kam mir vor, als könnte ich fast den Himmel berühren.

»Halt dich an mir fest«, sagte mein Vater. Mit der einen Hand griff ich in seine Kleidung, mit der anderen in die Mähne des Pferdes. Es war wunderschön, mit ihm durch den Wind zu galoppieren, ich schwebte wie auf einer weißen Wolke über die Felder. Mein Vater saß wie ein Felsen hinter mir und hielt mich fest, damit ich nicht in die Tiefe stürzte. Was habe ich meinen Vater damals verehrt! Alles, was er tat, war richtig und großartig, ich konnte keine negativen Seiten an ihm entdecken, nur Sonnenschein.

Meine Mutter schimpfte laut mit meinem Vater über unsere Ausritte: »Was fällt dir überhaupt ein, ein junges Mädchen auf dem Pferd mitzunehmen! Bei dem gespreizten Sitzen kann sie ihre Jungfräulichkeit verlieren und Schande und Fluch über die Familie bringen! Sie wird keinen Mann finden! Dann wirst du selbst sie verdammen, vielleicht sogar umbringen lassen, wie das früher in Palästina mit manchen Mädchen geschah, die in der Hochzeitsnacht nicht bluteten. Lass deine Tochter bei mir im Haus und nimm besser deine Söhne mit!« Diese Sätze wiederholte sie immer wieder. Mein Vater lachte nur und ließ sie reden. Zum Glück dachte er nicht daran, auf ihr Flehen einzugehen. Bei diesen Ausflügen zu Pferd erlebte ich ein Gefühl von Freiheit, von Geborgenheit und Vertrautheit, wie ich es niemals wieder erfuhr. Ich habe es im Dorf des Paschas zurücklassen müssen.

Ich liebte meinen Vater, aber ein Schatten fiel auf ihn, als er meine Mutter schlug. In diesem Fall bedrückte mich seine Härte. Im Koran heißt es in der vierten Sure: »Wenn deine Frau nicht gehorcht, sollst du sie erst mit Worten warnen. Wenn sie nicht hört, sollst du ihr die sexuelle Zuneigung entziehen. Wenn sie dann immer noch nicht hört, dann schlage sie. Und wenn auch das nichts nutzt, dann schicke sie zurück zu ihren Eltern.« Der Koran gibt dem Mann die Verantwortung für seine Frau. Sie ist sein Eigentum. Sie muss tun, was er wünscht. Bereits damals hatte ich die Empfindung, dass das ungerecht und einer jeden Frau unwürdig sei, aber ich durfte an den Worten des Korans nicht zweifeln. Ich wurde gläubig erzogen, konnte aber dennoch nicht verstehen, warum die Männer mehr Rechte haben sollten als wir Frauen. Sicher, der Mann ernährte uns, beschützte uns gegen fremde Personen, sorgte für Essen, Kleidung und ein Zuhause. Er musste für uns Frauen alles tun, oder sollte es zumindest: kostbaren Goldschmuck kaufen, herrliche Gewänder und die schönsten Teppiche. Wir Frauen brauchten uns nur um unsere Kinder und den Mann zu kümmern, auch um seine alten Eltern. Mehr wurde von uns nicht verlangt. Die gesamte Verantwortung lag – und liegt auch heute noch – beim Mann. Aber warum konnte ich trotzdem die Ahnung von Ungerechtigkeit und Ungleichwertigkeit nicht loswerden? Warum hatte ich bei allen diesen Privilegien kein gutes Gefühl, weder damals noch heute?

Ich konnte meinem Vater nie verzeihen, dass er das »Recht« der vierten Sure für sich in Anspruch nahm und meine Mutter schlug. In solchen Augenblicken keimte in meiner Liebe zu ihm etwas auf, was ich als Aggression registrierte, als Wut gegen das alles bestimmende, ungerechte und selbstherrliche Verhalten eines Mannes. Es war einfach böse, die eigene Macht gegen so einen liebenswerten Menschen wie meine Mutter zu missbrauchen.

Nie in meinem Leben werde ich den Abend vergessen, an dem wir Kinder hörten, wie unser Vater im Wohnzimmer unsere Mutter laut und heftig ausschalt. Sofort rannten wir zu ihnen. Wir mussten mit ansehen, wie unser Vater seine Frau, unsere Mutter, mit den Händen verprügelte, wie sie auf den Boden fiel und wie er sie daraufhin mit den Füßen trat.

Mein ältester Bruder saß in einem Sessel daneben und schaute zu. Ruschdis Kommentar war ohne Erbarmen: »Wenn sie ihrem Mann nicht gehorcht, dann hat sie die Schläge verdient.« Miriam stand regungslos in der Tür und sah ebenfalls zu. Ich stürzte mich entsetzt auf meinen Vater und hämmerte mit meinen kleinen Fäusten auf ihn ein. Mit all meiner Kraft versuchte ich, ihn an seinen Kleidern von meiner Mutter wegzuziehen und schrie: »Nein, nein, das darfst du nicht tun. Das ist meine Mutter, geh weg von ihr.« Ich schlug immer weiter auf ihn ein, weinte und schrie wie von Sinnen. Natürlich spürte er meine Fäuste kaum; ich war zu diesem Zeitpunkt noch keine zehn Jahre alt. Weil er mit seinen brutalen Tritten nicht aufhören wollte, brüllte ich meinen Vater nun an: »Das ist nicht richtig. Niemand, auch du nicht, darf unsere Mutter schlagen. Ich bringe dich um, wenn du nicht aufhörst. Ich hasse dich dafür.« Ich fühlte mich hilflos, ohnmächtig und bedeutungslos. Gleichzeitig machte mich diese Szene unglaublich wütend. Die Hiebe meines Vaters waren und blieben Unrecht, gleichgültig was der Koran sagte. Sie waren entwürdigend für meine Mutter und schändlich für meinen Vater. Ich konnte nicht verstehen, warum er uns lehrte, Respekt und Achtung vor anderen Menschen zu haben, selbst aber seine eigene Frau nicht ehrte und vor unseren Augen demütigte.

Meine Tränen konnten meine Wut nicht bremsen. »Ich schlage dich auch«, schrie ich, »ich schlage dich, bis du auf dem Boden liegst, da, wo du meine Mutter hingebracht hast. Warte nur, bis ich groß bin, dann werde ich dir auch mit meinen Füßen in den Bauch treten. Du wirst sehen, ich werde das tun.« Ich weiß nicht mehr, was ich noch alles von mir gab, ich ließ jedenfalls nicht von ihm ab.

Auf einmal drehte sich mein Vater mit einem erschrockenen Gesichtsausdruck zu mir um. Wie versteinert blieb er stehen und schaute mich immerzu an, während meine

Mutter schnell ihre Kleider zusammenraffte, sich aufrichtete und aus dem Zimmer flüchtete. Ich bekam Angst, weil ich dachte, dass er mich jetzt genauso malträtieren würde wie meine Mutter. Aber sein Gesicht nahm langsam wieder menschliche Züge an. Zitternd und weinend stand ich da. Mein Vater kam auf mich zu, aber ich wich nicht zurück. Soll er mich doch auch schlagen, dachte ich trotzig. Aber mein Vater hatte Mitleid mit mir und versuchte, mich zu beruhigen. Ich weinte jedoch unentwegt und konnte weder schlucken noch richtig atmen, so geschockt war ich von diesem furchtbaren Auftritt.

Nun versuchte mir mein Vater zu erklären, dass sein Verhalten keine Missachtung gegenüber meiner Mutter gewesen sei, sondern dass er nach dem Gesetz des Korans so habe handeln müssen.

»Du selbst hast mir aber gesagt, dass keiner die Würde eines anderen Menschen verletzen darf«, wagte ich zu erwidern.

»Ich habe die Würde deiner Mutter nicht angetastet«, antwortete mein Vater. »Sie hat gewagt, mir zu widersprechen, und nicht getan, was ich von ihr verlangte. Deshalb musste ich sie bestrafen.«

Ich konnte eine solche Reaktion nicht begreifen. In diesem Augenblick sank mein Vater in meiner Anerkennung. Ich zürnte auch meinem Lieblingsbruder; er hätte meiner Mutter helfen sollen. Schnell lief ich ihr hinterher und versuchte sie zu trösten. Als sie sich etwas beruhigte hatte, bestürmte ich sie mit Fragen: »Warum wird im Koran nur der Mann angesprochen, wie er seine Frau zu behandeln und zu bestrafen hat? Warum dürfen wir Frauen es den Männern nicht mit gleicher Münze heimzahlen? Warum entscheiden die Männern überhaupt über uns? Warum erben sie mehr als die Frauen? Warum ist eine Aussage von dir nur halb so viel wert wie die von unserem Vater?«

»Kind, du darfst an Gottes Worten nicht zweifeln«, antwortete meine Mutter. »Der Koran besitzt für alle Zeit Gültigkeit. Allah hat bestimmt, dass eine Frau zuerst Gott, dann ihren Eltern und schließlich ihrem Mann gehorchen und dienen muss! Es ist meine Pflicht, deinen Vater zu achten und mich nach ihm zu richten.«

Die Antwort befriedigte mich nicht. Was hatte der Glaube an Gott mit Erniedrigungen zu tun? Heute bin ich älter und verstehe immer noch nicht, mit welchem Recht ein Mann eine Frau körperlich und seelisch verletzen darf. Warum sollte ein Mann von Geburt an besser sein als eine Frau, ganz ohne eigene Leistung? Nein, dies hatte mit dem Glauben an einen Gott nichts zu tun!

Ich schwor mir damals, mich niemals von einem Mann schlagen zu lassen. Für prügelnde Männer würde ich nur Verachtung haben. Meinen Vater jedoch konnte ich nicht völlig verurteilen, dazu liebte ich ihn zu sehr. Doch begann ich, auch seine Schattenseiten zu sehen. Er, der Patriarch, bestimmte über uns alle, nur weil er ein Mann war!

Schon damals fragte ich mich: »Wer schlägt den Mann, wenn er sich nicht anständig benimmt?«

Die Antwort: »Niemand.«

»Wer schlägt den Mann, wenn er sich ungerecht gegenüber anderen verhält?«

Die Antwort: »Niemand.«

»Wer schlägt den Mann, wenn er nicht für seine Familie sorgt?«

Die Antwort: »Niemand.«

»Wer schlägt den Mann, wenn er lügt, betrügt und seine Frau hintergeht?«

Die Antwort: »Niemand.«

Der Mann durfte alles. Er durfte kommen und gehen, wann er wollte. Er durfte sich nach Belieben mit jedem Menschen treffen, mit jedem reden. Er durfte überhaupt alles tun, was ihm in den Sinn kam, sich seine Frau selber aussuchen, studieren, ins Ausland gehen, ein Konto eröffnen, ein Taxi rufen, in ein Restaurant gehen, seine Frau verstoßen, sich von ihr trennen, ohne das Recht auf die Kinder zu verlieren. Mit der Geburt übernehmen die Kinder automatisch den Namen und die Religion des Vaters. Eine Frau dagegen durfte nichts allein unternehmen, nur in Begleitung einer männlichen Person. Das konnte ihr Vater, ihr Bruder, ihr Mann oder ihr Sohn sein.

Oft lag ich abends im Bett und betete zu Allah: Bitte, bitte, lieber Gott, ändere deine Suren im Koran. Nur du kannst es. Die Männer dürfen die Frauen nicht schlagen, Frauen sind genauso viel wert wie Männer. Meine Mutter ist genauso lieb wie mein Vater, sie arbeitet genauso viel wie er. Mein Vater kann sogar tagsüber auf einem der Hochsitze schlafen. Bitte, lieber Gott, gib Männern und Frauen dieselben Rechte.« Ich musste meine Gebete ganz leise sprechen, keiner durfte davon erfahren. Man durfte den Koran nicht anzweifeln, aber mein kindlicher Kopf kannte keine Angst.

Da mich die Geschichte mit meiner Mutter nicht in Ruhe ließ, löcherte ich immer wieder meinen Vater, befragte ihn, warum denn eine Frau von einem Mann abhängig sein müsse. Dies sei für eine Frau der größtmögliche Schutz, erklärte mir mein Vater so geduldig, dass ich ihm nicht weiter böse sein konnte. Ich glaubte ihm, weil ich ihn verehrte und nicht glaubte, er könnte etwas Unrechtes tun. So sagte mein Vater auch: »Ich tue alles für euch, alles für meine Frau. Ich erleichtere euch das Leben. Eure Mutter ist keiner Belästigung durch fremde Männer ausgesetzt. Weil ich für sie einkaufe, kann sie sich in dieser Zeit um euch kümmern. Sie braucht nicht zu arbeiten. Ihr Frauen könnt lesen und schreiben lernen, ja sogar studieren, aber am sichersten seid ihr im Innern des Hauses. Und ihr Frauen braucht euch um nichts zu sorgen. Alles, was ihr braucht, bekommt ihr von uns Männern.« Wer von uns Kindern wollte ihm widersprechen? Wir hatten noch keine Ahnung vom wirklichen Leben und waren auf ihn angewiesen.

Außerhalb unserer Familie war das Leben für uns fremd und nicht immer einfach. Wir waren nicht erwünscht, gehörten nicht dazu. Von Gleichaltrigen wurden wir ausgelacht, manchmal sogar mit Steinen beworfen. Auch wenn wir alle dieselbe Sprache hatten, so rief man uns hinterher: »Ihr Dahergelaufenen, ihr Flüchtlinge, ihr Feiglinge! Warum seid ihr hier in unserem Land? Geht wieder nach Palästina und erobert es von den Juden zurück. Ihr seid vor den Juden weggelaufen und lebt jetzt auf unsere Kosten.« Ganz egal, welche Mühe wir uns machten, mit ihnen gleich zu sein, wir blieben Fremde.

Die Braut meines Bruders

Es kam der Tag, an dem mein ältester Bruder in den Augen meiner Eltern heiratsfähig war. Sie schauten sich im Dorf nach einer Braut um und fanden die Tochter der Dorfhebamme anständig und hübsch genug für Ruschdi. Farida war höflich und zurückhaltend, redete nicht viel, auch lachte sie nicht zu oft. Sie hatte eine helle Haut und war nicht zu dünn, und ihre Eltern besaßen einen guten Ruf. Mein Vater wollte um Faridas Hand anhalten, und so machte sich unsere gesamte Familie auf den Weg zur Familie des Mädchens. Wir hatten unsere schönsten Kleider angezogen und trugen Geschenke für die Brauteltern mit uns. Im Haus der Auserwählten wurden wir freundlich begrüßt und man führte uns ins Wohnzimmer, wo wir Faridas Mutter einen Obstkorb, gefüllt mit Datteln, Trauben, Bananen und vielen Erdnüssen, eine stark duftende Zuckermelone und mehrere Kilo Mehl überreichten. Sie lud uns ein, auf den Matratzen Platz zu nehmen, die mit bunten Decken überzogen waren; unter ihnen befanden sich Matten aus hellem Bast. Vor uns standen mehrere runde Tische, auf denen anschließend verschiedene Speisen serviert wurden.

Die Männer redeten zunächst über das Land, die Ernte und ihre Familien. Zwischendurch kam immer wieder Farida herein, gekleidet in eine weiße Galabia, das traditionelle ägyptische Gewand aus Wolle oder Baumwolle, um Mangosaft und Ataief, das sind mit Nüssen gefüllte Teigtaschen, anzubieten. Später am Abend erklärte unser Vater den eigentlichen Grund unseres Besuchs und bat für meinen Bruder Ruschdi um die Hand von Farida. Die beiden Väter handelten nun die Summe Geldes aus, von der Schmuck und Kleider für die Braut gekauft werden sollten.

Als sie sich einig waren, legten sie auch den Termin für die Verlobung fest und bestimmten, was mein Bruder seiner Braut zur Verlobung schenken sollte: eine Halskette, Armreife, einen Ring, eine Brosche und Ohrringe, natürlich alles zueinander passend. Damit war die Ehe eine beschlossene Sache.

In der Zeit bis zur Verlobung war Ruschdi sehr aufgeregt. Immer wieder probierte er an uns Schwestern aus, wie er seiner Braut den in Kairo gekauften Schmuck anlegen sollte. Endlich war der große Tag gekommen. Die Verlobung fand im Elternhaus von Farida statt. Viele Leute aus dem Dorf waren dazu eingeladen. Sie kamen in farbenprächtigen, festlichen Gewändern; ihre Geschenke brachten sie in Körben mit, die für den Heimweg wiederum von den Gastgebern mit Gaben gefüllt wurden. So war es Sitte, und wäre ein Korb leer geblieben, hätte das als ein Zeichen für den Geiz der Gastgeber gegolten.

Die Frauen und Kinder versammelten sich mit der Braut in einem Gemach, während sich die Männer in einem anderen Raum aufhielten. Jeder aber konnte, wenn er wollte, zu dem anderen Geschlecht hinübergehen. Allerdings bevorzugten es Männer wie Frauen, unter sich zu bleiben. So liefen meistens nur die Kinder hin und her. Doch die Frauen im heiratsfähigen Alter, die verschämt neben ihren Müttern saßen, warfen immer wieder sehnsüchtige Blicke in Richtung der jungen Männer. Jede von ihnen wollte die nächste Braut sein.

Eine Bauchtänzerin unterhielt uns mit ihren anmutigen Darbietungen. Sie trug einen nahezu durchsichtigen Rock, der durch einen glitzernden Gürtel gehalten wurde, und einen mit vielen farbigen Steinen verzierten Büstenhalter. Die meiste Zeit tanzte sie aber vor den Männern, die ihr Geldscheine schenkten. Die Höhe des zugesteckten Betrags verweist auf die Anerkennung gegenüber dem Gastgeber. Kurz dachte ich daran, ich könnte später auch Bauchtänzerin werden, denn dann würde ich mir von dem Geld so viele Süßigkeiten kaufen können, wie ich wollte.

Während des Festmahls ging mein Bruder, umringt von uns Geschwistern und unseren Eltern, zu Farida hinüber, die von ihrer Familie umgeben war. Er steckte ihr den Verlobungsring an den Finger und legte ihr den Brautschmuck an, während die Gäste sangen oder Trommeln schlugen. Erst spät in der Nacht löste sich die Feier auf. Müde und glücklich kehrten wir nach Hause zurück. Zu gern hätte ich gewusst, was damals im Kopf meines Bruders vor sich ging. Aber über solche Dinge sprach man nicht.

Nach der Verlobung besuchten wir die Brautfamilie häufig. Farida wohnte am Rande des Dorfes, etwa fünf Kilometer von uns entfernt. Das Haus war aus gelben Lehmziegeln gebaut, wie sie auf den Feldern gebrannt wurden. Im größten Raum befand sich ein riesiger, gemauerter Ofen, in dem Brot gebacken und manchmal auch Essen gekocht wurde. In den Wintermonaten schlief die Familie darauf. Neben diesem Raum gab es noch einen Wohnbereich, ein Bad, eine Toilette und die Schlafzimmer der Eltern und Kinder. Alle Räume führten auf einen Innenhof.

Eines Abends im Sommer saßen wir wieder einmal bei Faridas Familie auf dem Dach des Hauses, um dort zu essen, zu trinken und den sternenklaren Himmel zu beobachten. Es war eine herrliche Nacht, aber ich wurde von den vielen Speisen sehr müde und schlief neben meinen Eltern ein. Als sie sich auf den Heimweg begeben wollten, bat unser

Gastgeber, mich schlafen zu lassen; er würde mich am nächsten Tag heimbringen, ich sei doch zu schwer zum Tragen. So begaben sich meine Eltern mit meinen Geschwistern nach Hause und ließen mich zurück.

In der Nacht wachte ich auf und suchte nach meinen Eltern, fand sie aber nicht, ebenso wenig meine Geschwister. Nur Farida und ihre Familie konnte ich entdecken, die ebenfalls draußen auf dem Dach unter ihren Moskitonetzen schliefen. Ich wurde unruhig, fing an zu weinen und rief nach meinen Eltern. Niemand antwortete. Zum ersten Mal in meinem Leben fühlte ich mich völlig verloren und verlassen, allen Gefahren der Welt ausgeliefert.

Nach einer Weile kam Faridas Vater unter seinem Netz hervorgekrochen und sagte: »Kind, schlaf! Es ist sehr spät in der Nacht. Deine Eltern sind nach Hause gegangen. Sei ruhig! Es passiert dir nichts. Morgen bringe ich dich heim. Wenn du willst, kannst du dich zu meiner Frau oder zu Farida legen. Aber beruhige dich! Du brauchst keine Angst zu haben.« Ich schaute ihn entsetzt an. Warum sah er nicht, dass ich mich nicht beruhigen konnte? Ich musste meine Eltern um mich haben und die Wärme ihrer Haut spüren.

»Wie konnten meine Eltern ohne mich weggehen?«, fragte ich. »Wieso haben sie mich nicht geweckt? Wie konnten sie mich verlassen?« Dann lief ich die Treppe hinunter und sagte einfach: »Ich gehe zu meinen Eltern.« Faridas Vater rief mir nach: »Geh nicht, es ist gefährlich in der Dunkelheit. Die bösen Seelen, die in der Luft sind und sich in den Feldern verstecken, warten nur, bis jemand kommt, um ihn ins Wasser zu werfen oder ihn zu ermorden. Bleib hier!«

Doch ich hörte nicht auf ihn und schlug die Haustür hinter mir zu. Da stand ich nun, hinter mir die verschlossene Tür, vor mir eine menschenleere Straße. Es war sehr dunkel draußen, nur das Mondlicht half mir bei der Orientierung. Ich lief durch das Dorf, überquerte viele Felder, kam an Wasserkanälen und Brunnen vorbei. Dabei hörte ich das Säuseln und Rascheln der Zuckerrohrstauden, das sich in das Plätschern des Wassers mischte. Mir fielen all die schrecklichen Märchen ein, die mir der Bauer mit der Panflöte erzählt hatte, auch die mahnenden Rufe des Hausherrn tönten laut in meinen Ohren. Ich sah plötzlich die Toten auferstehen und ihre Kinder suchen, die Ermordeten aus ihren Gräbern kommen, um die Täter zu bestrafen, sah, wie sich die Seelen der Menschen in Tiere verwandelten, um dann als Wasserleichen auf den Kanälen dahinzutreiben.

Riesige Angst überfiel mich. Um mir Mut zuzusprechen, sagte ich unentwegt zu mir: »Dir wird nichts passieren. Du hast keinen Menschen umgebracht, also werden dich die toten Seelen nicht bestrafen. Du wirst heil zu deinen Eltern heimkommen.« Ich flehte den Mond an, heller zu scheinen und mir den Weg zu beleuchten, bat die Sterne, noch strahlender zu funkeln. Ich sang laut vor mich hin und erzählte mir lustige Geschichten, um mich von meiner Furcht abzulenken. Am meisten wünschte ich mir, mein Vater käme mir auf seinem weißen Pferd entgegengeritten, um mich im Galopp nach Hause zu bringen. Aber leider kam kein Schimmel; auch der Vater blieb aus.

Als ich endlich zu Hause angekommen war, hämmerte ich an die Tür und schrie: »Macht auf, macht auf!« Ich fühlte mich von den Geistern verfolgt und wollte mich schnell in Sicherheit bringen. Als mein Vater öffnete, rief ich: »Warum habt ihr mich dort allein gelassen?« Er versuchte mich zu besänftigen und rief anschließend in die Dunkelheit hinaus: »Bleib hier, du brauchst nicht in dieser schwarzen Nacht zurückzulaufen, warte bis morgen früh!«

»Wen rufst du da?«, fragte ich. »Ich bin allein.«

»Das ist nicht möglich«, sagte er und rief immerzu den Namen von Faridas Vater. Aber er bekam keine Antwort.

»Bist du wirklich allein gekommen?«

»Ja«, erwiderte ich.

»Hat dich niemand bis hierher begleitet?«

»Faridas Vater wollte nicht, dass ich fortgehe, aber ich habe mich trotzdem auf den Weg gemacht.«

Nun legte mich mein Vater ins elterliche Bett, zwischen sich und meiner Mutter. Er deckte mich bis zum Hals zu, streichelte über meine Stirn und meine Haare und flüsterte: »Du bist jetzt bei uns.« In diesem Augenblick war die Welt für mich wieder in Ordnung. Sofort schlief ich ein.

Am nächsten Morgen besuchte mein Vater den künftigen Schwiegervater seines Sohnes und beschimpfte ihn:

»Wie konntest du Halima allein durch die Dunkelheit gehen lassen? Wie konntest du nur so verantwortungslos sein und dich wieder ruhig schlafen legen?«

»Woher sollte ich wissen, dass deine Tochter so verrückt ist. Ich dachte, sie käme gleich wieder zurück. Kein Erwachsener würde es wagen, nachts einfach wegzugehen«, verteidigte er sich.

Im Dorf verbreitete sich die Kunde von meinem Verhalten wie ein Lauffeuer. Jeder erzählte weiter, wie mutig die jüngste Tochter der Flüchtlingsfamilie sei. Obwohl das ja eigentlich nicht stimmte. Ich wollte nur zu meinen Eltern, weil ich keinem anderen Menschen vertraute. Ich wollte niemandem meinen Mut beweisen. Dennoch war ich seit diesem Tag bekannt als das Kind, das keine Angst kennt. Es wurden sogar Wetten abgeschlossen, ob ich nachts allein über den Friedhof gehen würde. Zum Glück ließ sich mein Vater nicht auf solche Geschäfte ein.

Fatimas Beschneidung

Eines Tages nahm mich meine Mutter zur Beschneidung eines Nachbarmädchens mit. Sie wohnte mit ihren Eltern neben Faridas Familie. Fatima ging noch nicht zur Schule. Ihr langes Haar war zu zwei dicken Zöpfen geflochten, die am Ende von weißen Bändern zusammengehalten wurden. Sie hatte große Augen und ihre Haut war noch dunkler als meine, worüber ich ungemein froh war. Es gab also Mädchen, in deren Gegenwart ich geradezu hell wirkte. Fatima trug ein weißes Rüschenkleid, weiße Söckchen und weiße Schuhe. Sie war ganz aufgeregt und freute sich über all die Geschenke, welche die Gäste ihr mitbrachten.

Die Frauen und Mädchen feierten in einem Raum, die Männer und Jungen in einem anderen. Eine der Frauen schlug die Trommel, die anderen klatschten und sangen im Rhythmus, wir Kinder tanzten dazu. Währenddessen kamen zwei Frauen mit einem Wasserkrug, einer Schüssel und einem Handtuch zur einer älteren Frau, die in unserer Nähe saß. Sie war Hebamme, wie ich später erfuhr. »Sind Sie so weit?«, fragte eine der beiden Frauen. Die Hebamme nickte. Es war das Zeichen ihres Einverständnisses. Die Hände auf den Boden stützend, erhob sie sich und ging schwerfällig zu Fatimas Mutter, wo sie sich auf einem kleinen

Hocker niederließ. Sie wusch sich die Hände in der Schüssel und trocknete sie mit dem bereitgehaltenen Tuch ab. Anschließend griff sie mit der rechten Hand in die Tasche ihres Kleides und holte ein Klappmesser heraus, ein Messer, wie ich es bei Friseuren gesehen habe. Fatimas Mutter hielt ihre Tochter mit den Armen fest. Sie küsste ihr ununterbrochen den Kopf und sprach ihr beruhigende Worte zu. Fatima, die vorher voller Freude herumgehüpft war, bekam es nun mit der Angst zu tun und schrie. Zwei weitere Frauen warteten in der Nähe, um zu helfen. Die Hebamme befahl: »Zieht ihr die Unterhose aus und haltet die Beine fest, bis ich euch sage, wann ihr loslassen könnt.« Wie die Geier griffen die Frauen nach Fatima und spreizten ihre Beine. Im Raum wurde es plötzlich still. Ich rückte ganz nah zu meiner Mutter.

Fatima blickte die Frauen mit weit aufgerissenen Augen an und versuchte, sich aus der Umklammerung zu befreien. Sie wollte den Kopf zu ihrer Mutter drehen, aber das gelang ihr nicht. Die Hebamme klappte das Messer auf. Die Frauen im Raum begannen laut zu singen und zu trommeln. Die schwergewichtige Frau griff nun mit der linken Hand zwischen Fatimas Beine und schnitt mit dem Messer herum, von oben nach unten. Fatima schrie entsetzlich.

Für einen Moment presste ich meine Augenlider zusammen und hielt mir die Ohren zu. Als ich die Augen wieder öffnete, sah ich, wie die Hebamme zwei blutige Hautfetzen auf das Handtuch legte. Anschließend tropfte sie warmes Olivenöl auf die wunde Stelle und drückte Fatima ein Tuch zwischen die Beine, weil sie heftig blutete. Das Mädchen konnte nur weinen. Die Frauen, die ihre Beine umklammert hielten, ließen los, nachdem die Hebamme ihnen die Anweisung dazu gegeben hatte. Schnell zog Fatima ihre Beine zusammen und verkroch sich wimmernd im Schoß der Mutter. Die Mutter lobte sie, nannte sie »tapferes Mädchen« und übergab ihr weitere Geschenke. Musik und Tanz ließen sie den Schmerz für Augenblicke vergessen. Hüpfen konnte Fatima allerdings nicht mehr, sie blieb bei ihrer Mutter liegen. Die Männer im Nebenraum hatten von all dem nichts bemerkt. Wenigstens gaben sie sich den Anschein.

Auf dem Heimweg fragte ich meine Mutter, warum Fatima beschnitten werden musste. »Das ist ein Brauch in Ägypten, damit das Mädchen der Familie keine Schande bringt«, antwortete sie. Ich wusste nicht, was das Wort »Schande« bedeutete, wagte aber auch nicht, weiter danach zu fragen. Anscheinend war das etwas ganz Schlimmes. Bislang hatte ich nur gewusst, dass die Jungen beschnitten werden mussten, weil das im Koran verlangt wird. Männer, die nicht beschnitten waren, galten als nicht »taher«, unrein, und durften später kein Vieh schlachten.

»Wird ein Mädchen beschnitten, damit es später auch Vieh schlachten kann?«, fragte ich weiter.

»Die Beschneidung bei Mädchen hat mit dem Islam nicht zu tun«, sagte meine Mutter. »Dieser Brauch kommt aus Afrika und wird hier in Ägypten meist nur in den Dörfern praktiziert.«

»Also wird mir dieses nicht angetan?«

»Nein.«

Ich war über diese Aussage meiner Mutter erleichtert. Ausnahmsweise zeigte sich der Koran milde gegenüber dem weiblichen Geschlecht.

Es dauerte lange, bis Fatima wieder richtig gehen konnte. Später habe ich sie aus den Augen verloren und konnte nicht mehr nachprüfen, ob sie ihrer Familie tatsächlich keine Schande brachte. Ihre Schreie höre ich aber heute noch.

Garantiert Jungfrau

Ruschdi bestand sein Abitur mit guten Noten und sollte nach Kairo gehen, um dort an der Universität zu studieren. Mein Vater wollte seinen Söhnen eine gute Ausbildung geben, damit sie sowohl bei einer Rückkehr nach Palästina als auch in der Fremde die besten Startbedingungen hätten. Bevor mein ältester Bruder weggehen würde, sollte er aber heiraten. Faridas Eltern wollten nicht, dass ihre Tochter unverheiratet zurückbliebe. Womöglich würde sich mein Bruder in der Hauptstadt noch für eine andere Frau entscheiden. Dies wäre eine große Schande für das Mädchen und ihre Familie gewesen.

Schlimm war es auch, wenn eine junge Frau vor der Hochzeit ihre Jungfräulichkeit verlor. Deshalb wurden wir Mädchen bis zur Hochzeit streng behütet, ja bewacht. Wir durften nicht mit Jungen spielen, nicht ohne männliche Begleitung aus dem Haus gehen, nicht mit fremden Männern sprechen. Am Hochzeitstag musste dann öffentlich der Beweis erbracht werden, dass die Braut noch Jungfrau war. Sämtliche Eltern waren aus diesem Grund bestrebt, ihre Töchter möglichst früh zu verheiraten. Dadurch sollte Unversehrtheit garantiert werden.

Anfangs wusste ich das alles noch nicht und konnte diese erzieherischen Maßnahmen nicht richtig einordnen. Ich lief zu meinen Vater und fragte ihn, was denn »Schande« sei, ich hätte dieses Wort nun schon mehrere Mal gehört.

»Sie wird immer dann über dich hereinbrechen, wenn du etwas machst, was verboten ist«, antwortete mein Vater.

Seine Aussage ließ mich sofort verstummen. Zu keiner weiteren Frage fähig, lief ich zu meiner Mutter.

»Ich habe schon mehrmals Schande über unsere Familie gebracht«, rief ich ihr zu.

Entsetzt hielt sie ihre flache Hand über meinen Mund.

»Halima, sag das nicht so laut. Was ist denn passiert? Was hast du getan? Hab keine Angst und erzähle mir alles.«

»Manchmal habe ich doch Süßigkeiten aus der Küche gestohlen, ich habe auch mit Jungen gespielt, und ich spreche oft mit dem Bauern am Brunnen. Ich ...«

Mutter unterbrach meinen Redeschwall. Sie war ganz offensichtlich erleichtert.

»Diese Dinge sind noch keine Schande. Aber wenn du das weiterhin machst, könnte daraus eines Tages eine erwachsen.«

»Wie denn?«

»Wenn du als junge Frau mit einem fremden Mann sprichst und dich dann mit ihm einlässt, obwohl ihr noch nicht verheiratet seid.«

Diese Worte brachten mich völlig durcheinander. Ich begriff nicht, was meine Mutter damit meinte. Sie erklärte es mir auch nicht weiter. Ich dachte nur, dass es ein Glück sei, dass durch die entwendeten Kekse keine Schande über unsere Familie gekommen war.

Die Vorbereitungen für Ruschdis Hochzeit waren eine willkommene Abwechslung. Ich freute mich auch auf Farida. Zunächst wenigstens. Da ahnte ich noch nicht, wie sich durch die neue Schwägerin unsere gesamte Familiensituation ändern würde. Am Abend vor der eigentlichen Feier rührte meine Mutter einen großen Topf mit Henna an. Bevor wir zu Bett gingen, streckten Miriam und ich ihr unsere Hände entgegen. Vorsichtig strich meine Mutter die teigige Masse auf die Innenseite der Handfläche und auf die Fingernägel. Anschließend mussten wir die Hände zu Fäusten ballen, sodass sie ein Tuch darüber wickeln konnte – die grüne Hennamasse sollte sich nicht im Schlaf von unseren Händen lösen. Danach kamen die Füße dran, dann das Haar. Während der Nacht trocknete die Paste und hinterließ im ganzen Bett kleine Brösel. Das spielte aber keine Rolle. Hauptsache, die leuchtend rote Farbe war am nächsten Tag nicht zu übersehen.

Alle in unserer Familie waren aufgeregt. Meine Mutter reinigte das gesamte Haus, breitete ausreichend Speisen vor und verteilte reichlich Obst und Süßigkeiten auf Platten. Besonders viel Aufmerksamkeit wurde auf das Brautzimmer verwendet. Das große, hohe Bett war von einem weißen Netz umhüllt, ein Kleiderschrank war schon vor Wochen gekauft worden. Keiner von uns durfte das Zimmer betreten, es war einzig der Raum meines Bruders.

Meine Mutter badete uns, zog mir und meiner Schwester neue Kleider an. Zum Schluss band sie uns rote Schleifen ins Haar. Dann machten wir uns alle auf den Weg ins Dorf der Braut. Als die Gäste und die Brauteltern uns kommen sahen, empfingen sie uns mit Gesang und Musik. Es gab ein üppiges Festmahl, und danach wurde ausgelassen getanzt.

Nach dem großen Fest versammelten sich die beiden Mütter des Brautpaares, eine Hebamme und weitere Frauen aus der Familie von Farida, um die Braut in ein wunderschön hergerichtetes Schlafgemach zu führen. Was anschließend geschah, erzählte mir meine Mutter erst Jahre später.

Farida musste sich auf das Bett setzen und auf Anweisung ihrer Mutter den Slip ausziehen. Danach wartete sie darauf, dass Ruschdi zu ihr ins Zimmer kam. Die versammelten Frauen legten Farida dann aufs Bett und spreizten ihre Beine. Die Hebamme konnte nun prüfen, ob die Braut noch Jungfrau war. Farida besaß noch ihr Hymen. Nun trat Ruschdi in seine Verantwortung. Er nahm ein neben dem Bett bereitgelegtes weißes Tuch in die Hand und umwickelte damit einen seiner Finger. Die Hebamme zeigte ihm, wo er mit dem Finger eindringen musste, um Farida zu entjungfern. Mehrmals musste Ruschdi seinen umhüllten Finger in die Scheide seiner Frau stoßen, bis es klappte. Farida hatte Mund und Lippen fest zusammengepresst, keinen Ton gab sie von sich, das war sie ihrer Familie schuldig. Meine Mutter und die anderen Frauen schauten bei diesem Ritual zu, nahmen das blutverschmierte Tuch entgegen und reichten es weiter zu den verbliebenen Hochzeitsgästen, die diesem Augenblick entgegengefiebert hatten. Das Tuch wurde danach für ein paar Tage an der Schlafzimmertür aufgehängt.

Bis zu diesem brutalen Akt hatte Farida unbeschwert und fröhlich das Hochzeitsfest genießen können, das auf dem Dach und in den Räumen des elterlichen Hauses gefeiert wurde. Die Zimmer waren zu diesem Anlass rundum mit farbigen Stoffen bespannt worden, die reichlich mit Arabesken verziert waren.

Ruschdi und Farida saßen den ganzen Abend nebeneinander auf einem Podest. Nicht ein einziges Mal durften sie ihren Platz verlassen. Die Braut trug ein weißes Hochzeitskleid nach europäischem Vorbild und ihren gesamten Schmuck. Jeder sollte sehen, wie viel sie dem Bräutigam wert war. Verwandte, Bekannte und Freunde machten nun dem Paar ihre Aufwartung. Unermüdlich mussten die beiden sich für die Glückwünsche und Geschenke bedanken.

Nach der Hochzeit wohnte Farida der Tradition folgend bei uns. Kurz bevor Ruschdi zum Studium nach Kairo ging, wurde sie schwanger. Ich bemerkte erstaunt, wie sich ihr Bauch rundete, ja immer dicker wurde. Meine Mutter sagte mir, dass meine Schwägerin ein Kind erwartete. Alle waren sehr froh über die rasche Schwangerschaft, nicht einmal ihre Monatsblutung hatte Farida nach der Hochzeit bekommen. Jeder sagte, sie habe einen fruchtbaren Leib.

Meine Begeisterung über den Zuwachs in unserer Familie wurde von Tag zu Tag weniger. Farida war die Frau unseres Bruders, gehörte also nicht direkt zu uns. In ihrem Beisein konnten wir nicht wie früher über alles reden; sie hätte es sofort ihren Eltern weitererzählt. Auf einmal hatten wir einen Spion in der Familie, vor dem wir uns in Acht nehmen sollten. Es gab oft Streit zwischen Farida und meiner Mutter, aber auch Miriam und ich bekamen ihretwegen von meinem Bruder oder Vater oftmals Schläge. Wir waren der Meinung, dass Farida uns nichts zu befehlen hatte. Vielleicht waren wir aber auch eifersüchtig auf sie, weil sie das Herz unseres Bruders erobert hatte, welches ja eigentlich uns gehörte. Diese fremde Frau hatte uns den Bruder geraubt. Das Verhältnis änderte sich in den folgenden Jahren nicht wesentlich. Meine Schwägerin ist bis heute für mich eine ungeliebte Fremde geblieben.

Das Kind kam in unserem Haus zur Welt. Es war ein Sohn. Weil in der arabischen Welt die Frau wenig zählte, sagte man bei uns auch, dass der Mann das Kind bekommen hätte. Meine Mutter war sehr stolz auf ihr Enkelkind. Sie tat alles für Bassam, wickelte ihn in weiche Stoffbinden, trug ihn dauernd auf dem Arm, sobald er nur die Wimpern bewegte. Farida spielte bei dem neuen Glück keine Rolle, sie hatte ihre Arbeit getan, zwar gut, aber mehr auch wieder nicht. Eigentlich waren wir der Meinung, die Schwägerin müsste uns dankbar sein, vor allem meinem Bruder. Durch die Heirat mit Ruschdi kam sie in eine bessere Familie hinein, besaß viel Goldschmuck, hübsche Kleider und nun auch noch einen Sohn von meinem Bruder. Besser hätte sie es nicht treffen können. Für uns war es ganz selbstverständlich, dass sie uns zu bedienen hatte.

Ich kann mich noch erinnern, dass Farida oft zu ihren Eltern ging, was meinem Vater aber nicht recht war. Er wusste nicht, was sie bei ihren Eltern tat, sie war dort nicht mehr unter seiner Kontrolle. Aus diesem Grund durfte Farida auf keinen Fall den Enkelsohn mitnehmen. Das Kind gehörte uns, unsere Schwägerin besaß über das Kind keine Entscheidungsgewalt. Meine Mutter war es, die sich um das Baby kümmerte, Bassam die Milchflasche gab, ihm die Windeln wechselte und ihn badete. Nächtelang wiegte sie den Säugling in ihren Armen, wenn er weinte und nicht schlafen wollte. Manchmal bettelte Farida darum, ihren Sohn, nein, den Sohn meines Bruders, mitnehmen zu dürfen, um ihn ihren Eltern und Freunden zu zeigen. Hin und wieder gab mein Vater seine Erlaubnis dazu; Farida musste sich aber von Schaukat oder meiner Mutter begleiten lassen und am selben Abend wieder zurück sein. Meine Eltern hatten eine geradezu panische Angst um ihr Enkelkind.

Da Ruschdi uns häufig besuchte, dauerte es nicht lange und meine Schwägerin war wieder schwanger. Farida gebar noch einen weiteren Sohn, Subhi, und mit jedem Sohn, den sie zur Welt brachte, stieg ihr Wert in der Familie, und damit auch ihr Selbstbewusstsein. Sie begann sich allerhand Freiheiten herauszunehmen. Auch erlaubte sie es sich nun immer öfter, meinem Vater zu widersprechen. Sie besuchte ihre Eltern häufiger, ja, sie übernachtete sogar gelegentlich bei ihnen. Sie bekam noch zwei weitere Söhne, die sie in Kairo zur Welt brachte, und fühlte sich daraufhin so mächtig, dass ihre Stimme lauter und lauter wurde. Als wir uns bei Ruschdi über seine Frau beklagten, zuckte er nur mit den Schultern. Ihn interessierte nur sein Studium.

Kurz nach seinem Examen bekam mein Bruder eine Dozentenstelle als Jurist an der Universität Kairo. Damit war er in der Lage, die Sorge für unsere Familie zu übernehmen. Ruschdi bat unseren Vater, mit seiner Arbeit aufzuhören und sich auszuruhen. Mein Vater willigte ein und kündigte seine Stellung beim Pascha. Jetzt war er auch tagsüber in unserer Nähe. Er wurde aber mit zunehmendem Alter immer reizbarer und aggressiver. Vielleicht war er unzufrieden oder langweilte sich, weil er nicht mehr gebraucht wurde. Vielleicht machte ihm aber auch zu schaffen, dass er bei einem Verkehrsunfall einen Teil seines linken Fußes verloren hatte. Das Unglück passierte, als er einmal aus geschäftlichen Gründen in Kairo war.

Wie auch immer: Mein Vater war jetzt Invalide und lebte vom Geld seines Sohnes. Vielleicht fühlte er sich unvollkommen, doch haben wir darüber nie miteinander gesprochen. Er stritt ständig mit meiner Mutter und schlug sie immer öfter. Sie weinte viel und litt sehr unter seiner Ungerechtigkeit, sodass ich mir die Zeit zurückwünschte, wo er tagsüber über die Felder des Paschas geritten war.

Jeder Blick wird kontrolliert

Mein Vater war der Meinung, dass wir nun nach Kairo umziehen sollten. Schaukat studierte inzwischen auch in der Hauptstadt, und Ruschdi hatte schon zu lange von seiner Frau entfernt gelebt. Da Miriam und ich gerade ein Schuljahr beendet hatten, war der Zeitpunkt für einen Umzug günstig.

Mit dem Wechsel nach Kairo endete für mich die schönste Zeit meines Lebens. Es begann nun ein völlig anderes Dasein, sehr viel ernster, mit vielen Einschränkungen. In der großen Stadt gab es keine Felder, kaum Bäume, keine Tiere, keine Wasserkanäle, keine Brunnen, keine Bauern. All das, was ich geliebt hatte, war von heute auf morgen verschwunden. Auch die wunderbaren Töne der Panflöte.

Mein Vater fand eine Wohnung in der Nähe des Hauptbahnhofs. Sie erschien mir wie ein Gefängnis mit fünf Zimmern. Unsere neue Unterkunft befand sich im dritten Stock eines riesigen Mietshauses mit vielen Etagen. Um uns herum sah ich nur Häuserschluchten, enge Straßen, unzählige Menschen, viele Autos und Unmengen von Dreck. Es gab keine Luft zum Atmen, nirgendwo entdeckte ich eine ruhige Ecke. Wir Mädchen durften nicht einmal ans Fenster treten, es hätte uns ja ein Mann aus dem gegenüberliegenden Wohnblock beobachten können. Auch wurde uns nicht erlaubt, an die Tür zu gehen, wenn es klingelte oder klopfte. Wir wurden rund um die Uhr bewacht, jede Bewegung, jeder Schritt wurde kontrolliert. Immer wieder hörte ich: »Wir sind hier fremd. Wir kennen uns nicht aus. Wir müssen achtsam sein.« Das waren Sätze, die unser kommendes Leben als Heranwachsende vorzeichneten.

Jeden Morgen wurden Miriam und ich zur Mädchenschule unseres Viertels gebracht, entweder von Ruschdi oder von Schaukat. Auf dem Weg dorthin durften wir weder nach rechts noch nach links schauen, denn überall auf der Straße liefen Männer herum, vor denen wir uns ja vorsehen sollten. Wir blickten deshalb entweder nur auf den Boden oder richteten unsere Blicke starr auf unsere Brüder. Sie kontrollierten ununterbrochen unsere Kopfhaltung. Wenn sich das Schultor nachmittags öffnete, standen wir wartend davor und schauten, wer von den beiden uns abholte. Manchmal versteckten sich meine Brüder, um zu prüfen, wie wir uns verhielten. Wehe, wir sahen einem Mann nach, dann bekamen wir sofort Schläge. Wenn unsere Klasse einen Ausflug machte, begleitete uns einer unserer Brüder – oder wir mussten zu Hause bleiben, wenn sie keine Lust dazu hatten.

Zuerst gingen wir auf die Realschule, die wir nach vier Jahren mit der Mittleren Reife beendeten. Anschließend besuchten wir noch für drei Jahre das Gymnasium, um das Abitur zu machen. In der Realschule mussten wir eine graue Uniform tragen, auf dem Gymnasium eine blaue. Dazu trugen wir eine weiße Bluse, eine weiße Haarschleife und schwarze Schuhe mit weißen Socken. Ob ein Kind aus einer reichen oder einer armen Familien stammte, war nur an der Breite der Schleifen zu erkennen, sonst gab es keine Unterschiede. Einzig die Leistungen zählten. Wir gehörten in der Schule zu den Besten, was auch kein Wunder war – außer Lernen gab es für uns keine Alternativen.

Miriam zeigte eine außerordentliche Begabung beim Speerwerfen und Kugelstoßen. Die Schule wollte sie fördern, aber mein Vater lehnte das ab, weil er sich nicht in der Lage sah, sie zu sämtlichen Wettkämpfen zu begleiten. Ich spielte sehr gut Volleyball und war sogar unsere Schulmannschaftsführerin. Aber bald musste ich diesen Mannschaftssport aufgeben, weil die Turniere auch an anderen Orten stattfanden und ich nicht ohne Aufsicht mitfahren durfte. Natürlich zeigten meine Brüder nicht die geringste Neigung, mich bei diesen Anlässen zu begleiten.

Nicht anders erging es mir mit meiner Begeisterung für Musik. In unserem Gymnasium gab es ein Schülerorchester. Alle, die sich dafür interessierten, erhielten kostenlosen Musikunterricht, mussten aber das gewählte Instrument zu Hause haben, um darauf üben zu können. Ich wollte für mein Leben gern Klavier spielen und meldete mich für den Unterricht an. Als ich meinen Eltern davon berichtete, lachten sie mich aus. »Konzentriere dich in der Schule auf anständige Fächer. Musik ist unwichtig. Schlag dir das ganz schnell wieder aus dem Kopf«, sagte mein Vater. Anständige Fächer, das waren für ihn die arabische Sprache, Mathematik, Geschichte und natürlich Religion. Es schadete auch nichts, wenn ich zusätzlich noch nähen und kochen konnte. Und so war mein Traum vom Klavierspielen schnell verflogen.

In der Stadt änderte sich das Verhalten meines Vaters und meiner Brüder. Auf dem Dorf waren sie nur mit ihrer Familie zusammen gewesen. Jetzt in Kairo gingen sie fast jeden Abend aus. Sie saßen in Kaffeehäusern, tranken mit anderen Männern Tee oder Mokka und rauchten Wasserpfeife. Manchmal trank Ruschdi sogar ein Glas Bier.

Mein ältester Bruder hatte Jura und Theologie studiert, Fächer, die damals sehr angesehen waren. Folglich hatte er einen gut bezahlten Job an der Universität bekommen. Ruschdi gab sich weltmännisch, trug elegante Anzüge und suchte auch für uns Mädchen nur schöne Kleider aus. Er besaß viel Sinn für Stoffe, entschied, welcher Schnitt zu uns passte, und ließ all unsere Sachen maßschneidern. Mein Bruder bestimmte auch, welche Bücher meine Schwester und ich lesen durften; meistens waren es russische Schriftsteller wie Tolstoi oder Dostojewski.

Für meinen Vater war es wichtig, dass wir Mädchen vor unserer Heirat das Abitur machten. Weil wir weder studieren noch einen Beruf erlernen durften, leuchtete mir das damals nicht ein. Brauchte ich denn für das Gebären von Kindern Abitur? Aber seltsamerweise hielt mein Vater dieses Zeugnis für notwendig. Später war ich ihm dankbar dafür.

Weil ich ohne männliche Begleitung nicht in die Stadt gehen durfte, fühlte ich mich den Launen meiner Brüder ausgeliefert. Aber auch mein Vater konnte mich mit seinen strengen Vorstellungen zur Verzweiflung bringen. Er fand, dass die Frauen in Kairo viel zu freizügig angezogen waren; die Röcke waren in seinen Augen zu knapp, die Blusenärmel zu kurz. Dabei fand ich die ägyptischen Mädchen ungemein schick.

Zu Anfang nahm mich mein Vater gelegentlich in ein Kaffeehaus mit. Damals war ich ungefähr elf Jahre alt. Ich sah dort keine Frauen, nur Männer. Mich irritierte es sehr, dass ich in dieser Männerdomäne eine Ausnahme war. Da ich mit niemandem reden durfte, belauschte ich die Gespräche der Männer. Hauptsächlich unterhielten sie sich über ihre Kinder, natürlich vorrangig über die Söhne. Sie freuten sich miteinander über die Geburt eines Sohnes und über die bestandene Prüfung eines männlichen Nachkommen. Vielfach sprachen sie auch über ein neu erworbenes Haus oder über ihre Arbeit. Mein Vater erzählte viel von unserer Heimat, erwähnte aber niemals die politischen Entwicklungen. Er vermied gefährliche Themen.

Seine ägyptischen Freunde rauchten Tabak, den sie mit

Haschisch versetzt hatten, in ihren Wasserpfeifen, sodass sie nach einiger Zeit ausgelassen wurden. Dann stand mein Vater auf und ging mit mir nach Hause. In seinen Augen durfte ein wahrer Mann sich nicht einem Rausch hingeben, nicht die Kontrolle über die eigenen Gedanken verlieren.

Manchmal wurde Miriam und mir ein Kinobesuch erlaubt, selbstverständlich nur unter Aufsicht. Wenn meine Brüder morgens einen gemeinsamen Abendausflug in die Welt der laufenden Bilder ankündigten, war das für uns wie ein Fest. Den ganzen Tag träumten wir nur noch von Liebesgeschichten, Abenteuern und Leinwandheldinnen. Sobald die Schule aus war und die Hausaufgaben und Haushaltspflichten erledigt waren, machten wir uns stundenlang zurecht und zogen unsere besten Kleider an. Manchmal mussten wir sie wieder ausziehen, weil wir vorher nie wussten, wer von unseren Brüdern uns begleiten würde. Es war wie ein Lotteriespiel. Ruschdi hatte überhaupt nichts dagegen, wenn wir uns modisch kleideten; Schaukat fand es schon aufreizend, wenn uns nur eine einzige Locke ins Gesicht fiel.

Hatten wir den jeweiligen Geschmack getroffen, waren wir von dem Einerlei des Alltags erlöst. Endlich raus aus dem Haus, endlich etwas anderes sehen! Die Kinos, in die wir gingen, hatten eine große Leinwand unter freiem Himmel. Wir saßen in gemütlichen Stühlen, sanft säuselte der Wind, auf unserem Schoß hielten wir etwas Süßes zum Naschen. Die Filme wurden natürlich, nach Absprache mit unserem Vaters, von unseren Brüdern ausgesucht. Dabei berücksichtigten sie hauptsächlich ihre eigenen Vorlieben: Western oder Kriegsfilme.

Das Kinovergnügen konnte uns aber immer noch von unserem Vater verdorben werden. Manchmal stand er mitten im Film plötzlich neben uns, um nachzusehen, ob die Geschichte auch sittsam war. Wenn sie dies nach seiner Ansicht nicht war, nahm er uns sofort mit nach Hause. Wir durften nicht zusehen, wenn im Film eine leicht bekleidete Frau gezeigt wurde, die sich gar noch aufreizend bewegte. Ganz furchtbar war es, wenn sich ein Liebespaar küsste. Dann musste der uns jeweils begleitende Bruder Schläge von meinem Vater einstecken. Da half es gar nichts, dass seine Söhne schon selbst erwachsene Männer waren.

Es kam auch vor, dass wir vergebens auf unsere Brüder warteten. Wenn keiner von ihnen auftauchte, gingen wir enttäuscht in unser Zimmer zurück. Es war uns klar, dass wir an dieser Situation nichts ändern konnten.

Miriam und ich waren sehr aufeinander bezogen. Kontakt zu Mädchen aus unserer Nachbarschaft war uns verboten. Wir durften uns nicht einmal mit Schulfreundinnen treffen. Von meiner Banknachbarin wusste ich gerade mal den Namen; was sie in ihrer Freizeit tat, wo sie lebte – ich hatte keine Ahnung. Wenn wir von der Schule nach Hause kamen, aßen wir zu Mittag, machten unsere Schulaufgaben und halfen dann unserer Mutter im Haushalt. Danach gingen wir schlafen.

Schon in den letzten Jahren in Thahanub hatte mein Vater unter Asthma gelitten; jetzt in Kairo wurden seine Anfälle immer schlimmer. Ich hatte große Angst, dass ich ihn eines Tages verlieren könnte. Wenn er anfing, seine Hände auf einen Tisch zu stemmen und dabei den gesamten Oberkörper zu Hilfe nahm, um atmen zu können, wenn sein Kopf blau anlief und seine Lippen zitterten, litt ich mit ihm. Ich fand es furchtbar, dass ich ihm nicht helfen konnte, nur der schnell herbeigerufene Hausarzt. Dieser gab meinem Vater eine Spritze, und binnen kurzem zeigte sein Gesicht wieder eine rosige Farbe; er konnte auch wieder aufstehen und sich normal bewegen. Es war so, als ob er nie am Ersticken gewesen wäre.

Ich schaute den stattlichen Arzt mit großen Augen an und dachte, er sei von Gott geschickt worden, um meinen Vater zu retten. In meiner Vorstellung handelte der Arzt im Auftrag Gottes. Allah hatte ihm die Gabe verliehen, meinen Vater zu retten. Und so wie dieser Mann war, wollte ich auch sein. Von diesem Augenblick an hatte ich nur den einen Wunsch: Ich wollte Ärztin werden, um Menschen das Leben zu erleichtern und sie vor dem Tod zu retten. Was für ein Traum! Alle Menschen von ihrem Leid zu befreien …

Fünfunddreißig Jahre später machte ich Urlaub in Kairo und suchte nach diesem Arzt. Die Telefonauskunft kannte mehrere Personen, die denselben Namen trugen. Gleich bei meinem ersten Versuch hatte ich Glück. Der Arzt freute sich über meinen Anruf und lud mich sofort zu sich nach Hause ein. Seine krausen, dunklen Haare war grau geworden, sein Gesicht wies einige Falten mehr auf, aber ansonsten hatte er sich kaum verändert. Seine dunklen Augen waren hellwach, und er strahlte immer noch die mir bekannte Ruhe und Freundlichkeit aus. Ich war inzwischen selber Ärztin geworden, so wie ich es mir als Kind vorgenommen hatte, und erzählte ihm, dass er mein großes Vorbild gewesen war. Er sagte mir, er hätte häufig an mich gedacht und mich sehr bedauert, als ich so verängstigt neben meinem Vater saß.

Gemeinsam gingen wir zu unserer einstigen Wohnung, wo er meinen Vater behandelt hatte. Er begleitete mich auch in das Dorf des Paschas, in dem mein Vater begraben worden war. Der sehnlichste Wunsch meines Vaters, nach Palästina zurückzukehren, um dort seine letzte Ruhestätte zu finden, ist nicht in Erfüllung gegangen. Wir suchten auf dem Friedhof nach dem Grab meines Vaters und fanden es neben dem meines kleinen Bruders. Im Tod war er wieder mit seinem jüngsten Sohn Joseph vereint. Aber sie lagen in fremder Erde.

Der Cousin aus Gaza

In diesem täglichen Einerlei war der Fastenmonat Ramadan besonders für uns Mädchen eine willkommene Abwechslung. Kairo leuchtete in einem Lichtermeer, es gab viel Gebäck mit Zimt und andere Leckereien, wie sie in Westeuropa zur Weihnachtszeit zu bekommen sind. Die Menschen waren viel freundlicher zueinander als sonst und halfen sich beim Einkaufen und bei der Vorbereitung des Essens. Der Beginn der islamischen Fastenzeit richtet sich nach dem Mondkalender und wird deshalb jedes Jahr neu festgelegt. Der Ramadan ist der neunte Monat des islamischen Mondjahrs. Von Sonnenaufgang bis Sonnenuntergang darf in dieser Zeit weder gegessen noch getrunken noch geraucht werden; auch der Beischlaf ist dann untersagt.

Selbst wenn brütende Hitze über der Stadt lag, durften wir tagsüber keinen Schluck Wasser trinken. Wir Kinder waren aber auch stolz darauf, wenn wir standhaft geblieben waren, wollten wir doch den Erwachsenen zeigen, dass wir auch in der Lage waren, diese Entbehrungen auszuhalten. Doch leicht war das nicht immer. Der Sonnenuntergang erschien uns dann wie eine Erlösung – wenn der Muezzin von der Moschee das Signal zum Beenden eines Fastentages gab, bekamen wir endlich ein Glas Aprikosensaft. Wenn es keine frischen Aprikosen gab, wurden getrocknete Früchte in Wasser aufgeweicht. Der Saft wurde abgeseiht, mit Wasser verdünnt und im Kühlschrank aufbewahrt. Manchmal erhielten wir auch anstelle des Aprikosensaftes ein Getränk aus Limonen oder gepresstem Zuckerrohr. Anschließend gab es ein Festmahl mit vielen Süßigkeiten. Überall aus den Lautsprechern oder dem Radio hörte man Suren. Dazwischen spielte das Radio melancholische und herzzerreißende Lieder von Umm Kalsum, einer ägyptischen Sängerin, die in der arabischen Welt so bekannt war wie Maria Callas im Westen, und von Farid Alatrash, dessen Texte von Liebe und Leid handelten.

»Warum müssen wir eigentlich fasten?«, fragte ich Ruschdi einmal.

»Gott hat das bestimmt. Jeder soll an seinem eigenen Körper spüren, was Hunger ist, und ein Herz für die Armen haben und ihnen materielle und andere Hilfe geben. Deshalb geben wir am Ende des Fastenmonats den Armen auch Geld. Vor Gott sind alle Menschen gleich. Du bist nicht besser als all die anderen Menschen, und sie nicht besser als du, denn letztendlich sind wir alle vergänglich. Nur mit deinen Taten, Halima, kannst du dir einen Platz aussuchen, im Himmel oder in der Hölle. Nur Allah bist du Rechenschaft schuldig, keinem anderen Gott oder Menschen.«

»Aber was bedeutet das Wort Rechenschaft?«

»Alles, was du tust, musst du vor dir selbst und vor Gott verantworten.«

»Das verstehe ich nicht. Ich mache doch nie etwas aus meinem Willen heraus. Ich befolge doch nur die Anweisungen, die von unserem Vater oder von euch Brüdern kommen. Wie soll ich die denn vor Gott verantworten?«

Ruschdi schwieg zu meiner Frage.

»Und müssen alle Moslems fasten?«, fragte ich weiter. »Farida sehe ich tagsüber essen.«

»Deine Schwägerin darf jetzt nicht fasten, weil sie ihre

Monatsblutung hat. Sie ist nicht taher, unrein. Später wird sie die ausgelassenen Fastentage nachholen. So hat Allah es bestimmt. Auch kranke Menschen sind von diesem Gebot ausgenommen.«

Am ersten Tag nach dem Ramadan wird Ied Al Sair gefeiert, das »kleine Fest« (im Gegensatz zum Pilgerfest Ied Al Kabier, das im Islam das höchste Fest ist). Meine Schwester und ich bekamen ein neues Kleid geschenkt, meine Mutter Geld, damit sie sich etwas Schönes kaufen konnte. Nachmittags besuchte die gesamte Familie Freunde oder unternahm einen Ausflug zum Jahrmarkt. Allerdings war dieses Vergnügen für uns Mädchen nicht uneingeschränkt, denn wir durften nicht auf die Schiffschaukel, so sehr wir es uns auch wünschten. Das galt als unanständig. Es konnten unten ja Jungen stehen, die zu uns nach oben schauten und vielleicht unsere nackten Beine sahen oder gar einen Blick auf unsere Unterwäsche riskierten.

Manchmal war mein Vater nachsichtig, dann erlaubte er uns ein vorsichtiges Hinundherschwingen. Wenn ich aber auf der Schiffschaukel war, dann wollte ich auch hoch hinaus in den Himmel und einen Überschlag wagen, was natürlich strengstens verboten war. Dennoch übertrat ich das väterliche Gebot, mit der Folge, dass ich eine kräftige Ohrfeige bekam. Ich strebte nach Freiheit, wollte anders leben als die anderen Mädchen und fand es schon damals ungerecht, dass ich nicht das tun durfte, was für Jungen selbstverständlich war.

In all den Jahren hatten wir uns in dem Glauben befunden, dass unsere gesamte Verwandtschaft dem Krieg zum Opfer gefallen war. Wir wohnten bereits seit drei Jahren in Kairo, als eines Tages mein ältester Bruder mit einem fast gleichaltrigen Mann nach Hause kam, den er als unseren Cousin Ahmed vorstellte. Ahmed hatte bis vor kurzem im Gaza-Streifen gewohnt. Von meinem Vater wusste ich, dass dieses Gebiet aus der Stadt Gaza und mehreren Dörfern bestand und ein kleiner Teil unserer ehemaligen Heimat war, den das ägyptische Militär damals besetzt hielt und verwaltete. Dorthin waren viele Palästinenser 1948 geflüchtet. Die Vereinten Nationen hatten in dieser Region viele Lager errichtet, Essen und Kleider verteilt und die medizinische Versorgung sichergestellt. Der Westteil Palästinas war dagegen von Jordanien besetzt. Die Grenze vom Gaza-Streifen nach Ägypten war für lange Zeit geschlossen gewesen. Wir konnten nicht zu den palästinensischen Flüchtlingen im Gaza-Streifen. Aber auch für die Menschen von der anderen Seite der Grenze gab es keine Reisemöglichkeit.

Daher war es für uns eine Riesenüberraschung, zu erfahren, dass wir noch Angehörige hatten, und wir freuten uns sehr, wenigstens einen davon leibhaftig zu sehen. Ahmed berichtete, seine Eltern seien auf der Flucht bis nach Gaza gelangt und dort in einem Flüchtlingslager in der Nähe des Mittelmeers untergekommen. Sie würden noch immer in diesen Behelfswohnungen und unter miserablen Bedingungen leben. Weiter erfuhren wir von Ahmed, dass sein ältester Bruder Raghib in Kuwait als Lehrer arbeitete und dass seine anderen Brüder und die jüngste Schwester noch die Schule besuchten. Zwei ältere Schwestern waren bereits verheiratet und hatten mehrere Kinder.

Ahmed war nach Ägypten gekommen, um Jura zu studieren. Die alte palästinensische Universität in Birrseit befand sich in den Händen der Israelis. Als die Ägypter ihm schließlich die Einreise erlaubten, hatte er lange nach uns gesucht, bis er Ruschdis Namen zufällig in der Universität aufschnappte. Jetzt war er froh, uns endlich gefunden zu haben.

Unser Cousin ging seit diesem Wiedersehen bei uns aus und ein. Er gehörte fortan zu uns und half Miriam und mir, unser Englisch zu verbessern. Ich freute mich darüber, dass unsere Familie nun größer geworden war. Ahmed war freundlich und höflich, ich fand ihn nicht unsympathisch. Sein Aussehen hatte nichts Auffälliges an sich: Er war von großer Statur, hatte dunkles Haar mit leichten Wellen, eine lange, nicht besonders schöne Nase und leicht hervorstehende Wangenknochen. Ruschdi sah zwar weit besser aus als mein Cousin, doch stellte sich in Ahmeds Nähe bei mir ein neues Gefühl der Zugehörigkeit ein. Überhaupt war es das erste Mal, dass ich mit einem Mann reden durfte, der nicht mein Bruder oder mein Vater war.

Es war schon merkwürdig: Ich fühlte mich nicht mehr allein auf der Welt, wenn Ahmed im Raum war. Von einem Tag auf den anderen existierten plötzlich Verwandte, die man schon längst für tot gehalten hatte. Diese Auferstehung – und das war es in einem gewissen Sinn – kam tatsächlich einem Wunder gleich. In der Schule konnte ich nun über meinen Cousin und seine Familie sprechen und allen sagen, dass wir sie bald in unserer Heimat besuchen würden. Neuerdings nahm ich Worte wie »unser Onkel« und »unsere Tante« in den Mund; ich hatte wieder Hoffnung auf ein wirkliches Zuhause.

Mein Vater begann, wie damals im Dorf des Paschas, von unserer geraubten Heimat und seiner Familie zu reden. Ahmed hatte seinen Sehnsüchten neue Nahrung gegeben. Er ging weniger aus, stattdessen saßen wir nach dem Abendessen oft noch lange zusammen und malten uns ein Wiedersehen aus, manchmal auch eine Rückkehr.

Bei meiner Schwägerin Farida, und zu meiner Überraschung auch bei meiner Mutter, bemerkte ich in dieser Zeit eine rasche Zunahme des Bauchumfangs. Es war nicht mehr zu übersehen, beide waren schwanger. Drei Söhne hatte meine Schwägerin schon zur Welt gebracht, nun verkündete sie jedem, ob er es nun hören wollte oder nicht, sie würde noch einen weiteren Sohn gebären. Meine Mutter blieb derweil still; ich hatte das Gefühl, dass sie sich bei dem Geschlecht ihres Babys nicht sicher war. Ich betete oft, weil ich wollte, dass meine Mutter einen Sohn bekommen sollte und meine Schwägerin eine Tochter. Leider half mein Beten nicht. Meine Mutter gebar eine Tochter, Mona, und Farida ihren prophezeiten Sohn. Für meine Eltern war das misslich, sie konnten den Stolz der Schwiegertochter kaum noch ertragen. Diese Situation trug dazu bei, dass ich meine Schwägerin noch weniger mochte.

Immer mehr versuchte Farida, Druck auf unsere Familie auszuüben. Einmal war sie derart verärgert über ihren Mann Ruschdi, dass sie sich von ihrem Vater abholen ließ und am Abend nicht wiederkam. Die vier Söhne hatte sie in unserer Obhut gelassen, entsprechend herrschte Chaos in der Wohnung. Ruschdi wollte davon nichts wissen und verschanzte sich in seinem Zimmer in der Universität. Die viele Arbeit blieb an meiner Mutter und uns Mädchen hängen. Nach einigen Tagen riss meinem Vater der Geduldsfaden. Er sprach ein ernstes Wort mit seinem Sohn, anschließend stiegen sie zusammen in den Zug, um Farida abzuholen. Sie nahmen Geschenke mit, um die Schwiegereltern wohlgesinnt zu stimmen.

Am späten Nachmittag kamen sie mit Farida zurück. Ich konnte Verachtung in ihren Augen entdecken, als sie wieder ihre gewohnten Arbeiten verrichtete. Nachdem sie erkannt hatte, wie profitabel ihr Ausreißversuch gewesen war, unternahm sie einen zweiten Versuch. Bei diesem kalkulierten Weggang nahm sie die Söhne mit. Wieder schritt mein Vater zur Tat, dieses Mal aber schon nach einem Tag. Mit einer Goldkette tauchte er bei Faridas Eltern auf und entschuldigte sich für das unangemessene Verhalten seines Sohnes. Anschließend durfte er die Schwiegertochter und die Enkelkinder wieder mitnehmen.

Das Verhalten meiner Schwägerin prägte ich mir genau ein. Sollte ich einmal verheiratet sein, so schwor ich mir, würde ich nur Söhne zur Welt bringen wollen, mindestens drei. Wer derart viele männliche Nachkommen hatte, das konnte ich ja aus nächster Nähe beobachten, würde sich immer ernähren können. Auch wollte ich nach der Hochzeit in unmittelbarer Umgebung meiner Eltern wohnen, sodass sie mich jederzeit zu sich holen könnten. Keiner würde mir dann etwas tun. Sollten mein Mann oder die Schwiegereltern ungerecht zu mir werden, so konnte ich auch mit meinen Söhnen zu den Eltern gehen. Eigentlich ein ganz einfacher Plan – nur stellte er sich später als Unmöglichkeit heraus.

Zeitweise war ich richtig böse auf meine kleine Schwester Mona, weil sie kein Junge war. Vielleicht war ich auch auf meine Mutter sauer, weil sie es nicht geschafft hatte, einen Sohn zu gebären. Zudem war ich oft nicht gut auf sie zu sprechen, weil ich selbst nicht als Junge auf die Welt gekommen war. Nichts wünschte ich mir so sehr, wie die Freiheiten meiner Brüder zu haben. Immer mehr beschlich mich das Gefühl, dass ich als Mädchen oder Frau kaum eine Bedeutung hatte.

Heiratsversprechen in der alten Heimat

Einige Zeit später fuhren wir zu unseren Angehörigen nach Gaza; die Ägypter hatten die Grenzbestimmungen gelockert. Wieder nahmen wir den Zug, dieses Mal aber in die umgekehrte Richtung. Auch waren wir diesmal nicht voller Furcht, sondern voller Erwartung, und freuten uns auf den Besuch bei den Verwandten.

Es war eine spannende Reise. Unsere ganze Familie saß eng aneinander geschmiegt beisammen und schaute gebannt aus dem Fenster. Der Zug fuhr zuerst durch das Niltal. Überall entdeckte ich kleine Dörfer, die dem unseres Paschas ähnlich waren. Die Felder bildeten zu beiden Seiten des Stroms einen schmalen Gürtel. Jenseits von Mais und Zuckerrohr gab es nur gelben Sand, der am Horizont mit einem strahlend blauen Himmel zusammenstieß. Am Suezkanal und später, während der Zug die Sinai-Halbinsel durchquerte, beherrschte die Wüste das Land. Ich konnte nicht aufhören, immer wieder die Wellenmuster zu betrachten, die der Wind in den flachen Sand gezeichnet hatte. Auch staunte ich über die vielen hohen Sanddünen. Nie zuvor hatte ich die Wüste gesehen.

Mein Vater erzählte während der Fahrt von den Verwandten, die wir bald sehen würden. Immer wieder brachte er seinen Zorn über das Schicksal der Palästinenser zum Ausdruck.

»Ich verstehe das nicht«, sagte er, »die Juden haben nichts aus ihrer eigenen opferreichen Geschichte gelernt, einer Geschichte von Verfolgungen und Vertreibungen. In ihrem neuen Staat sind sie selbst zu Tätern geworden!«

Spät am Abend kamen wir in Gaza an. Was für ein Wiedersehen! Auf dem Bahnsteig fiel uns sofort eine ältere Frau auf, die alle Personen, die dem Zug entstiegen, voller Spannung musterte. Sie trug ein langes schwarzes Kleid, das im Brustbereich bunt bestickt war. Ein weißer Gürtel hob die Farben der Stickereien leuchtend hervor. Ein weißes Tuch, das an seinen Enden ebenfalls mit farbenfrohen Handarbeiten verziert war, bedeckte das Haar und reichte ihr bis zu den Kniekehlen. Neben ihr standen eine weitere ältere Frau und ein Mann in westlicher Kleidung, und um sie herum eine Gruppe aus jungen Männern, Frauen und Kindern. Jetzt sahen wir auch unseren Cousin Ahmed. Ich konnte es kaum fassen, dass wir zu einer so großen Familie gehörten.

Kaum standen wir auf dem Bahnsteig, stürmten alle diese Menschen auf meinen Vater los. Sie drückten ihn an sich und umarmten und küssten ihn so heftig, dass er kaum noch Luft bekam. Anschließend waren wir Kinder an der Reihe, zuletzt wurde meine Mutter begrüßt. Alle weinten, am heftigsten meine Tante Chadiga, die Frau in der bunten palästinensischen Tracht. Sie konnte sich kaum beruhigen, nur schwer von ihrem Bruder lösen. Meinem Vater erging es nicht anders.

Endlich machten wir uns auf den Weg zum Haus meines Onkels Ali. Das war der Mann, der in einem Anzug neben meiner Tante Chadiga auf uns gewartet hatte. Zu ihr durften wir nicht gehen, da sie ohne einen Mann lebte. Die arabische Sitte verlangt, dass bei Besuchen den männlichen Verwandten der Vorzug gegeben werden muss. Bei einer

Frau darf man erst dann wohnen, wenn es keine andere Möglichkeit gibt. Onkel Ali lebte mit seiner Familie in einem der schnell errichteten Häuser des Flüchtlingslagers. Sie sahen alle gleich aus, eingeschossig, blau oder weiß gestrichen, mit Wellblechdächern und einem kleinen Hof. Wir aßen, tranken, weinten und lachten unter einer mit Bastmatten bedeckten Pergola. Die Erwachsenen blieben die ganze Nacht wach und erzählten von früheren Zeiten.

Am Morgen wachte ich in einem kleinen verwinkelten Zimmer auf. Um auf die Toilette zu gehen, musste ich durch eine sandige Gasse den Straßenblock hinunter, dort gab es öffentliche Sanitäreinrichtungen und eine gemeinschaftliche Wasserstelle. Kaum eines der Reihenhäuser hatte fließendes Wasser. Nach dem Frühstück begaben wir uns auf einen großen Markt, der sich in der Nähe des Lagers befand. An einem der Stände verkaufte eine internationale Hilfsorganisation gebrauchte Kleider und Schuhe, aber auch Käse aus Holland. Meine Mutter erstand für mich einen bunt gemusterten, plissierten Rock, der mir bis zu den Knien ging, und ein Nachthemd. Es war mein erstes, das wie Seide glänzte. Später las ich das innen eingenähte Schild: »100 Prozent Nylon«. Meine Mutter hatte auch einen Wunsch: Sie wollte unbedingt ein Trachtenkleid. Mein Vater suchte für sie ein weißes mit roten Garnstickereien aus. Ich bewahre es heute noch auf.

Die folgenden Tage waren ausgefüllt mit Besuchen bei Nachbarn, Freunden und Bekannten, die uns alle zum Essen eingeladen hatten. Auch dies ist eine arabische Sitte, um das Familiengefühl zu stärken. Dabei entdeckte ich, dass noch andere Menschen so dachten und fühlten wie meine Eltern. Palästina wurde dadurch für mich immer greifbarer.

Einmal machten wir uns mittags auch auf den Weg zu unserer Tante Chadiga, die zusammen mit ihren beiden Töchtern und den Schwiegersöhnen im Flüchtlingslager von Rafah wohnte, einem kleinen Ort südlich von Gaza.

Ihr Mann war 1948 gefallen. Danach hatte sie nicht wieder geheiratet. Wir fuhren mit einem Taxi durch die Wüste. Nur die Hauptwege waren asphaltiert; die meiste Zeit ging es über holprige Pisten, und wir wurden ständig aus den Sitzen geschleudert. Das Lager, in dem meine Tante wohnte, sah genauso aus wie das, in dem mein Onkel mit seiner Familie untergebracht war. Ihr Haus glich eher einer Baracke, so primitiv war es; es hatte zwei Zimmer ohne Fenster. Strom und fließendes Wasser gab es auch nicht.

Erst jetzt begriffen wir, wie armselig und abgeschnitten von der Außenwelt unsere Verwandten bis zur Öffnung der Grenze nach Ägypten gelebt hatten. Die meisten Kinder fanden nach ihrer Schulzeit keinen Arbeitsplatz. Wo hätten sie auch hingehen sollen? In den Lagern gab es kaum Beschäftigungsmöglichkeiten. Wer nicht gerade Verwandte im Ausland hatte, die Geld schicken konnten, besaß nichts. Viele Menschen litten schwer unter dieser Aussichtslosigkeit. Es gab wenig zu essen, kaum Bildungsmöglichkeiten und fast gar keine Zukunft.

Schlagartig wurde mir klar: Im Vergleich zu unseren Angehörigen ging es meiner Familie in Ägypten sehr gut. Mein Vater hatte eine Arbeit gehabt, wir konnten eine gute Schule besuchen, in unserer Wohnung gab es eine Toilette und Licht, das wir jederzeit an- oder ausmachen konnten. Selbst als Flüchtlinge hatten wir in Kairo die Chance, unser Leben selbst in die Hand zu nehmen.

Aber diese traurigen Gedanken trübten die Freude nicht, die ich am Strand des Mittelmeers empfand. Das Meer war für mich etwas völlig Neues. Ein so klares und blaues, ein so unendliches Wasser hatte ich nie zuvor gesehen. Die Wellen schäumten, und der Wind trug die salzige Gischt auf meine Haut. Während meine Brüder in unmittelbarer Nähe des Lagers in Badehosen ins Wasser gegen durften, suchte meine Mutter einen abgelegeneren Ort auf, wo wir Mädchen uns ungestört im Meer abkühlen konnten, natürlich ohne dabei ein Kleidungsstück auszuziehen. Mein Vater stand auf einer Düne und passte auf, dass niemand vorbeikam, um uns zu beobachten. Dennoch war es ein wunderbares Erlebnis!

Ich fragte damals nicht, warum wir Mädchen uns nicht ausziehen durften. Ich war froh, im Wasser der großen Hitze zu entkommen. Nach dem Bad in den Wellen zogen wir uns unter schützenden Tüchern, die von meinen Eltern emporgehalten wurden, trockene Kleider an.

Gegen Ende unseres Aufenthalts im Gaza-Streifen baten die Eltern von Ahmed um meine Hand. Ich hatte schon in Kairo gemerkt, dass ich meinem Cousin gefiel. Da ich aber jünger als Miriam war, wollte mein Vater mit der Verlobung noch warten, bis auch seine älteste Tochter verlobt und verheiratet war.

Einige Tage nach diesem Gespräch brachte Ahmed einen seiner Freunde mit, der meine Schwester ehelichen wollte. Das Problem war damit gelöst. Meine Schwester und ich wurden am selben Tag unseren zukünftigen Männern versprochen. Ich weiß bis heute nicht, was Miriam über diese rasante Entwicklung in ihrem Leben dachte. Aber sie wusste, dass unser Vater sie nie einem ägyptischen Mann zur Frau gegeben hätte. Und Palästinenser waren nun mal nicht so häufig in Kairo anzutreffen. Einmal fragte ich sie, ob sie nicht lieber mit Ahmed verheiratet worden wäre. Es hätte ja sein können, dass sie in ihn verliebt gewesen wäre, ohne dass ich davon eine Ahnung gehabt hätte. Aber sie schüttelte nur den Kopf und blickte mich mit ihren sanften Augen an. Miriam nahm alles viel geduldiger hin als ich.

Am Tag der Verlobung erhielt ich von Ahmed einen sehr poetischen Liebesbrief. In einer wunderschönen und zärtlichen Sprache drückte er seine Empfindungen aus. Mit meinen vierzehn Jahren verstand ich nicht alles, doch ich war unendlich stolz, diesen Brief bekommen zu haben, und trug ihn immer mit mir herum. Sobald ich einen Moment für mich hatte, zog ich ihn aus meinem Unterrock und las die Liebesbeschwörungen wie eine Süchtige. Am Ende war der Brief völlig zerknittert und ich legte ihn in eine kleine Truhe, die ich abschließen konnte. Mein Cousin wollte mich zur Frau haben, er sehnte sich nach mir, seine Augen brannten vor Verlangen. Solche Worte stürzten meine Seele in Verwirrung. Wie sollte ich da noch darüber nachdenken, ob dieser Mann zu mir passen würde, ob er überhaupt die innere Bereitschaft besaß, mit mir die Schwierigkeiten des Lebens zu meistern?

Am Abend fand ein großes Fest mit Musik und Tanz statt, zu dem die gesamte Familie, aber auch alle Freunde und Nachbarn eingeladen waren. Während des festlichen Essens streifte mir mein Bräutigam den Verlobungsring über den Finger. Ich war aufgeregt, weil ich in meinen jungen Jahren etwas so Wichtiges erlebte.

Zurück in Kairo, zeigte ich allen Mädchen in meiner Klasse meinen Verlobungsring. Obwohl ich die Jüngste war, konnte ich jetzt damit angeben, dass ich als Frau schon begehrt war. Die meisten meiner Mitschülerinnen waren nämlich noch nicht verlobt.

Jetzt war ich zwar einem Mann versprochen, machte mir aber keine weiteren Gedanken über mein zukünftiges Leben. Ich kam auch nicht auf die Idee, dass mein Schicksal ähnlich wie das meiner Schwägerin Farida sein könnte. Mir ging es bei meinen Eltern gut und ich wollte, dass das auch weiterhin so blieb. Ich lernte fleißig fürs Abitur; vielleicht, so hoffte ich insgeheim, durfte ich später doch noch Medizin studieren.

Hatschepsut ist meine Heldin

Ich verbrachte noch weitere drei Jahre bei meinen Eltern in Kairo. Wir zogen mehrmals um, weil wir immer mehr Platz brauchten. Unsere vorletzte Wohnung befand sich im fünften Stock eines Hochhauses in der Nähe des Nasser-Platzes. Dieser Platz liegt auf der Halbinsel Samalek, zu der eine Brücke führt, die von zwei großen steinernen Löwen bewacht wird. Dort verweilte ich oft und schaute umher. Von dort aus konnte ich rechts das Innenministerium sehen, etwas weiter dahinter, direkt am Nil, das Hilton-Hotel. Auch das Ägyptische Museum war von meinem Lieblingsplatz aus in Sichtweite. Alle meine Heldinnen waren dort versammelt: Nofretete, Kleopatra und Hatschepsut. Man sagte mir oft, ich hätte ein Profil wie Nofretete, aber Hatschepsut war mir weitaus am liebsten. Sie war die einzige Frau, die Ägypten jemals als Pharao regiert hat. Doch auf Abbildungen wurde sie immer als Mann dargestellt, denn ein Pharao konnte in der ägyptischen Weltsicht nur männlichen Geschlechts sein.

Wie gern wäre ich so willensstark und mächtig wie diese Königin, dachte ich, während ich die Pfoten der Löwen streichelte. Hatschepsut hatte ihren Vater, den Pharao Thutmosis I., bis zu seinem Tod gepflegt. Als sie selbst an die Macht kam, nachdem ihr Mann und Halbbruder, Thutmosis II., nach dreijähriger Regentschaft gestorben war, machte sie Ägypten reich, indem sie viele Handelskontakte mit dem Ausland aufbaute. Ihr Mann hatte sie mit einer Palasttänzerin betrogen. Das konnte ich überhaupt nicht verstehen, wo er doch das Glück hatte, mit einer so außergewöhnlichen Frau verheiratet zu sein. Entmachtet wurde sie von dem Sohn ihres Mannes, Thutmosis III., der aus dem Verhältnis mit der Tänzerin stammte. Möglicherweise hat er sie sogar umgebracht.

Mit einem Pfiff riss mich einer meiner Brüder aus den Tagträumereien. Ich sollte nun mitkommen zur nahen Nilpromenade, der »Kornisch El Nil«. Eine Weile flanierten wir am Nil entlang und kehrten schließlich in einem der zahlreichen Restaurants ein, wo man bei Sonnenschein auch draußen sitzen konnte. Wehmütig schaute ich den vielen jungen Frauen zu, die sich allein oder mit Freundinnen vergnügten. Warum hatte ich nicht diese Freiheiten, die ägyptische Frauen sich anscheinend ohne Probleme nehmen durften. Um nicht allzu traurig zu werden, lenkte ich meinen Blick auf die kleinen hölzernen Nilboote mit ihren weißen Segeln, die sich auf dem Wasser zauberhaft spiegelten. Auf ihnen ließ ich meine Gedanken und Träume den Fluss hinabtreiben.

In den Jahren des Exils sah ich von Kairo und seiner Umgebung nicht allzu viel. Einige Male durfte ich den Zoo besuchen, der jenseits des Nils lag. Manchmal fuhren wir von dort aus weiter zu den Pyramiden, denn nur wenige Kilometer hinter dem Tierpark mit seinen Giraffen und Krokodilen ragten in der Ferne die drei Pharaonengräber wie eine Fata Morgana in den gleißenden Himmel. Abends versank die Sonne blutrot hinter ihnen im Wüstensand. Ich konnte mich nicht satt sehen an diesem einmaligen Schauspiel.

Hin und wieder erhielt ich die Erlaubnis, zum Einkaufen in den Basar Chan El Chalili mitzukommen. In seinen engen Gassen mit den unzähligen kleinen Läden drängten sich die Menschen. Es gab dort alles zu kaufen, was man nur brauchen konnte. Natürlich auch das, was unsere Herzen begehrten. Es gab Gänge mit edlem Schmuck, schönen Kleidern, duftenden Gewürzen, Gassen, in denen nur Obst und Gemüse feilgeboten wurden, oder Töpfe, Schüsseln, aus Bast und Schilf geflochtene Körbe, bunte Teppiche und Möbel mit den unterschiedlichsten Schnitzarbeiten. Ich lauschte fasziniert, wenn Händler und Käufer zäh und fantasievoll miteinander feilschten. Jeder Dialog im Kino verblasste dagegen. Wenn wir müde waren vom Handeln und Schauen, suchten wir eines der vielen Cafés auf, um uns auszuruhen.

Wenn Frauen zu uns nach Hause kamen, mussten Miriam und ich Tee, Kaffee und Süßigkeiten servieren. Doch niemals durften wir im Zimmer bei den Gästen bleiben. Auf diese Weise erfuhren wir nicht, worüber sie sprachen. Es gab für uns keinen Gedankenaustausch mit jüngeren oder älteren Frauen, wir bekamen kaum etwas von ihren Sorgen, Ängsten und Hoffnungen mit. Und obwohl doch alle sehen mussten, wie Miriam und ich uns körperlich veränderten, uns zu Frauen entwickelten, wurden wir nicht aufgeklärt. Bei männlichen Besuchern durften wir übrigens nicht einmal den Raum betreten, selbst meiner Mutter war der Zutritt verwehrt.

Als Miriam mit elf Jahren ihre erste Monatsblutung bekam, verbreitete meine Mutter, wie das so Sitte war, diese Nachricht sofort unter ihren weiblichen Bekannten. Interessierte Eltern heiratsfähiger Söhne wussten damit, dass es jetzt an der Zeit sei, um die Hand meiner Schwester zu bitten. Es dauerte auch nicht lange, bis die ersten Männer mit ihren Familien zu uns ins Haus kamen. Vor einem solchen angekündigten Besuch wurde unsere Wohnung aufgeräumt und blitzblank geputzt, Essen vorbereitet und teure Getränke bereitgestellt. Dazu mussten wir unsere teuersten Kleider tragen. Es sollte der Eindruck erweckt werden, meine Schwester sei das reichste Mädchen im Land.

Der Brautwerber wurde mit seinen Angehörigen von meinen Eltern zum Gespräch ins Wohnzimmer gebeten. Nach einiger Zeit forderte meine Mutter Miriam auf, Getränke zu bringen. Dabei durfte sie den möglichen Bräutigam mit einem kurzen, schamhaften Blick ansehen, während der junge Mann und seine Familie die von ihnen erwünschte Braut von oben bis unten genauestens musterten. Danach musste meine Schwester den Raum gleich wieder verlassen.

Unmittelbar nach dem Essen brachten meine Eltern die werbende Familie zur Tür. Sie verabschiedeten sich mit den Worten: »Wir wollen zuerst hören, ob unsere Tochter mit eurem Sohn einverstanden ist und werden dann Bescheid geben.« Alle wussten, dass diese Aussage nicht der Wahrheit entsprach, denn Miriam hatte bei diesem Ritual nichts zu sagen. Manchmal sagen die Eltern auch: »Wir wollen unsere Tochter im Moment noch nicht verheiraten.«

Meistens erörterte mein Vater die Vorzüge der heiratswilligen Männer mit meinen beiden Brüdern. Sympathie zählte wenig, eher die Herkunft und die Ausbildung des Kandidaten, dann der Goldschmuck und die Einrichtungsgegenstände, die er mit in die Ehe bringen würde. Miriam mochte auch keinen der vorstellig gewordenen Männer. Glücklicherweise traf mein Vater keine Wahl, die völlig gegen ihren Willen war – sie hätte sich seinem Wunsch fügen müssen.

»Und wenn Miriam der Mann nicht gefällt?«, fragte ich meine Mutter.

»Vernunftehen sind nicht das Schlechteste«, antwortete meine Mutter. »Meistens halten sie länger als aus Liebe geschlossene Verbindungen.«

»Gibt es denn Ehen, die zerbrechen?«

»Sie sollten es nicht. Manchmal ist aber zu viel Leidenschaft im Spiel, manchmal wollen die Männer eine andere Frau haben, oder die Frau ist nicht in der Lage, ein Kind zu gebären.«

Mehr sagte meine Mutter nicht. Sie kümmerte sich darum, dass Miriam eine Stoffbinde trug, darüber einen Slip aus Gummi – das Blut sollte nicht das Kleid beschmutzen.

Bald tauchte aber kein heiratswilliger Jüngling mehr bei uns auf, weil sich herumgesprochen hatte, dass mein Vater alle Anträge ablehnte. Erst als ich meine Menstruation bekam, erschienen wieder Familien mit ihren Söhnen. Aber mein Vater konnte sich zu keiner Entscheidung durchringen, da er zuerst die älteste Tochter verheiraten wollte. Außerdem sollten wir beide ja das Abitur machen, und bis dahin war noch reichlich Zeit. Vielleicht wollte er auch nur keine ägyptischen Schwiegersöhne; denn als mein Cousin Ahmed und sein Freund Gamal um unsere Hand baten, gab es keine großen Überlegungen.

Eigentum eines Ehemannes

Eine Woche nach dem Abitur wurden Miriam und ich verheiratet. Wir feierten eine Doppelhochzeit; ich war noch keine siebzehn Jahre alt. Meine Eltern zeigten sich überglücklich, dass sie die Verantwortung für uns beide an unsere Ehemänner abgeben konnten.

»Dein Mann wird entscheiden, welche Rechte du in deiner Ehe hast«, sagte mir mein Vater am Tag der Hochzeit. »Mach uns keine Schande und gehorche deinem Mann.«

Die Worte waren mir vertraut.

»Und wenn ich studieren möchte?«, fragte ich.

»Wenn Ahmed dir das erlaubt, dann kannst du es tun. Wir haben für die Voraussetzungen gesorgt, der Rest ist Sache deines Mannes. Unsere Aufgabe ist beendet.«

Bis zu diesem Tag hatte ich nur meine Schule, die Bücher und mein familiäres Umfeld gekannt. Vom eigentlichen Leben hatte ich keine Ahnung. Ich wusste nicht einmal, wie Kinder auf die Welt kommen. Dabei wollte ich auf keinen Fall in der nächsten Zeit schwanger werden, ich war doch selbst noch ein Kind. Obwohl es die normalste Sache auf der Welt schien, gleich nach der Heirat ein Baby zu bekommen. Ich hatte es ja bei Farida gesehen. Wenn es so sein sollte, mussten es wenigstens drei Söhne sein. Mir selbst war aber überhaupt nicht klar, was in der Ehe auf mich zukommen würde. Nicht einmal einen Haushalt hatte ich bislang selbstständig geführt. Ich wusste nur, dass ich in Zukunft nicht mehr meinen Eltern und Brüdern gehorchen musste, sondern einem Mann, den mein Vater für mich ausgewählt hatte.

Ein Gefühl von Beklemmung und Angst konnte ich auf meiner Hochzeit einfach nicht loswerden. Ständig sah ich vor mir, wie mir alle im Nacken saßen, weil ich Söhne gebären sollte, möglichst viele, und Töchter am besten gar nicht. Siedend heiß fiel mir ein, das ich nun auch Schwiegereltern bekommen würde. Mit der Heirat war ich nun Eigentum einer mir fremden Familie. In meinem Mund war ein bitterer Geschmack. Miriam schien diese Tatsache nichts auszumachen, sie akzeptierte ihr Schicksal oder zeigte ihre Ängste nicht. Fröhlich stolzierte sie in ihrem weißen Spitzenkleid durch die große Schar der Hochzeitsgäste. Sie war froh, keinen einzigen Tag in der Warteschleife der heiratsfähigen Töchter zugebracht zu haben. Da für sie das Studium keine so große Bedeutung hatte wie für mich, fühlte sie eine große Zufriedenheit. Es war auch wunderbar, von allen gefeiert zu werden, reichlich Goldschmuck und neue elegante Kleider zu bekommen. Alles schien für uns bestens gelaufen zu sein.

Beim Kauf der Gewänder und des Geschmeides wurden wir von den Familien unser zukünftigen Männer begleitet. Sie achteten sorgsam darauf, dass die gesamte ausgehandelte Summe für uns ausgegeben wurde. In Notzeiten sollten wir auf unsere Aussteuer zurückgreifen können. Zusätzlich schenkte unser Vater Miriam und mir weiteren Schmuck, der das Brautgeld in seinem Wert übertraf. So konnte er zeigen, aus welch gutem Hause seine Töchter stammten. Es bereitete mir ein besonderes Vergnügen, die Kostbarkeiten selbst aussuchen zu dürfen. Das Schönste an der Heirat aber war, dass wir Schwestern im Mittelpunkt standen.

Zur Hochzeit waren viele Gäste geladen. Gefeiert wurde auf dem Dach unseres Hauses, das mein Vater vor kurzem in einem etwas abseits gelegenen Viertel von Kairo gekauft hatte. Die Mauern waren rundum mit schillernden Stoffen bespannt, es gab Unmengen von Platten, auf denen die herrlichsten Speisen angerichtet wurden.

Miriam und ich saßen, wunderschön herausgeputzt, neben unserem jeweiligen Bräutigam auf einem Podest. Unsere modischen Brautkleider wurden von allen bewundert. Dazu trugen wir eine glitzernde Krone im Haar, weiße Handschuhe, weiße Pumps und unseren neu erworbenen Schmuck. Eine Prinzessin aus dem Morgenland hätte bei unserem Anblick neidisch werden können. Meine dreijährige Schwester Mona war in ihrem weißen Kleid, mit Goldkette und Armreif, eine Miniaturausgabe von uns.

Auf Hennamuster hatten wir verzichtet, weil diese Bemalung eher ein dörfliches Ritual war, wir aber inzwischen als Städterinnen gelten wollten. Akzeptieren mussten wir aber die Zeremonie der Haarentfernung, bei der mit einer klebrigen Zuckermasse sämtliche Haare auf den Armen, Beinen und im Genitalbereich entfernt wurden. Diese Prozedur tat höllisch weh, aber hinterher fühlte sich die Haut samtweich an.

Während der Feier kam ich kaum zum Nachdenken. Es lief alles so, wie meine Eltern es geplant hatten. Erst im Laufe der Hochzeitnacht wurde mir mit Schrecken klar, dass ich mein Elternhaus mit diesem Tag verloren hatte. Wohin sollte die Reise nun gehen? Meine Beklemmung erreichte ihren Höhepunkt, als mein Vater mich am Ende der Feier umarmte und zu meinem Mann sagte: »Ich hoffe, du behandelst meine Tochter anständig.« Anschließend stieg ich mit Ahmed in ein Taxi, das uns zu einem Hotel brachte. Am nächsten Tag sollte ich mit ihm, Miriam und ihrem Mann Gamal nach Saudi-Arabien fliegen. Ahmed hatte in Elmagmaa, einer mittelgroßen Stadt, drei Autostunden von Riad entfernt, eine Stellung als Lehrer angenommen und schon ein Haus für uns angemietet. Zwar besaß er ein Abschlussexamen als Jurist, aber Juristen wurden in Saudi-Arabien gerade nicht gebraucht. Doch sie suchten Lehrer, um der Bevölkerung Lesen und Schreiben beizubringen

Als die Hotelzimmertür hinter uns ins Schloss gefallen war, konnte ich nur noch weinen. Da lag ich nun in meinem Hochzeitskleid und mit meinem kostbaren Schmuck auf dem satinüberzogenen Bett und wusste nicht, was ich hier sollte. Eine große Sehnsucht überfiel mich, nach dem Dorf meiner Kindheit, nach meiner Familie, nur nicht nach meinem Ehemann. Eigentlich wollte ich nur noch meine Augen schließen und schlafen. Ich hatte Angst davor, von Ahmed berührt zu werden. Würde das, was noch kommen sollte, nicht weh tun? Zum Glück stand keine Hebamme neben unserem Bett, die alles überwachte. Doch wider Erwarten war mein Mann sanft zu mir. Geschickt glich er meine Unerfahrenheit aus, und er schien mit dem Ergebnis höchst zufrieden zu sein. Meine eigenen Gefühle waren nicht so klar, jedenfalls überwogen nicht die angenehmen Erinnerungen. Schnell drehte ich mich zur Seite, um für mich zu sein.

Ich erinnerte mich daran, wie ich zum ersten Mal geblutet hatte. Damals war ich zu Tode erschrocken. Meine Mutter sagte zu mir: »Das wird nun jeden Monat eintreten. Jetzt musst du dich wie eine Frau benehmen, du darfst nicht mehr laut lachen, und schon gar nicht mehr so kindisch die Treppen herunterhüpfen.« Mit diesem Tag war meine Kindheit zu Ende. Und nun blutete ich wieder, und dieses Mal hatte ein Mann die Blutung ausgelöst. Mir war auf einmal klar, dass ein weiterer Lebensabschnitt begann, möglicherweise mit noch größeren Einschränkungen meiner Freiheit.

Nach altem arabischem Brauch wird das frisch vermählte Paar nach der Hochzeit jeden Tag von Freunden oder

Familienmitgliedern zum Essen eingeladen. Einige streiten sich sogar regelrecht um die Ehre, der nächste Gastgeber sein zu dürfen. Dabei erscheint die Braut bei jedem Auftritt in einem anderen Gewand, natürlich nie, ohne den neu erworbenen Brautschmuck zur Schau zu stellen. Bei diesen Besuchen wird sie von ihrem Mann hofiert, besonders wenn sie sich bei den Verwandten der Braut befinden. Dieses Ritual kann sich, wenn das Brautpaar aus einer großen Familie stammt und viele Freunde hat, über Wochen, ja Monate hinziehen.

Uns hingegen blieb keine Zeit dafür. Am nächsten Morgen verabschiedeten Miriam und ich uns mit bleichen Gesichtern von meinen Eltern, von Ruschdi, Schaukat und der kleinen Mona. Es war das erste Mal, dass wir unser Elternhaus auf unbestimmte Zeit verließen. Wir sollten nun ganz unseren Ehemännern gehören, ohne den Schutz der eigenen Familie. Ausschweifende Trennungsszenen konnten wir uns aber nicht erlauben, wir mussten sehr bald zum Flughafen, wo wir mit der Saudi Air nach Riad fliegen sollten. Flugzeuge kannte ich bislang nur aus Filmen. Ich stieg die Treppe zur Kabine hinauf und schnallte mich so an, wie Ahmed es mir zeigte. Miriam und ich waren völlig verschüchtert. Als sich die Maschine in die Lüfte erhob, schaute ich auf die immer kleiner werdende Stadt Kairo. Schon wieder verließ ich ein Land. Dieses Mal war ich alt genug, um den Trennungsschmerz selbst zu spüren. Vielleicht würde ich ja bald schwanger sein, dachte ich, dann würde ich auch eine so starke Position wie meine Schwägerin Farida erreichen. Mit diesem Ziel vor Augen konnte ich mich auf meine ansonsten ungewisse Zukunft einlassen.

Harem in Saudi-Arabien

Als sich die Flugzeugtür nach der Landung in Riad wieder öffnete, verschlug uns die extrem heiße und trockene Luft den Atem. Der Wind blies uns feine Sandkörner ins Gesicht, die sich überall einnisteten, in der Nase, im Mund und in den Augen. In Ägypten war es im Sommer auch sehr heiß, aber eine solche Hitze hatte ich noch nie erlebt.

Im Flughafengebäude brachten uns unsere Männer in einen speziellen Raum, wo wir auf sie warten sollten. Sie wollten für uns Frauen eine Abaya besorgen, den traditionellen schwarzen Umhang, der bis zum Boden ging, dazu einen Gesichtsschleier.

»Warum können wir nicht so, wie wir angezogen sind, rausgehen?«, fragte Miriam.

»Frauen ist es hier verboten, ohne Abaya und Gesichtsbedeckung auf die Straße zu gehen.«

»Aber wozu haben wir unsere hübschen Sachen mitgenommen?«, warf ich ein. »Ich will mein Gesicht nicht verstecken, ebenso wenig meinen kurzen Rock.«

»Unsere Handschuhe und Taschen passen auch nicht zu diesen schwarzen, unförmigen Ungetümen«, unterstützte mich meine Schwester. »Damit kann man Menschen erschrecken, aber kaum Gefallen erregen.«

»Es bleibt euch keine Wahl«, erklärten uns unsere Männer, nicht ohne einen scharfen Unterton in der Stimme. »Das ist hier so üblich. Wer sich nicht daran hält, wird öffentlich geschlagen und ausgewiesen.«

Damit war das Gespräch beendet. Niedergeschlagen blieben wir in dem Warteraum zurück. Nach einer Weile kamen Ahmed und Gamal mit den zeltartigen Umhängen zurück und erklärten uns, wie diese Vermummung zu tragen sei. Nie zuvor mussten wir uns in derartigen Stoffmengen bewegen. Wir konnten keinen Schritt tun, ohne auf den Saum zu treten. Die Abaya vertrug sich nicht mit unseren hochhackigen Schuhen, und wir gerieten ständig ins Stolpern. Zudem konnten wir durch den fremdartigen Gesichtsschleier den Weg nicht genau erkennen. Am liebsten hätte ich alles von mir gerissen.

Später entdeckte ich, dass die saudischen Frauen geradezu grazil und anmutig in diesen Umhängen daherkommen. Sie tragen sie wie verführerische Schleier über ihren leuchtend bunten und prächtigen Gewändern, und sie dürfen lässig über den Boden schleifen.

Die Fahrt im Taxi zum Hotel war unerträglich, da es in dem Auto keine Klimaanlage gab und die Hitze sich staute. Endlich hielten wir vor einem hochmodernen Gebäude. In der Hotelhalle war es angenehm kühl, und wir konnten wieder durchatmen. Als wir in unseren Zimmern das Nötigste ausgepackt hatten, meldete sich mein Magen. Im Flugzeug hatte ich das Essen nicht angerührt, weil ich vor Aufregung nichts hinunterbekommen konnte, und inzwischen hatte ich gewaltigen Hunger. Miriam und ich mussten erfahren, dass Frauen nicht ins Restaurant durften, der Besuch war nur Männern vorbehalten. So gingen Ahmed und Gamal allein dorthin, während sie uns etwas aufs Zimmer bestellten. Ich konnte das Essen kaum erwarten. Doch als es gebracht wurde, mochte ich es kaum anrühren – es sah entschieden unappetitlich aus. Der Reis war klebrig, das Gemüse sah aus wie ein vertrocknetes Flussbett. War die Hotelküche so schlecht oder war das Essen unserer Mutter so gut gewesen, dass uns alles andere nicht mehr schmeckte?

Am nächsten Tag wurden wir in einem lastwagenähnlichen Fahrzeug nach Elmagmaa gefahren, wo wir nun leben sollten. Unsere Männer saßen vorn beim Fahrer, während Miriam und ich verhüllt in unseren schwarzen Gewändern auf dem Boden der Ladefläche unter brennender Sonne Platz nehmen mussten. Bequem war das nicht.

Auf der langen Strecke sah ich viele aus Lehm gebaute Häuser, wie ich sie aus Thahanub kannte, nur waren diese hier mehrere Stockwerke hoch. Als wir völlig verstaubt und mit Sand bedeckt in Elmagmaa angekommen waren, hielt der Fahrer vor zwei ähnlichen Bauten, die direkt nebeneinander lagen. Sie sollten nun unser neues Zuhause sein. In beiden Häusern befand sich unten ein dunkler Wohnraum und die Küche, im ersten Stockwerk lag das Schlafzimmer, darüber noch weitere kleine Kammern. Eine hohe Mauer umsäumte die Anwesen. Nichts daran fand ich freundlich. Meine Wahrnehmungen teilte ich Ahmed jedoch nicht mit, denn er war mein Mann, und weil er mich liebte, so dachte ich, wird er sicherlich das Schönste für uns ausgesucht haben. Ich hatte auch keine andere Wahl. Ahmed war ein Mann, mein Mann, dem ich zu folgen hatte. Und wie sollte ich auch etwas anderes empfinden oder denken? Ich liebte ihn, ohne Wenn und Aber, wie es sich in einer normalen arabischen Ehe gehörte.

Meine Schwester und ich waren in unseren Häusern gefangen. Ahmed und Gamal fuhren jeden Tag in die Innenstadt, um ihrer Arbeit nachzugehen. Wir mussten zu Hause bleiben, den Haushalt führen, kochen, waschen, bügeln und putzen – alles, was wir vorher nie in dem Ausmaß hatten tun müssen. Bevor unsere Männer heimkamen, machten wir uns für sie hübsch, wir empfingen sie freundlich, nahmen ihnen Jacke und Tasche ab, zogen ihnen die Schuhe aus und lasen ihnen all ihre Wünsche von den Augen ab. Das war so üblich. Ziel unserer Erziehung als Mädchen war es, dass wir den Ehemann lieben und ihm dienen sollten. Unsere Männer aßen dann mit uns zu Abend, anschließend trafen sie sich mit Bekannten in Teehäusern und blieben so lange fort, wie sie wollten. Oft genug bemerkte ich die Rückkehr meines Mannes gar nicht, weil ich vor Müdigkeit schon eingeschlafen war.

Frauen und Männer leben in Saudi-Arabien in völlig getrennten Welten. Wir Frauen durften nicht einkaufen gehen, keine Spaziergänge machen, eigentlich durften wir ohne Zustimmung und Begleitung der Männer überhaupt nichts. Die ägyptischen Frauen besaßen unserer Erfahrung nach erheblich mehr Freiheiten. Sie konnten allein ausgehen, sich mit Männern treffen und ihren Ehemann selbst aussuchen. Da unsere Eltern Miriam und mich aber nicht nach ägyptischen Bräuchen und Sitten erzogen hatten, kamen uns die strengen Vorschriften für die saudischen Frauen nicht unmenschlich vor. Wir mussten uns beugen, das wurde von uns verlangt.

Größere Schwierigkeiten bereiteten mir die vermummten Menschen und das fremdartige Land. Weit und breit konnte ich nur Wüste entdecken. Damals, aus dem Zugfenster betrachtet, fand ich die Wüste aufregend; wenn man ständig mit ihr leben muss, lernt man ihre Tücken kennen. Häufig gab es heftige Stürme, die den Sand überallhin trugen. Er war auf dem Fußboden, in unserem Essen, in unserem Bett, steckte in den Kleidern, den Ohren und in den Haaren. Nirgendwo existierte eine sandfreie Zone. Besonders beunruhigten mich die Eidechsen, die durch alle Ritzen hereingekrochen kamen. Anfangs hielt ich die länglichen Reptilien für Schlangen. Ich weinte viel, schimpfte und jammerte. Warum hatte das Schicksal mich bloß in dieses unfreundliche Land verschlagen?

Versuchte ich Ahmed von meinem Kummer zu erzählen, sagte er: »Sei froh, dass wir hier sind. Wir haben hier Arbeit. Sei dankbar, dass es überhaupt ein Land gibt, das uns Palästinenser aufnimmt!« Recht hatte er, denn es gab kein Land, das sich tatsächlich für das Los der Palästinenser interessierte, weder im Westen noch im Osten, weder im Abendland noch im Morgenland.

Eines Tages erzählten unsere Männer, dass die Saudis Schulen für Mädchen gründeten und Frauen als Lehrerinnen suchten. Sie hatten uns bereits für eine solche Stelle angemeldet. Ich war darüber erstaunt, da ich zu diesem Zeitpunkt keinerlei berufliche Erfahrung besaß, ja gerade erst das Abitur absolviert hatte. Wie sollte ich denn ohne besondere Ausbildung junge Mädchen unterrichten? Aber Ahmed bestimmte: »Du kannst das. Außerdem musst du den Job annehmen. Wir haben dadurch mehr Geld, können unsere Eltern besser unterstützen und noch etwas sparen. Auch will ich meinen Brüdern ein Studium finanzieren. Du weißt ja, dass ich für sie sorgen muss. Wenn sie damit fertig sind, will ich ins Ausland, um Medizin zu studieren, denn es ist besser, Arzt zu sein als Lehrer. Meine Brüder stehen dann in meiner Schuld und müssen für mich aufkommen.« Die Denkweise leuchtete mir ein, sie entsprach unseren Gepflogenheiten. In den arabischen Ländern unterstützt jeder seine Familie.

Somit wurden Miriam und ich Lehrerinnen. Wir gingen morgens mit unseren Männern aus dem Haus, kamen aber mittags früher heim. In den Klassen waren alle Altersgruppen vertreten. Da gab es Mädchen, die kaum sechs Jahre alt waren, aber auch Frauen, die die fünfzig schon längst überschritten hatten. Im Schulzimmer legten die Frauen ihre Abaya und den Gesichtsschleier ab, nur die Haare blieben von einem Tuch bedeckt. Einige von ihnen trugen kostbar gewebte Kleider und reichlich Goldschmuck. Sie waren meistens schlank, hatten hübsche Gesichtszüge, dunkle Augen und gerade Nasen. Ihre Haut war meist noch dunkler als meine. Wir brachten ihnen Lesen, Schreiben und noch etwas Rechnen bei, mehr sollten sie nicht lernen. Wir machten unsere Arbeit offenbar gut, denn wir verdienten viel Geld.

Obwohl Miriam in unmittelbarer Nähe lebte und nur eine einzige Wand uns trennte, ließen unsere Männer einen engen Kontakt nicht zu. Wenn eine von uns erwischt wurde, wie sie auf einer Leiter stand, um in den Hof der Schwester zu blicken und einen kleinen Plausch zu halten, gab es böse Worte, sogar Schläge. Ahmed und Gamal hatten Angst, dass wir uns gegen sie verbünden könnten. Wir übertraten das Verbot unserer Männer nur in Ausnahmefällen, um uns gegenseitig nicht in Schwierigkeiten zu bringen. So hatte Miriam andere Freunde und Bekannte als ich, weil sie jeweils von unseren Männern ausgewählt wurden. Wir begegneten uns nahezu wie Fremde, was mir im Herzen sehr weh tat. Meine Schwester, der einzige Mensch, der mir von meiner Familie übrig geblieben war, wohnte Wand an Wand mit mir und war doch so weit entfernt.

Ahmed besaß aber auch liebenswürdige Seiten, und wir erlebten wunderschöne Momente miteinander. Kam er nach Schulschluss heim, dann kochte ich das Essen, während er sich ausruhte. Zum Abendessen weckte ich ihn, nachdem ich mich rituell gewaschen und geschminkt und seine Lieblingskleidung angezogen hatte. Meistens waren es seidene, offen geschnittene Nachthemden, die sich wunderbar auf meiner Haut anfühlten. Wir genossen das gute Mahl, sprachen über Ägypten, und ich erinnerte ihn an seinen Liebesbrief, den er mir damals geschickt hatte. Anschließend nahm er mich in den Arm, streichelte meine Haut, flüsterte mir zärtliche Worte ins Ohr und schlief mit mir so oft und so lange, wie er wollte. Danach standen wir auf und wuschen uns, damit wir für das nächste Gebet wieder rein waren. Er trank dann einen Tee aus frischer Pfefferminze mit zwei Löffeln Zucker und erzählte mir, wie wunderbar mein Körper sei. Auch sei ich für ihn die schönste Frau auf Erden, seine große Liebe. Ich glaubte ihm das alles. Ich wiederum liebte Ahmed, weil er mein Mann war und weil er der Vater meiner zukünftigen Kinder werden sollte. Ich tat alles für sein Wohlbefinden, für seine Lust, für seine Annehmlichkeit. Er war der Mensch, der mir meine Familie ersetzen musste. Unentwegt kreisten meine Gedanken um ihn. Wenn er mir etwas schenkte, glaubte ich, dass er mir die Sterne vom Himmel holen würde, wenn er mich schlug, war ich davon überzeugt, dass es sein Recht sei. Ich war diejenige, die gefehlt hatte, eine andere Sichtweise gab es für mich nicht.

Meistens verließ Ahmed am späten Abend noch das Haus, um sich mit anderen Männern zu treffen, mit denen er stundenlang pokerte. Ich ging dann allein ins Bett und fürchtete mich in dem großen, dunklen Haus, in dem es keine Elektrizität gab. Oft hatte ich Angst vor Einbrechern, die mich hätten vergewaltigen können. Es war bekannt, dass ausländische Frauen in Saudi-Arabien wie Freiwild behandelt wurden. Sie galten vielerorts als Menschen ohne Moral, als Menschen zweiter oder dritter Klasse.

Aber noch mehr grauste mir vor den überall herumkriechenden Tieren. Die Eidechsen krochen ja nicht nur an den Wänden entlang, sie hatten auch eine Vorliebe für Betten. Zudem gab es massenweise Ameisen, Heuschrecken, Spinnen und Skorpione in allen Größen und Farben. Manchmal wickelte ich mit Petroleum getränkte Tücher um die Beine des Bettes, damit der Geruch die Krabbeltiere vertrieb. Aber auch ich selbst konnte ihn kaum ertragen, sodass ich wiederum versuchte, ihn durch Rosenparfum zu vertreiben. Wenn Ahmed nach Hause kam und die Tür öffnete, wunderte er sich über den starken Petroleumgeruch. Er glaubte, unsere Lampe wäre undicht. Am nächsten Abend bemerkte er zu seiner Überraschung, dass sie völlig in Ordnung war.

Ich hasste die Einsamkeit, den ewigen Sand, die Lehmhäuser, die so aussahen, als würden sie jeden Moment zusammenfallen, die gefährlichen Schlangen, das Wäschewaschen mit der Hand, das Putzen, Kehren, Aufräumen, und ich hasste es, auf meinen Mann zu warten.

Zum Glück lernte ich durch die Schule saudische Frauen kennen und bekam hin und wieder eine Einladung von ihnen. Die meisten Menschen, die ich hier kennen lernte, waren sehr arm. Viele waren unterernährt, weil sie sich fast nur von Brot und Tee ernährten. Sie schliefen auf billigen, dünnen Teppichen, trugen Kleider, die manchmal dieses Wort nicht verdienten, und waren häufig krank. Kaum eine von diesen Frauen konnte zum Arzt gehen und sich Medikamente verschreiben lassen – es war einfach kein Geld dafür vorhanden. Es gab zwar die Möglichkeit, sich in einem staatlichen Krankenhaus behandeln zu lassen, aber in diesen Kliniken gab es weder genügend Ärzte noch die richtigen Medikamente. Röntgenapparate oder andere moderne Diagnosegeräte hatten Seltenheitswert.

Die Frauen, die bei einer reichen Familie Arbeit gefunden hatten, konnten sich glücklich preisen. Die meisten von ihnen lebten im Haus dieser Familie und wurden von ihr wenigstens ausreichend versorgt. Doch ich hatte das Gefühl, dass sie als Eigentum betrachtet wurden, mit dem die reichen Herrschaften ganz nach Belieben umspringen konnten. Diese Frauen waren nicht nur Dienerinnen, mir kamen sie eher wie Sklavinnen vor. Wie ich später erfuhr, waren sie das tatsächlich. Damals war es noch erlaubt, Menschen wie Hunde zu halten.

Viele dieser Frauen wurden armen Familien abgekauft, manche einfach von den Reichen untereinander verschenkt. Das Schlimmste war für sie, wenn sie krank wurden und keinen Nutzen mehr brachten. Dann wurden sie in die hinterste Ecke eines Hauses verbannt und von sämtlichen Bewohnern geschmäht und gemieden. Niemand kümmerte sich um diese Geschöpfe; auf diese Weise hoffte man, sie schnell los zu werden – schlichtweg durch den Tod.

Manchmal gab ich zusammen mit meiner Schwester einigen reichen Frauen Privatunterricht. Aischa Mohammed, die in der Nähe unserer kleinen Stadt in einem palastähnlichen Gebäude lebte, bat mich eines Tages, zu ihr nach Hause zu kommen, um ihr und zehn anderen Frauen Unterricht im Lesen und Schreiben zu geben. Noch ganz deutlich ist mir unser erster Besuch in Erinnerung geblieben. Das Haus war viel größer als die anderen in der Umgebung, auch war es aus Stein und weiß gestrichen. Ein mächtiges Tor wies uns darauf hin, dass hier keine gewöhnlichen Menschen wohnten. Ich hämmerte kräftig an die Haustür, die den Frauen vorbehalten war. Männer hatten einen eigenen Eingang. Ich glaubte, ein leises, zögerndes Anklopfen würde nicht bis zur Hausherrin durchdringen.

Eine grazile Frau in einem bodenlangen Kleid aus türkisfarbener Seide öffnete uns. Ich war erstaunt, dass sie keine Abaya trug; nur ein hauchdünner Gazeschleier bedeckte Haar und Gesicht. Sie begrüßte uns mit einer kaum wahrnehmbaren Kopfbewegung und führte uns schweigend in die Frauengemächer. Bei deren Anblick verschlug es mir die Sprache. Die fensterlosen Räume waren mit unzähligen Lampen in allen Farben ausgeleuchtet. Auf den Fußböden lagen dicke Teppiche mit wunderschönen Mustern. Überall entdeckte ich Sitzkissen, daneben standen niedrige Tische, auf denen Tee, Süßigkeiten und Obst zu sehen waren. Wir taten, als wären wir völlig unbeeindruckt von diesem Luxus, und begannen mit unserem Unterricht. Die Frauen hörten aufmerksam zu und sprachen die einzelnen Buchstaben nach, die wir auf Pappkarten aufgemalt hatten. Nach der ersten Lektion wurden die vielen Schalen mit Leckereien abgeräumt und auf den Boden gestellt. Die kleinen Tische wurden zusammengerückt, und junge Sklavinnen trugen eine große Platte herein, auf der Reis mit Lammfleisch angerichtet war. Die Frauen ließen sich im Kreis um den großen Tisch herum nieder. Ich kannte diesen Zauber der orientalischen Haremswelt aus einigen Filmen, doch es war noch etwas anderes, der Märchenwelt real zu begegnen. Ich fand sie ungemein aufregend, viel weniger kitschig als im Kino, aber genauso fantastisch. »Bitte greifen Sie zu«, baten die Gastgeberinnen.

Ratlos schauten Miriam und ich uns an. Reis und Fleisch dampften, das Essen musste noch sehr heiß sein, aber nirgendwo sahen wir ein Besteck liegen.

»Fang du an«, flüsterte ich meiner Schwester zu. »Du bist älter, du weißt bestimmt, wie man das hier macht.«

»Ich habe auch keine Ahnung. Ich fühle mich völlig hilflos«, antwortete sie.

Die Frauen deuteten unser Zögern als Schüchternheit und Zurückhaltung.

»Also beginnen wir«, sagte die älteste Frau in der Runde und griff mit ihrer rechten Hand in den Reis, formte in der Hand einen kleinen Kloß und warf ihn sich sehr geschickt mit einer schnellen Bewegung in ihren weit geöffneten Mund. Wir konnten kaum glauben, was wir da sahen.

Aber es half alles nichts, wir mussten dem Beispiel unser Gastgeberinnen folgen. Ich griff also mit der Hand in den körnigen Duftreis und versuchte, ihn mit den Fingern zu bearbeiten. Aber dieser verdammte Reis wollte sich einfach nicht zu einer Kugel formen. Er glitt mir zwischen den Fingern hindurch, ich konnte spüren, dass noch drei einzelne Körner an den Fingerspitzen haften geblieben waren. Doch bei jedem weiteren Versuch ging es besser, bis ich endlich auch einen kleinen Ball zusammendrücken und in den Mund schieben konnte. Glücklicherweise taten die anderen Frauen so, als fänden sie meine Schwierigkeiten völlig normal.

Jetzt wurde es aber noch komplizierter. Wie sollte ich mit dem Fleisch umgehen? Vorsichtig schaute ich mich um. Wie lösten meine Gastgeberinnen dieses Problem? Ich sah, dass sich die Frauen mit den Händen mundgerechte Happen vom Fleisch abrissen. So sehr ich mich auch bemühte, ich fand die Technik nicht heraus, wie ich den Lammbraten mit der rechten Hand zerkleinern konnte. Vielleicht hatte ich gerade ein zähes Stück erwischt, aber Miriam schien es nicht anders zu ergehen. Die Haremsdamen mussten wohl unsere Hilflosigkeit bemerkt haben, denn unauffällig schoben sie kleinere Stücke, die sie von ihrem Fleisch abgezupft hatten, in unsere Nähe. Nun konnten auch wir langsam das ausgezeichnete Mahl genießen.

Ich staunte über die Schönheit der Frauen. Sie waren von schlanker Gestalt, hatten Augen, größer als Walnüsse, Wimpern, die bis zum Himmel reichten, und tiefschwarzes Haar, das sie offen trugen oder zu kunstvollen Frisuren hochgesteckt hatten. Ihre Füße und Hände waren mit zarten Henna-Ornamenten verziert. Von den Kleidern, die sie trugen, konnte ich nur träumen. Sie waren aus Organza und schimmernder Seide und mit langen Schleppen versehen. An Stirn und Taille waren die Frauen üppig mit Goldschmuck behängt, aber nicht nur dort – eigentlich funkelte es überall an ihnen.

Da ich neugierig war und mehr von dieser Märchenwelt erblicken wollte, bat ich darum, dass man mir die Toilette zeigte. Auf dem Weg dorthin kam ich durch mehrere mit Marmor ausgekleidete Räume, die mit teuren Möbeln und Teppichen ausgestattet waren. Beeindruckt war ich auch von dem Anblick einer ausladenden Marmortreppe, unter der ein paar Jungen mit kleinen goldglänzenden Klötzchen spielten. Solches Spielzeug hatte ich noch nie gesehen, und ich fragte meine Begleiterin danach. Ein Junge hatte wohl meine Frage gehört, denn er streckte mir eines der Klötzchen entgegen. Da sah ich zu meinem größten Erstaunen, dass es sich tatsächlich um Goldbarren handelte. Schnell gab ich das Klötzchen zurück. Auf dem Rückweg kam ich an einem Raum vorbei, durch dessen offen stehende Tür ich eine kaum zählbare Menge von Kindern sah, die auf den flauschigen Teppichen oder auf dünnen Matratzen schliefen. Ich fragte meine Begleiterin, ob diese Kinder hier ein Fest gefeiert hätten und nun zu müde waren, um nach Hause gebracht zu werden.

»Oh nein, das sind alles unsere eigenen Kinder. Es sind die Kinder unseres Mannes.«

»Sagen Sie das noch einmal: Diese Kinder haben alle einen einzigen Vater?«

»Das ist hier in Saudi-Arabien nichts Besonderes. Unser Scheich ist ein großer Mann, und wir Frauen sind glücklich, ihm so viele Kinder schenken zu können.«

Ich verstummte. Diese Welt war eindeutig anders als die, in der ich aufgewachsen war. Ich wusste, dass es Männer mit mehreren Frauen gab, aber bis dahin hatte ich mir keine Vorstellung davon machen können. Auch als ich die Gastgeberinnen unterrichtete, ging ich davon aus, dass sie meist Cousinen oder Schwägerinnen der Hausfrau waren. Nur schwer freundete ich mich mit dem Gedanken an, dass alle diese zehn Frauen mit einem Mann schliefen. Von manchen musste der Hausherr, den ich nie zu Gesicht bekam, geschieden worden sein. Im Islam darf der Mann nur mit höchstens vier Frauen gleichzeitig verheiratet sein. Wenn er noch eine weitere haben will, muss er sich von einer seiner Ehefrauen trennen. Vielfach müssen die »abgelegten« Frauen zu ihren Eltern zurückkehren und die Kinder beim einstigen Ehemann lassen. Hier schien es so, als dürften auch die Exfrauen im Haus bleiben. Waren sie nicht aufeinander eifersüchtig? Wie in jedem Harem herrschte mit Sicherheit auch hier eine hierarchische Ordnung. Die neueste Errungenschaft wird bekanntermaßen immer bevorzugt. Sie bekommt die meisten Geschenke, und der verliebte Ehemann versucht, so häufig wie möglich mit ihr zusammen zu sein. Später fand ich heraus, dass die Zweit-, Dritt- und

Viertfrauen streng darauf achteten, dass jede von ihnen reihum eine Woche lang das Bett mit dem Hausherrn teilte. In der mannlosen Zeit beschäftigten sie sich mehr mit den Kindern oder kümmerten sich um den Haushalt.

Was passierte aber mit einer Frau, die zu alt wurde, um Kinder zu bekommen? Oder wenn der Scheich keine Lust mehr hatte, mit einer der Frauen zu schlafen? Vielleicht sah ich den Harem viel komplizierter, als er war. Bei meinen Besuchen konnte ich keine Aggressivität unter den Frauen spüren. Aber ich traute mich auch nicht, weiter nachzufragen. Was hatte mir mein Vater beigebracht: Ich sollte die Sitten und Gebräuche anderer Menschen respektieren. Ich sollte noch entdecken, dass manche Scheichs sich nicht allein mit ihren Ehefrauen begnügten und vergnügten. Viele stellten ihre Potenz mit weiteren Nebenfrauen zur Schau, die überhaupt keine Rechte hatten – weder was die Erziehung der gemeinsamen Kinder anging, noch was finanzielle Sicherheiten betraf. Sie waren so austauschbar wie ein Paar Schuhe. Ob Haupt- oder Nebenfrauen, sie alle waren von ihrem Mann noch abhängiger als ich. Zumindest durfte ich arbeiten und konnte dadurch Geld verdienen. Diese Frauen kamen mir vor wie Gefangene in einem goldenen Käfig, Gebärmaschinen und Lustobjekte für ihren Herrn.

Die Arbeit als Lehrerin gefiel mir von Tag zu Tag besser. Es machte mir viel Freude, zu sehen, wie meine Schülerinnen sich anstrengten und mit der Zeit immer besser lesen und schreiben lernten. Nach einer Weile blieb meine Monatsblutung aus, mir war ständig übel und ich erbrach mich häufig. Aber ich begriff nicht gleich, dass ich schwanger war. Erst die Frauen aus der Schule machten mich darauf aufmerksam. Eine ältere Schülerin kam in den Waschräumen auf mich zu und gratulierte mir.

»Ich wünsche Ihnen einen Sohn«, sagte sie.

»Wie kommen Sie darauf?«, fragte ich.

»Hadret Al Mualema, verehrte Lehrerin, wenn eine junge Frau frisch verheiratet ist und sich so oft übergibt, dann kann sie nur ein Kind bekommen.«

Ich bedankte mich für die Anteilnahme meiner Schülerin und versuchte, diese Erkenntnis zu verdauen.

Abends fragte ich Ahmed, ob er mir nicht doch einen Arzt holen könnte, weil es mir nicht gut ginge. Er fand das unsinnig.

»Wenn es stimmt, was deine Schülerin sagt, dann sind deine Beschwerden normal. Was kann ein Arzt da schon machen? Er wird nur deinen Unterleib befummeln und bestätigen, was diese Frau schon prophezeit hat. Dazu müssen wir wirklich keinen Doktor kommen lassen«, antwortete er.

Und dabei blieb es.

Mutter zweier Töchter

Meine Schwangerschaft machte mir sehr zu schaffen. Ich fühlte mich die ganze Zeit über nicht wohl. Doch ohne die Genehmigung von Ahmed durfte ich keinen Arzt aufsuchen. Manchmal, wenn ich die Übelkeit kaum noch ertragen konnte, hatte ich den Wunsch, das Kind aus meinem Bauch zu reißen und damit sämtliche Erwartungen meines Mannes und seiner Familie zunichte zu machen. Der Druck, einen Sohn gebären zu müssen, machte die Situation nicht leichter. Meine Arme und Beine wurden immer dicker, ich bekam ein aufgedunsenes Gesicht mit verquollenen Augen. Mein furchtbares Äußeres hätte ich noch ertragen können, wenn nicht der gesamte Körper geschmerzt hätte. Es kam mir vor, als würden die neun Monate kein Ende nehmen. Ahmed war abends kaum noch zu Hause, er fand es in den Cafés mit seinen Freunden unterhaltsamer.

An einem dieser einsamen Abende ging es mir besonders schlecht. Mein Rücken schmerzte in einem mir bis dahin unbekannten Ausmaß. Mir fiel dazu nur das Wort »Höllenschmerzen« ein. Ich fühlte mich so elend, dass es mir in diesem Moment nichts ausgemacht hätte, wenn ich gestorben wäre. Mühsam schleppte ich mich ins Bett. Nachdem ich mich hingelegt hatte, beruhigten sich die Krämpfe, um dann aber wieder mit umso größerer Heftigkeit aufzutreten. Ich wusste nicht mehr, was ich tun sollte. Da Ahmed nicht in der Nähe war, begab ich mich mit letzter Kraft in den Hof.

»Miriam, bitte komm rüber«, rief ich, so laut ich noch konnte, über die Mauer, die unsere Häuser trennte. »Du musst mir helfen, ich kann die Schmerzen im Bauch und im Rücken nicht mehr aushalten.«

Zum Glück hörte mich meine Schwester.

»Ich komme sofort«, antwortete sie. »Ich muss mir nur schnell meine Abaya überwerfen.«

In dem Moment, wo Miriam zur Tür hereintrat, kam auch Ahmed nach Hause. Meine Schwester warf einen Blick auf mich und sagte zu ihrem Schwager: »Halima hat ihre Wehen bekommen. Du musst sie sofort ins Krankenhaus bringen.«

Zusammen organisierten sie ein Taxi, das mich ins Hospital fuhr. Auf der langen und holprigen Fahrt dorthin wurden die Schmerzen immer unerträglicher. Jeden Augenblick glaubte ich, ich würde den Verstand oder das Bewusstsein verlieren. Wenn ich jetzt meinen Sohn zur Welt gebracht hätte, so schwor ich mir auf dieser Fahrt, dann würde ich nie wieder Kinder bekommen wollen. Auf die Idee, dass es auch ein Mädchen werden könnte, kam ich überhaupt nicht. Ahmed wollte ja einen Sohn, und das war das Einzige, was zählte.

Mein Mann versicherte mir, er würde vor dem Entbindungszimmer warten, bis sein Sohn geboren sei. Ich konnte seine Worte kaum noch aufnehmen, dann brachte man mich auch schon in den Kreißsaal. Mit dem ersten Schrei des Kindes kam Ahmed ins Zimmer gestürzt. Die Hebamme und der Arzt zeigten ihm das Neugeborene, ein gesundes Mädchen. In Ahmeds Gesicht malte sich Enttäuschung. Wortlos ging er aus dem Zimmer, ohne mich ein einziges Mal anzusehen, ohne meinen erschöpften Körper zu berühren. Was war mit Ahmed los? So kannte ich ihn nicht. Hatte er nicht gesagt, ich sei für ihn die Königin, die schönste aller Frauen? Und nun behandelte er mich, als sei ich Luft. Auch in den nächsten Tagen erschien er nicht, um mich und seine Tochter zu besuchen. Ich verstand ihn ja, ich hatte ihm nicht den Sohn geschenkt, den ich ihm versprochen hatte. Aber musste er mich derart strafen? Ich brauchte ihn, es war ja sonst niemand da, der mich besuchte. Nicht einmal meine Schwester erhielt die Erlaubnis, ins Krankenhaus zu kommen.

Hätte ich einem männlichen Nachkommen das Leben geschenkt, es wäre alles anders gewesen. Zu gern hätte ich Ahmed erzählt, dass ich ja noch jung sei und noch viele Kinder zur Welt bringen könne. Auch wenn die Schmerzen furchtbar gewesen waren, für ihn und seinen Sohn würde ich das alles noch einmal auf mich nehmen. Aber diese Worte blieben unausgesprochen. Ahmed kam nicht. Wenn meine Traurigkeit allzu groß war, dachte ich an meine Tochter, an ihr liebes, noch ein wenig zerknautschtes Gesicht, an ihre winzigen Händchen und Füßchen. Ich begriff, warum alle Eltern von ihren Babys schwärmen. Für sie, meine Tochter, lohnte es sich zu leben. Und Ahmed, davon war ich überzeugt, würde sie eines Tages auch lieben.

Als es an der Zeit war, das Krankenhaus zu verlassen, kam mein Mann, um mich abzuholen. Er beachtete mich kaum. Er ließ den Taxifahrer vor unserer Haustür halten, und als ich ausgestiegen war, fuhr er einfach mit dem Taxi weiter und verschwand und sollte tagelang nicht wiederkommen. Natürlich wusste ich, dass er sich einen Sohn gewünscht hatte, einen Sohn, der den Namen des Vaters weitertrug und der uns später ernähren konnte. Je mehr Söhne er hatte, desto sicherer konnte er sein, später keine Not zu leiden. Söhne sind in arabischen Ländern eine soziale Absicherung. Ich hatte mir auch einen Sohn gewünscht, aber aus ganz anderen Gründen. Aber nun hatte das Leben eine andere Richtung eingeschlagen und mir eine Tochter gegeben. Eine süße Tochter. Außerdem war ich erleichtert, weil endlich die Schmerzen aufgehört hatten. Später am Tag brachte mir meine Schwester einige Kleidungstücke für das Baby. Sie war selbst schwanger und schaute mich mit bangen Blicken an. Ich ahnte, dass sie Angst hatte, auch sie könnte ihrem Mann nur ein Mädchen schenken.

Ich hätte die Unterstützung von Miriam sehr gebraucht, aber Gamal ließ nicht mit sich reden; sie durfte ebenso wenig zu mir herüberkommen wie zuvor. Erst jetzt verstand ich, warum die Eltern meiner Schwägerin Farida immer seltener zu uns zu Besuch gekommen waren. Ich dachte damals, sie wären froh, ihre Tochter an meinem Bruder losgeworden zu sein und hätten kein Interesse mehr an ihr. Aber es war genau umgekehrt. Sie liebten sie von ganzem Herzen, aber um ihrer Tochter Ärger und Streit zu ersparen, hielten sie sich zurück und überließen meiner Familie die Macht über ihr Kind.

Weil ich ein Mädchen zur Welt gebracht hatte, war mein Wert in den Augen von Ahmed, mein Ansehen in seiner Familie stark gesunken. Noch immer hatte sich mein Mann nicht von dieser Tatsache erholt. Ich saß mit meiner Tochter allein im Wohnzimmer und wusste nicht aus noch ein. Die Brüste taten mir weh, die Milch tropfte nur so und durchnässte mein Kleid. Ich hatte genug Milch, um das Kind zu stillen, doch niemand hatte mir gezeigt, wie ich das anstellen sollte. Unbeholfen legte ich meine Tochter an, sie verschluckte sich oft, lief blau an oder weinte. Ich war vollkommen verzweifelt.

Noch andere Hürden hatte ich ohne Hilfe zu nehmen. Das Kind musste gesäubert und gewickelt werden. Es war so klein, und ich hatte Angst, ihm wehzutun. Wie sollte ich es richtig halten, wo es seinen Kopf, seine Ärmchen und Beinchen noch nicht selbst kontrollieren konnte. Beim ersten Badeversuch rutschte mir mein Töchterchen aus der Hand. Es bekam Wasser in die Lungen, hustete und schrie sich die Seele aus dem kleinen Leib. Danach wollte ich sie nie wieder baden. Unentwegt liefen mir Tränen über die Wangen, während ich mein Kind fest an die Brust drückte. In diesen Augenblicken verdammte ich meinen Mann und meine Eltern, die mich in die Ferne ziehen ließen.

Warum hatte ich meinem Mann keinen Sohn schenken können? Dann wäre er jetzt bei mir und würde über diesen Sohn wachen. Ich fühlte mich wie der letzte Abschaum, wie eine Frau, die zu nichts nutze war. Ich konnte ja nicht einmal meine Tochter richtig versorgen.

Eines Tages stand Ahmed wieder in der Tür. Er äußerte kein Wort der Entschuldigung, gab keine Auskunft darüber, wo er die letzten Wochen zugebracht hatte. Der Alltag ging einfach weiter. Mein Mann ließ mich zwar meistens allein, doch immerhin fühlte ich mich jetzt, da er wenigstens zeitweise anwesend war, nicht völlig vom Leben, von meinem Status als Frau ausgeschlossen. Für eine arabische Frau gibt es nichts Schlimmeres, als von ihrem Mann verlassen zu werden. Zumindest gab mir meine Tochter viel Trost, die nun den Namen Hanan bekommen hatte, das bedeutet »Zärtlichkeit«.

Ahmed spielte jetzt jeden Abend mit irgendwelchen Männern Karten. Dabei ging es um viel Geld. Wenn mein Mann verloren hatte, kam er polternd und mürrisch ins Bett, hatte er jedoch gewonnen, war er guter Laune und weckte mich aus dem Schlaf. Ich sollte ihm noch etwas zum Essen kochen. Anschließend nahm er mich einfach wie eine dargebotene Frucht und befriedigte sich sexuell.

An manchen Abenden, wenn er keinen Hunger verspürte, aber trotzdem Lust auf Sex hatte, drang er in mich ein, während ich schlief. Ich wachte von seinem Verlangen auf. Obwohl ich nicht das geringste Vergnügen dabei empfand, durfte ich nichts sagen. Ich war nur froh, wenn es endlich vorbei war und ich weiterschlafen konnte. Da meine Tochter in der Nacht oft aufwachte und gestillt werden wollte, war ich ständig übermüdet. Zudem musste ich früh aufstehen, für Ahmed das Frühstück vorbereiten, ihm seine Kleider reichen, mich anziehen und schminken, Hanan waschen, wickeln, eine Flasche vorbereiten und mit dem Kind zur Schule gehen, wo ich meine Schülerinnen unterrichten musste. Meine Tochter brachte ich in einem Nebenzimmer unter. Wenn sie weinte, konnte ich den Unterricht kurz unterbrechen, Hanan stillen oder ihr die Flasche geben. Waren die Schulstunden vorüber, hieß es für mich nach Hause gehen, Gemüse putzen und Fleisch anbraten, welches mein Mann eingekauft hatte, mich für ihn zurechtmachen und schließlich warten, bis Ahmed kam – manchmal viele lange Stunden.

Einige Wochen nach der Geburt von Hanan kam Ahmeds Mutter zu Besuch, um ihre Enkeltochter zu sehen. Seit unserer Hochzeit hatte ich Alia nicht mehr gesehen. Ich versprach mir eine Entlastung von ihr, denn ich hatte meine Mutter vor Augen, die sich unermüdlich um Farida und ihre Kinder kümmerte. Doch gleichzeitig warnte mich eine innere Stimme. Die wenigen Male, die ich ihr begegnet war, war sie mir nicht sehr freundlich vorgekommen. Ihre Gesichtszüge waren hart, die hellen, fast durchsichtigen Augen strahlten keine Liebe aus. Es war, als wären sie schon erloschen. Aber ich sagte mir damals, dass ihr schweres Flüchtlingsschicksal sie zu einer so unnahbaren Frau gemacht haben musste.

Meine Vorahnungen waren jedoch zutreffend. Zwar beaufsichtigte meine Schwiegermutter ihre Enkelin, während ich in der Schule war, was schon eine Erleichterung bedeutete, aber andererseits erwartete sie von mir, dass ich sie verwöhnte, bediente, ihr Achtung entgegenbrachte. Wenn ich Alia fragend ansah, ob sie mir beim Zubereiten der Mahlzeiten nicht helfen könnte, nahm sie Hanan einfach auf den Arm und trug sie im Haus herum. Sie machte mir damit unmissverständlich klar, dass sie nicht daran dachte, mich im Haushalt zu unterstützen.

Ich hatte kaum noch Gelegenheit, meine eigene Tochter anzufassen. Sobald ich Hanan in die Höhe hob, riss meine Schwiegermutter sie aus meinen Händen und drückte ihre Enkelin an sich. Wenn ich protestierte, bekam ich zu hören: »Du bist viel zu ungeschickt, um ein Kind zu halten.« Sogar beim Essen legte sie ihre Enkelin nicht in ihr Bettchen. Wie einen Besitz umklammerte sie meine Tochter mit ihren großen, abgearbeiteten Händen, die wie alte, zerfledderte Elefantenohren aussahen. Früher musste meine Schwiegermutter einmal eine hübsche Frau gewesen sein, hoch gewachsen, gertenschlank, mit einer Haut, so hell wie Vanilleeis, und pechschwarzen, dicken Haaren. Jetzt ähnelte sie mehr einer verhärmten Hexe.

Ständig erzählte sie mir von ihrem ältesten Sohn Mohammed, der in Kuwait als Lehrer tätig war. Er hätte die denkbar beste Frau. Nicht nur, dass sie ihm schon den vierten Sohn geboren hatte, nein, sie schenkte ihr, Alia, viele schöne Kleider und setzte ihr ihre Lieblingsspeisen vor. Mohammed hätte es viel besser als ihr Sohn Ahmed, denn ich brächte ja keine Zeit für Mann und Kind auf. Mit keinem Wort erwähnte sie, dass ich arbeitete und meine Schwiegereltern mit dem Geld, das ich verdiente, regelmäßig unterstützte. Ich durfte ihr aber nicht widersprechen, denn ich hatte ja nur ein Mädchen geboren.

Nach solchen Gesprächen fühlte ich mich völlig erschlagen. Am liebsten wäre ich zu meinen Eltern gelaufen, wie damals meine Schwägerin Farida, als sie in ihr Dorf zurückkehrte. Aber nach Ägypten zu reisen war völlig undenkbar. Und was hätten meine Eltern gesagt, wenn ich mit Hanan bei ihnen aufgekreuzt wäre? Wahrscheinlich hätten sie mir gut zugeredet: »Hab Geduld mit deinem Mann. Was willst du mit deiner kleinen Tochter hier bei uns? Geh zurück zu ihm.« Und sie hätten mich, da war ich mir sicher, höchstpersönlich wieder zu Ahmed gebracht. Eine Frau hatte bei ihrem Mann zu bleiben, davon waren sie überzeugt. Warum hörte denn das Gefühl der Verlorenheit nicht auf? Diese Frage stellte ich mir oft, nachdem Alia abgereist war und ich mehr Ruhe fand. Vielleicht würde sich ja etwas ändern, dachte ich beim Einschlafen, wenn ich meinem Mann und seiner Familie einen Sohn gebären würde. Vielleicht nähmen sie mich dann in ihre Mitte auf.

Bald war ich wieder schwanger. Doch dieses Mal hatte ich keine Probleme. Ich war nicht müde und nicht kurzatmig, ich fühlte mich fit und rundum wohl.

»Ich bin sicher, dass du jetzt einen Sohn bekommen wirst«, sagte ich zu Ahmed.

»Das wollen wir hoffen«, antwortete er.

Wenn mein Mann auch verhalten reagierte, so sah ich ihm doch an, dass er ebenfalls von diesem Gedanken überzeugt war. Seine Augen hatten jedenfalls einen Ausdruck angenommen, der dafür sprach.

»Wir sollten meine Mutter holen«, fügte Ahmed hinzu, »dann ist immer jemand da, der bei dir ist, falls etwas passieren sollte.«

»Ich komme schon allein zurecht«, erwiderte ich. »Lass deine Mutter bei ihrer Familie.«

Meine Befürchtungen, dass Alia auf meinen zukünftigen Sohn Einfluss nehmen könnte, waren so groß, dass ich trotz der Erfahrungen bei der letzten Schwangerschaft lieber auf ihre Anwesenheit verzichtete. Außerdem wusste ich, was auf mich zukommen würde. Ich würde meiner Schwiegermutter zu Diensten sein müssen, würde sie versorgen und unterhalten müssen; Ahmed würde sich sowieso nur mit seinen Spielkumpanen herumtreiben. Die ganze Last wäre wieder bei mir.

»Ob meine Mutter kommt oder nicht, bestimme ich«, sagte mein Mann. »Und ich will, dass sie da ist.«

Sollte ich mit Ahmed deswegen streiten? Sollte ich ihm an den Kopf werfen, dass er unser Zuhause nur noch betrat, um sich den Magen voll zu schlagen und Sex zu haben? Und dass er nicht das geringste Interesse an seiner Tochter zeigt? Wahrscheinlich hätte er mich nur geschlagen. Eigentlich konnte ich ja froh sein, dass ich nicht ständig bei meiner Schwiegermutter leben musste, was ja der Normalfall gewesen wäre.

Es hätte auch keinen Sinn gehabt, Ahmed zu bitten, anstelle seiner Mutter die meinige kommen zu lassen. In den arabischen Ländern ist das nicht üblich. Hanan war nicht das Enkelkind meiner Eltern, sondern meiner Schwiegereltern. An meinen Kindern sollte meine Familie kein großes Interesse zeigen.

Als dann meine Schwiegermutter angereist kam, trat alles so ein, wie ich es geahnt hatte. Ständig musste ich sie fragen: »Möchtest du etwas trinken? Möchtest du etwas essen? Soll ich dir deine Bettbezüge wechseln? Ist es auch bequem so?« Ich konnte ihr noch so viel Gutes tun, immer schaute sie mich grimmig an. Was musste diese Frau erlitten haben, dass ihr Herz so hart geworden war? Meine Mutter hatte ein ähnliches Flüchtlingsschicksal wie sie, doch nie waren ihr Wärme und Güte verloren gegangen. Ganz sicher war ich mir aber nicht, wenn ich an Farida dachte; da mischte sich in ihre Stimme doch eine ungewohnte Schärfe.

Doch erlebte ich auch eine kleine Überraschung. Als meine Schwiegermutter meinen Bauch betrachtete, schien sie sehr zufrieden zu sein. Auch ihrer Meinung nach musste es ein Junge werden. Wenn ich aus der Schule kam, befahl sie mir, mich hinzulegen und auszuruhen. Oft setzte sie sich dann zu mir ans Bett und streichelte meine wachsende Wölbung. Nie zuvor hatte mich Alia berührt. Natürlich hatte sie nur den Wunsch, dass der Nachkomme unversehrt geboren werde. Aber diese Geste war für mich sehr bedeutungsvoll: Ich hatte nun an Wert gewonnen. Mich erleichterte dieses Gefühl sehr. Endlich empfand ich mich wieder als schön.

Noch vor der Geburt fuhr meine Schwiegermutter wieder zurück nach Gaza. Ihr Mann und ihre anderen Kinder brauchten sie. Ich war froh darüber. Wer weiß, ob ich mich ihr gegenüber weiterhin sittsam verhalten hätte – besonders im Nachhinein ist das fraglich, angesichts ihres zweiten Enkels. Wahrscheinlich hätte ich mich ungezogen benommen, wie es in unserer Sprache heißt, und entsprechend wäre ich gezüchtigt worden.

Der Termin der Niederkunft rückte näher. Die mir nun bekannten Wehen setzten schnell und heftig ein, sodass keine Zeit mehr blieb, mich ins Krankenhaus zu bringen. Ein Arzt und eine Hebamme wurden gerufen, um mir bei einer Hausgeburt zu helfen. Alles verlief ohne Komplikationen, ich atmete und presste richtig. Schon bald zeigte sich das Köpfchen, und kurz darauf wurde der Säugling von der Hebamme nach oben gezogen. Ich hörte einen kräftigen Schrei, dann das Geplätscher von Wasser. Ich wusste, nun wird mein Sohn gebadet, gleich werde ich ihn in meinem Arm halten können. Die Hebamme sagte kein Wort, nur dass das Kind gesund sei. Wortlos legte sie es mir angezogen in den Arm.

Ahmed kam ebenso wortlos ins Schlafzimmer, um den Arzt und die Hebamme zu verabschieden. Da ich keine Freude in seinem Gesicht entdecken konnte, wurde ich unruhig. Diese Ausdruckslosigkeit war kein gutes Zeichen. Nun wollte auch ich wissen, ob mein Baby tatsächlich ein Junge war. Sobald Ahmed und die Geburtshelfer das Zimmer verlassen hatten, tastete ich mit der Hand durch die Windel, fühlte, ob sich zwischen den Beinen des Säuglings etwas befand. Nichts! Also schon wieder ein Mädchen! Ich war zutiefst enttäuscht. Warum musste ich immer Töchter gebären? Warum gelang es mir nicht, meinem Mann einen Sohn zu schenken? Ich war doch keine schlechte Frau. Ich hatte als Kind meinen Eltern gehorcht, hatte mich anständig benommen und war fleißig gewesen und bin später allen meinen Verpflichtungen gegenüber meinem Mann und seiner Familie nachgekommen. Hätte ich jetzt nicht einen Sohn verdient gehabt? Ich zweifelte an meinem Gott, am Leben, an allem. Ich konnte nicht einmal mehr an mich selbst glauben.

Ich dachte, dass sich mein Mann jetzt um eine andere Frau bemühen würde, die ihm Söhne schenken konnte. Das war nicht unüblich in arabischen Ländern. Ich konnte mir aber nicht vorstellen, mit einem Mann zusammenzuleben, der noch eine andere Frau besaß, die über mich befehlen durfte, nur weil sie es schaffte, Söhne in die Welt zu setzen. Lieber wollte ich zu meinen Eltern zurückgehen und den Rest meines Daseins als Verstoßene zubringen. Ich würde es nicht mit ansehen können, dass mein Mann eine andere liebte, sie umarmte, mit ihr im Bett lag und Kinder zeugte, Söhne, nicht Töchter. Womöglich würde ich die beiden auch noch bedienen, ihnen das Leben versüßen und erleichtern müssen. Nein, ich war mir sicher, dass ich dies nie tun würde.

Das neugeborene Kind lag in meinem Arm. Wir waren beide sehr schwach und hilflos. Ich weinte still vor mich hin, das Einzige, wozu ich in diesem Moment fähig war.

Ahmed sah ich an diesem Abend nicht mehr. Das kannte ich ja schon. Aber er kam am nächsten Tag nach der Schule wieder nach Hause. Er hatte sich mit seiner zweiten Tochter schneller abgefunden als mit der ersten. Der Arme. Jeder versuchte ihn zu trösten, bedauerte ihn und wünschte ihm für das nächste Mal einen Sohn. Schade, dass deine Frau keine Söhne gebären kann, sagten alle Menschen, denen wir begegneten. Oft entschuldigte ich mich bei ihm für diese Unfähigkeit. Er murmelte dann irgendetwas vor sich hin und ließ mich im Glauben, dass er sehr darunter litt. Ich bin unbrauchbar, dachte ich, also bin ich auch minderwertig, mangelhaft, unvollständig. Ich bin die Frau, die sich mein Mann ausgesucht hatte, und dennoch konnte ich ihn nicht glücklich machen. So sehr ich mich mit diesen Gedanken quälte und marterte, ich konnte es beim besten Willen nicht ändern, ich musste mein Schicksal hinnehmen.

Ich verwöhnte Ahmed nur noch mehr, um ihn für die Töchter zu entschädigen. Ich arbeitete noch härter, gab viele private Nachhilfestunden, verdiente noch mehr Geld, um seine Familie und seine Geschwister zu unterstützen. Ich war Ehefrau, Mutter, Hausfrau und Lehrerin. Nachts fand ich keinen richtigen Schlaf, obwohl ich übermüdet war. Ich stillte das weinende Baby, schaukelte es in den Schlaf, tröstete Hanan, wenn sie sich durch ihre jüngere Schwester zurückgesetzt fühlte. Das Baby erhielt den Namen Gada. Ich hatte ihn selbst für meine Tochter ausgesucht, wie schon bei Hanan. Überhaupt gab ich ihnen alles, was in meiner Macht stand: meine Milch, meine Wärme, meine Zärtlichkeit und Liebe. Beide waren bildhübsch und zwitscherten den lieben langen Tag wie kleine Vögel. Über uns drei, das wusste ich, würde in Zukunft allein ihr Vater entscheiden. Bei Söhnen hätte das ganz anders ausgesehen.

Ich konnte nicht mehr träumen, weder nachts noch tagsüber. Ich hatte keine Söhne, die mir Mut oder Hoffnung gegeben hätten. Eine Frau ohne Söhne ist in unserer Gesellschaft wie eine Frau ohne Heimat. Bei mir kam sogar beides zusammen. Ich war noch keine zwanzig Jahre alt und hatte bereits mein Leben verloren. So schien es mir wenigstens. Der Klang der Panflöte war für mein Ohr längst unhörbar geworden.

Allein in Gaza

Ahmed und ich hatten durch unsere Arbeit in Saudi-Arabien das Studium seiner beiden jüngeren Brüder finanziert. Jeden Monat hatten wir den größten Teil unseres Einkommens auf eine Bank in Gaza überwiesen. Umar hatte Pharmazie studiert, Fakri Betriebswirtschaft. Als beide damit fertig waren, fanden sie sofort eine Anstellung in Riad.

»Wenn dieses Schuljahr um ist«, sagte mein Mann eines Abends, »wirst du unsere Sachen packen und nach Gaza gehen.«

»Soll ich etwa bei deinen Eltern wohnen?«, fragte ich erschrocken.

»Es ist an der Zeit, dass meine Brüder uns ernähren. Ich werde nach Deutschland ziehen und dort Medizin studieren. Meine Zulassung habe ich auch schon erhalten.«

»Können wir nicht mit dir nach Deutschland kommen?« Die Vorstellung, allein mit meinen Töchtern bei meinen Schwiegereltern zu wohnen, war ein einziges Grauen.

»Ich werde euch nachholen, wenn ich für uns alle eine Wohnung gefunden habe. Vorübergehend bleibt ihr in Gaza.«

Ich wusste darauf nichts zu erwidern. Mein Bruder Ruschdi hatte während seines Studiums zeitweise auch ohne seine Frau Farida in Kairo gelebt, aber er konnte wenigstens am Wochenende nach Hause fahren. Ahmed würde uns seltener besuchen. Viel seltener.

»Und wie lange wird die Trennung dauern?«, fragte ich.

Mein Mann konnte mir keine präzise Antwort geben. »Vielleicht ein paar Monate, vielleicht aber auch ein Jahr. Ich weiß es nicht.«

Ich hätte keine Angst gehabt, sofort mit ihm nach Deutschland zu gehen. Ich war überall eine Fremde, also konnte ich ebenso gut in dieses Land übersiedeln, von dem ich genauso wenig wusste wie von Amerika. Wichtig war für mich nur, dass ich bei ihm war. Nur in seiner Gegenwart konnte ich mich selbst fühlen. Doch mein Mann befahl mir, vorübergehend bei seinen Eltern zu bleiben. Ich tat, wie mir geheißen.

Ein weiteres Mal packte ich die großen Koffer. Nie wieder würde ich an den Ort Elmagmaa zurückkehren, das spürte ich genau. Ich musste Abschied nehmen von den Frauen, die ich in den letzten beiden Jahren kennen und lieben gelernt hatte, Abschied nehmen von Miriam, die mit Gamal und ihren Kindern noch dableiben wollte. Sie hatte in der Zwischenzeit zu ihrem Glüch einen Sohn und eine Tochter bekommen.

Auf dem Weg nach Gaza besuchten wir meine Eltern in Kairo. Ich hatte sie fast drei Jahre nicht gesehen. Aus meiner Schwester Mona war ein wunderschönes Schulmädchen geworden. Zum ersten Mal sahen meine Eltern ihre beiden Enkeltöchter. Meine Mutter nahm Hanan und Gada in beide Arme, liebkoste sie und konnte nicht von ihnen lassen. Dagegen schienen sie bei meinem Vater keine Gefühle auszulösen. Sie waren ihm gleichgültig, vielleicht sogar lästig. Wahrscheinlich hätte er es lieber gehabt, wenn ich allein angereist wäre, sodass wir mehr Zeit füreinander gehabt hätten. Dieses Mal fühlte ich mich fremd im Haus meiner Eltern. Ich war nicht mehr ihr Kind, ich war die Tochter einer anderen Familie. Für meinen Vater war ich nicht mehr »sein jüngster Sohn«.

Das Haus war auch leerer geworden. Ruschdi lebte mit seiner Familie in Bagdad, er hatte dort von der Universität einen Ruf als Dekan bekommen. Schaukat war jetzt ebenfalls verheiratet und war gerade zu dem Zeitpunkt, wo wir Saudi-Arabien verließen, nach Riad gezogen, um dort an der Universität Religionswissenschaften zu unterrichten.

Am liebsten wäre ich mit Hanan und Gada bei meinen Eltern in Kairo geblieben, aber Ahmed wollte davon nichts wissen. Er hielt sich an die Gepflogenheiten, die besagten, dass eine Schwiegertochter bei den Schwiegereltern zu leben habe. Bei unserem Aufbruch umarmte ich meine Mutter immer wieder; am liebsten hätte ich sie nie mehr losgelassen. Mit ihren liebevollen Händen strich sie mir über das Haar. Sie ahnte, dass mir davor graute, in Gaza zu wohnen, noch dazu ohne meinen Mann. Aber sie konnte nichts an der Situation ändern, meinte nur immer wieder, dass ich bei meinen Schwiegereltern gut aufgehoben sei. Nein, hätte ich in die Welt schreien mögen, aber meine Lippen bewegten sich nicht.

Das Haus meiner Schwiegereltern war seit meinem letzten Besuch renoviert und modernisiert worden. Die Zimmer hatten einen frischen Anstrich, ein Bad war eingebaut worden, auch gab es jetzt fließendes Wasser. Mit meinen Töchtern bekam ich einen kleinen, dunklen Raum zugewiesen, in dem ich mich am liebsten vergraben hätte. Oft dachte ich an den Tag meiner Verlobung mit Ahmed. Hier hatte er mich geradezu bekniet, so schnell wie möglich seine Frau zu werden. Und nun befand sich dieser Mann, der mir die schönsten Liebesbeteuerungen ins Ohr geflüstert hatte, in einem Flugzeug, auf dem Weg nach Deutschland. Was wusste ich schon von diesem Land? Millionen von Juden hatte man dort umgebracht, das war das Einzige, was ich darüber gelernt hatte. Aus diesem Grund war uns auch Palästina genommen worden, damit die Juden wieder eine Heimat hatten. Ich fühlte mich von Ahmed im Stich gelassen. Waren die Frauen im Westen nicht viel freizügiger, liefen sie nicht in kurzen Röcken und durchsichtigen Blusen herum? Wollte mein Mann vielleicht deshalb nach Deutschland? In meiner Einsamkeit malte ich mir die verrücktesten Sachen aus.

Meine Schwiegereltern behandelten mich wie eine Küchenmagd. Ich hatte aber auch nichts anderes erwartet. Immer gab es etwas an mir auszusetzen. Mal war es meine Mutter, die mich schlecht erzogen haben sollte, dann wieder mein Vater, der arrogant sei, schließlich ich selbst, die unnütze Frau, die nur Mädchen zur Welt bringen konnte. Wenn ich mich dann auf meine Töchter konzentrierte, um nicht in eine tiefe Traurigkeit zu fallen, warf man mir vor, dass ich sie zu sehr verwöhnte, damit würde ich nur ihren Charakter verderben. Hielt ich mich daraufhin mit meinen Zärtlichkeiten zurück, hieß es gleich, ich würde sie vernachlässigen. Alles, was ich tat, war falsch. Oft lag ich auf dem Bett, Hanan und Gada im Arm, und wünschte mir nichts sehnlicher als den Tod. Ich konnte jetzt nachempfinden, wie meiner Schwägerin damals zumute gewesen sein musste, obwohl wir viel netter zu Farida waren als jetzt meine Schwiegereltern zu mir.

Ich war auch finanziell von ihnen abhängig. Nicht einmal ein Taschengeld gaben sie mir, obwohl Ahmed seinem Vater regelmäßig einen Scheck für unseren Unterhalt schickte. Ihrer Ansicht nach benötigte ich kein Geld. Sie kauften die Lebensmittel für uns ein, sie trafen alle Entscheidungen über die Kinder. Da Hanan und Gada die Kinder ihres Sohnes waren, behandelten sie sie wie Ebenbürtige. Meine Schwiegereltern gingen mit den beiden Mädchen zum Arzt, führten sie an den Strand, kauften ihnen Kleider und Süßigkeiten. Währenddessen musste ich zu Hause bleiben, kochen, waschen und den Haushalt für die gesamte Familie machen.

War schon meine Schwiegermutter kaum zum Aushalten, so fand ich meinen Schwiegervater völlig unerträglich. Er war richtig hässlich, eher klein, dabei spindeldürr, mit einer dunklen, fast schmutzig wirkenden Haut, hervorstehenden Wangenknochen, kleinen dunklen Knopfaugen, die ständig auf der Lauer waren, und einer dicken Knollennase – aber all diese Äußerlichkeiten waren nicht das Schlimmste. Wie so mancher kleine Mann demonstrierte Yusuf Größe mit unerbittlichen Kommandos. Hektisch gestikulierend gab der Giftzwerg Befehle wie ein Feldherr, oft auch noch widersprüchliche. Eine von seinen Töchtern hatte sein Aussehen geerbt. Die tat mir wirklich Leid.

Als Ahmed bereits in Deutschland war, blieb meine Monatsblutung wieder aus. Wieder wuchs die Hoffnung in mir, dass es doch dieses Mal klappen und ich einen Sohn bekommen könnte. Sobald meine Schwangerschaft sichtbar war, schonten mich zwar meine Schwiegereltern, doch keiner streichelte mir mehr über den Bauch. Sie zeigten sich äußerst skeptisch und erwarteten die Geburt eines dritten Mädchens.

Ich fühlte mich in dem Haus wie eine Sklavin. Die einzige angenehme Erinnerung an diese Zeit war der winzige Augenblick, den ich ab und zu allein für mich in der Küche hatte. Dann stand ich am geöffneten Fenster und atmete tief die salzige Meeresluft ein. Auch wenn der Strand nicht weit entfernt war, durfte ich fast nie am Mittelmeer spazieren gehen. Mein Platz war bei den Töpfen und Besen.

In diesem trostlosen Einerlei schickte mir Ahmed Liebesbriefe aus Deutschland. Er schrieb von seiner Sehnsucht nach mir und den Kindern. Auch wenn ich Grund genug hatte, ihm keinen Glauben zu schenken, begann ich ihn doch zu vermissen. Verglichen mit dem Leben bei den Schwiegereltern, war das Eheleben noch angenehm. So weit hatte ich meine Erwartungen an das Leben schon heruntergeschraubt.

Mein Mann charakterisierte die Deutschen als kalt und hartherzig. Sie würden Ausländer und insbesondere Kinder nicht mögen und sich stattdessen lieber Hunde im Haus halten. Auch klagte er über das unangenehme Wetter und das schwere Dasein. Er müsse furchtbar kämpfen, um überhaupt überleben zu können. So mühsam, wie er sein Leben darstellte, glaubte ich manchmal, wir in Gaza hätten es im Flüchtlingslager leichter als Ahmed im reichen, freien und gebildeten Deutschland. Er tat mir schrecklich Leid, obwohl ich es vorgezogen hätte, dieses harte Los mit ihm zu teilen.

Als die Geburtswehen einsetzten, sagte ich meiner Schwiegermutter, sie solle die Hebamme rufen. Einen Arzt gab es nicht. Die Frau, die dann kam, war nicht einmal zwanzig Jahre alt, und ich hatte keinerlei Vertrauen in sie. Zwar wollte ihr meine Schwiegermutter assistieren, doch war das für mich auch keine Verbesserung meiner Situation, weil Alia mich eben nicht liebte.

Mein drittes Kind hatte es ebenfalls äußerst eilig, auf die Welt zu kommen. Vielleicht wollte es so schnell wie nur möglich zeigen, dass ich es doch konnte: einen Sohn zu gebären. Die beiden Frauen stießen Freudenschreie aus und riefen unentwegt: »Ein Sohn, ein Sohn!«

Anschließend rannte Alia zu ihrem Mann und ihren Töchtern, um ihnen die frohe Botschaft zu verkünden. Ich atmete auf. Um mich selbst zu schützen, hatte ich mir in den letzten Tagen immer wieder gesagt, dass es mit allergrößter Wahrscheinlichkeit ein Mädchen werden würde. Und nun war es anders gekommen. Noch konnte ich es kaum fassen. Ich konnte auch kein rechtes Glück empfinden, da mich eine depressive Stimmung gefangen genommen hatte, vielleicht wegen der inneren Angespanntheit. Trotz meines Sohnes kam ich mir völlig unbedeutend vor, keiner beachtete mich als Mutter. Ich hatte das Gefühl, es würde ihnen auch nichts ausmachen, wenn ich im Kindbett stürbe; ich hatte ja meine Aufgabe erfüllt und einen gesunden Sohn geboren.

Und was für einen Sohn! Er sah schon richtig proper aus. Seine Haut war kaum runzelig, sondern schimmerte rosig, der Kopf war von dichtem dunklem Flaum überzogen. Er sah wirklich hübsch aus, womit sich meine Schwiegermutter auch gleich lauthals bei den Nachbarn brüstete, so als hätte sie dieses Wunderwerk vollbracht. Wenn sie sich ihren eigenen Mann anschaute, dachte ich, hatte sie auch allen Grund dazu, über ein wohlgestaltetes Enkelkind glücklich zu sein.

Tatsächlich wurde ich nun verwöhnt, musste nicht putzen und bekam meine Mahlzeiten ans Bett serviert. Ich brauchte nur dafür zu sorgen, dass ich genug Milch für »ihr« Kind hatte. Ich sollte mich einzig und allein um den Sohn, ihren Sohn kümmern, und ihm sein noch so junges Leben erleichtern. Meine Schwiegermutter versorgte Hanan und Gada. Doch hauptsächlich kümmerte sie sich darum, dass ihr Enkelsohn hübsche Babykleidung bekam und ein gutes Bett. Zudem verteilten sie Geschenke an Familienangehörige und Nachbarn. An der Haustür wurde eine Hand aus Messing, die mit blauen Steinen verziert war, angehängt. Sie sollte den bösen Blick von dem Kind abwenden.

Es war wie im Märchen. Der Prinz, in diesem Fall mein Sohn, hatte mich und meine Töchter erlöst. Seine Wimpern berührten die Augenbrauen, das dunkle Haar wurde von Tag zu Tag dichter, seine Arme und Beine kräftiger. Ja, es war ein gesunder Prinz. Er schenkte allen einzig durch sein Dasein Frieden und Freude.

An Ahmed wurde ein Telegramm geschickt. Er sollte so schnell wie möglich die freudige Nachricht erhalten. Ich wusste, nun würde er mich endlich akzeptieren. Ich war nicht mehr die Mutter zweier Töchter, sondern auch die Mutter seines Sohnes. Wie ich voraussah, schickte er seinen Eltern einen Scheck über eine größere Geldsumme, damit wir die Ankunft seines Sohnes gebührend feiern konnten. Freunde und Bekannte wurden eingeladen, die Tische bogen sich unter der Last der Speisen. Zum Glück waren meine Töchter noch zu klein, um zu fragen, ob es nach ihrer Geburt ein ähnliches Fest gegeben hatte.

Ich wurde dicker und dicker, weil man mir die Bissen geradezu in den Mund stopfte. Ich begann mich zu hassen, nicht nur Gaza und meine Schwiegereltern. Ich fühlte mich klein und unbedeutend. Weder konnte ich über mich selbst bestimmen, noch hatte ich Einfluss auf meine Töchter, geschweige denn auf meinen Sohn. Sie nannten ihn Talat, nach einem bedeutenden palästinensischen Bankier. Ihr Enkelsohn sollte so reich und berühmt werden wie dieser Mann. Wie romantisch, dachte ich. In meinen Ohren klang Halim oder Nasser viel schöner. Ich musste Talat stillen, wenn es meine Schwiegermutter befahl, ihn wickeln, wann sie es wollte. Nach knapp zwei Monaten hatte ich keine Milch mehr in meinen Brüsten. Das beste Essen half nicht, es gab für den Prinzen keine Muttermilch mehr. Das rief erneut den Ärger der Schwiegereltern hervor. Ich sei zu nichts nütze, aber auch zu gar nichts, schleuderten sie mir ins Gesicht. Baden durfte ich Talat auch nicht, ich hätte ja etwas falsch machen können.

Jeden Tag sehnte ich mich mehr nach meinen Eltern, aber wenn ich darum bat, sie besuchen zu dürfen, gab man mir keine Erlaubnis. Weder mit noch ohne Kinder. Hatte ich schon in Kairo und Saudi-Arabien wie eine Gefangene zu leben geglaubt, dann begriff ich jetzt, was dieses Wort wirklich bedeutet. Ich wurde unterdrückt und tyrannisiert, wie ich es bislang nicht gekannt hatte. Ich hatte nun meine Pflicht erfüllt, und da ich den Prinzen nicht mehr ernähren konnte, wurde ich auch nicht mehr gemästet. Das Einzige, was von mir erwartet wurde, war Gehorsam. Ich musste parieren wie die Sklavinnen in der Zeit der Pharaonen, nur dass wir im 20. Jahrhundert lebten.

In meinen Briefen an Ahmed bettelte ich ihn an, uns da herauszuholen. Ich schrieb ihm von meiner Sehnsucht, nur mit ihm und den Kindern zusammenzuleben. Weit, weit weg von Gaza. Nur bei ihm, nur in seiner Nähe wollte ich sein. Ich würde alles für ihn tun, nur solle er mich bitte aus diesem Haus, wo ich unerwünscht sei, befreien.

Es verging ein Jahr, ohne dass Ahmed meine Briefe beantwortete. Es war ein Jahr in der Hölle, voller Schikanen und Demütigungen vonseiten der gesamten Familie. Dann kam eines Tages die Erlösung in Form eines Flugtickets, das ein Cousin von Ahmed, der mit ihm in Saarbrücken studierte, persönlich vorbeibrachte. Hassan war nach Gaza gereist, um seine Eltern zu besuchen. Diesen Anlass machte sich Ahmed zunutze, um seinem Cousin das Ticket mitzugeben. So musste er nicht selbst anreisen, um mich bei meinem Flug nach Deutschland zu begleiten. Hassan sollte mein männlicher Schutz sein.

Ich hörte die Nachricht, während ich in einem Nebenzimmer mit meinen Kindern zu Mittag aß. Sofort sprang ich vom Stuhl auf, um die Kindersachen und ein paar von meinen besten Kleidern einzupacken. Während ich hastig alles zusammensuchte, trat meine Schwiegermutter ins Zimmer.

»Die Kleider der Kinder kannst du wieder aus dem Koffer nehmen«, sagte sie in ihrem Befehlston.

»Das verstehe ich nicht. Die Kinder müssen doch mit nach Deutschland«, stammelte ich.

»Ahmed hat uns einen Brief mitgegeben. Darin schreibt er, dass die Kinder bei uns bleiben sollen.«

»Aber warum denn?«

»Mit drei Kindern wird euch in Deutschland keiner eine Wohnung vermieten. Das sagt wenigstens mein Sohn.«

»Ich kann sie doch nicht allein zurücklassen!«

»Was redest du da so dumm. Was heißt hier allein. Sie sind gut bei uns aufgehoben. Außerdem könnt ihr sie später nachholen.«

Ich war völlig verstört. Wie konnte Ahmed nur so eine Idee haben. Oder war das etwa nur ein Plan meiner Schwiegermutter?

»Kann ich Ahmeds Brief lesen?«, fragte ich.

Hassan überreichte ihn mir. Da stand tatsächlich: »Schick mir nur meine Frau. Die Kinder können nachkommen.« Weiter unten im Brief entdeckte ich ein paar Zeilen, die an mich gerichtet waren. In denen beteuerte er seine Liebe und bat mich, Verständnis für seine Entscheidung zu zeigen; er wüsste, wie schwer es für mich sein müsse, die Kinder bei seinen Eltern zu lassen. Aber es sei nur für kurze Zeit, bis wir eine entsprechende Wohnung gefunden und eingerichtet hätten, bis ich die deutsche Sprache gelernt hätte, um mir selbst und den Kindern helfen zu können, denn er müsste sich ja voll und ganz dem schweren Studium widmen.

»Stimmt es denn wirklich, dass die Deutschen so kinderfeindlich sind?« Ich wollte das einfach nicht glauben und fragte nun Hassan.

»Die Vorschläge deines Mannes sind schon richtig«, antwortete er ausweichend. »Es ist besser so. Dein Mann hat überhaupt keine Zeit, er muss täglich bis in die späte Nacht hinein lernen.«

Ich glaubte Hassan. Was blieb mir auch übrig? Ich wollte raus aus Gaza, mich dem Einfluss meiner Schwiegereltern entziehen. Und sobald ich bei Ahmed war, würde ich mit seiner Hilfe alles in Bewegung setzen, um Hanan, Gada und Talat nach Deutschland zu holen. Damit sie diesem Dasein entkommen konnten, gab es im Augenblick nur einen Weg: der hieß Mund halten und gehorchen. Würde ich mich der Anordnung meines Mannes und meiner Schwiegereltern widersetzen, würde keiner von uns aus diesem Gefängnis herauskommen. Das war mir sofort klar. Aber wenn ich an meine Kinder dachte, fühlte ich mich wie betäubt, so als hätte man mir das Herz bei lebendigem Leib herausgerissen. Mein Vater hatte mir immer gesagt, man solle sich selbst beherrschen lernen, um an sein Ziel zu kommen. Also versuchte ich, die Angst um meine Kinder abzutöten.

Die ganze Nacht schaute ich auf meine drei Kinder, die nichts ahnend neben mir im Bett schliefen. Jeden einzelnen Gesichtszug, jede kleinste Haltung von Kopf und Daumen wollte ich mir einprägen, denn ich wusste ja nicht, wann ich sie wiedersehen würde. Es konnte Wochen dauern, vielleicht auch Monate, auf jeden Fall zu lange. In der Frühe nahm ich meinen Sohn in den Arm und legte ihn an meine Brust. Ich konnte ihn nicht mehr stillen, da die Milch versiegt war, aber ich wollte ihn noch einmal ganz nah an meinem Körper spüren. Ich zog mich leise an, blieb ein letztes Mal vor dem Bett stehen, um die drei Schlafenden mit einem sehnsüchtigen Blick zu umfangen. Vielleicht spürten sie, wenn sie aufwachten, noch etwas von meiner Wärme, so hoffte ich. Vielleicht konnten sie fühlen, dass ich sie nicht im Stich gelassen hatte.

Hassan kam ins Zimmer und riss mich aus meinen Gedanken. Er machte mir ein Zeichen, es sei nun an der Zeit, zum Bahnhof zu gehen. Auf dem Weg dorthin sagte ich mir immer wieder, dass die Trennung nur von kurzer Dauer sein würde, dass ich meine Kinder bald wieder in meine Arme schließen könnte. Ich bin unterwegs, um jemand zu besuchen, sagte ich mir vor. Und ein Besuch dauert niemals lange. So versuchte ich mich zu beruhigen. Was für eine naive Vorstellung!

Der Zug fuhr durch den Sinai in Richtung Ägypten. Vom Fenster aus sah ich wieder die endlose Wüste, doch dieses Mal hatte sie einen bedrohlichen Charakter angenommen: Viele Soldatentrupps waren unterwegs, unablässig rollten Panzer über die sandigen Flächen. Ich verstand nicht, was diese militärischen Aktionen sollten, dachte aber auch nicht weiter über sie nach, weil sich zwischen diese Aufmärsche immer wieder das Bild meiner zurückgelassenen Kinder drängte. Jetzt müssten sie wach sein. Würden sie nach mir suchen? Würden sie meine Schwiegermutter fragen, wo ich denn sei? Was für eine Antwort würde man ihnen geben?

War ich anfangs noch traurig gewesen, so steigerte ich mich nach und nach in eine richtige Wut hinein. Ich war wütend auf mich, weil ich mich in dieser Situation so unfähig, so brav, ja so dumm verhalten hatte, ich war wütend auf die Sitten und Gebräuche unseres Landes, auf meine Schwiegereltern, meine Eltern, auf die Unfreiheit der Frau, auf die Israelis, die mein Land besetzt hatten, und überhaupt auf die ganze Welt.

Mit dieser Aggression im Bauch kam ich in Kairo an. Die Nacht sollte ich bei meinen Eltern verbringen, mehr Zeit hatte ich nicht, denn am nächsten Tag musste ich schon die Maschine nach Deutschland besteigen. Sobald mich meine Mutter umarmte, war meine Wut verflogen. Mein Schutzpanzer brach auf, und ich ließ meinen Tränen ihren Lauf.

»Halima, trink erst einmal Tee und erzähl uns von deinen Kindern«, sagte meine Mutter zu mir, während sie mich ins Wohnzimmer führte.

Aus meiner Tasche holte ich Fotos, damit meine Eltern sehen konnten, wie prächtig sich meine Kinder entwickelt hatten.

»Hanan und Gada können schon laufen«, erzählte ich. »Und schaut, hier ist euer Enkelsohn, den ihr ja noch nicht zu Gesicht bekommen habt. Er hat die schönste Nase, und seine Arme und Beine sind voller Kraft.«

»Wir können richtig stolz auf unsere Enkelkinder sein«, sagte meine Mutter.

Meine Vater brummte nur vor sich hin, schaute sich aber lange Talats rosige Pausbacken an.

»Aber jetzt habe ich sie verlassen, das ist bestimmt unrecht von mir«, schluchzte ich auf.

»Kind, du hast richtig gehandelt«, tröstete mich meine Mutter. »Dein Mann sagt dir, was gut ist für seine Kinder. Sie sind momentan mit Sicherheit besser bei ihren Großeltern aufgehoben als in Deutschland.«

Auch mein Vater versuchte mich zu beruhigen: »Du hast die Kinder nicht irgendwo gelassen, sie sind bei ihrer Familie. Daran musst du immer denken.«

Noch viele Stunden erzählte ich meinen Eltern von den kleinen Erlebnissen und Abenteuern mit meinem lebhaften Trio, von den unterschiedlichen Charakteren, welcher Mund mehr dem von Ahmed ähnelte, welcher mehr dem meinigen.

Am nächsten Tag brachten sie mich zum Flughafen. Mein Vater sagte beim Abschied nur noch einen Satz, der wie ein Messer in mein Herz schnitt: »Mein Kind, wir werden uns nie wieder sehen, gib auf dich acht!« Und so war es. Ein Jahr später starb er an einem Asthmaanfall.

Im Tweedmantel ins Schwimmbad

Am 25. August 1966 flog ich von Kairo nach Frankfurt, in eine neue Welt, in eine neue Zukunft. Ich hatte keine Ahnung, was auf mich zukommen würde oder wie es meinen Kindern ergehen würde. Ich saß im Flugzeug auf dem Weg in ein westliches Land, begleitet von Hassan, einem entfernten Verwandten aus der Familie der Mutter meines Mannes.

Über den Wolken fühlte ich mich etwas erleichtert, denn das Flugzeug trug mich weit weg von meinen Schwiegereltern. Mein Vater und meine Mutter hatten Recht, es war selbstverständlich in unserer Gesellschaft, dass die Kinder bei der Familie des Mannes blieben, selbst, was selten genug war, im Fall einer Scheidung. Dennoch verspürte ich eine tiefe Traurigkeit.

Ahmed hatte mir in seinem Brief empfohlen, warme Kleider anzuziehen, da die Temperaturen in Deutschland deutlich niedriger seien als in Ägypten oder in Gaza, selbst im Sommer. Ich hatte mir etwas ausgewählt, was ich bei meinen Schwiegereltern nie hätte anziehen dürfen: ein maßgeschneidertes Kostüm, einen Kaschmirpullover in Altrosa, dazu passende Handschuhe, Seidenstrümpfe mit einer modischen Naht, schwarze, hochhackige Pumps und eine edle Lederhandtasche in derselben Farbe. Auch das war ein befreiendes Gefühl: Endlich das tragen zu können, was mir gefiel, was schick war, was die Mode der Sechzigerjahre war. Manchmal war mir dennoch im Flugzeug kalt, sodass ich froh war, meinen Tweedmantel nicht im Koffer verstaut zu haben.

Ich fror äußerlich, aber noch mehr innerlich. Meine Gedanken waren bei meinen Kindern und den letzten Worten meines Vaters. Sie ließen mich nicht los.

Nach einem fünfstündigen Flug landeten wir auf dem Frankfurter Flughafen. Mir kam das Gelände riesig vor, und es dauerte lange, bis wir das Laufband fanden, wo unsere Koffer rotierten. Als ich endlich die Passkontrolle und die Zollabfertigung hinter mir hatte, schaute ich mich am Ausgang nach Ahmed um. Ich brauchte nicht lange zu suchen. Er wartete mit einem großen Blumenstrauß gleich neben der Tür. Ich fühlte, wie mein Herz einen Freudensprung tat. Endlich war ich frei, endlich bei meinem Mann, endlich in einer anderen Umgebung.

Neben Ahmed standen unsere Vermieter, die ihn in ihrem Auto nach Frankfurt gefahren hatten. Auch sie überreichten mir einen Blumenstrauß und begrüßten mich sehr freundlich. Es waren liebevolle Menschen, und ich dankte Gott, dass sie diesen Weg auf sich genommen hatten, um mich abzuholen. Es war, als ob neue Eltern in mein Leben getreten wären.

Ich ging davon aus, dass unsere Wohnung in der Nähe des Flughafens liegen würde, aber die Stadt, in der mein Mann studierte, lag fast drei Stunden von Frankfurt entfernt. Wir mussten die Autobahn nehmen, um nach Saarbrücken zu gelangen, und ich kam aus dem Staunen nicht heraus: Da fuhren auf einer großen und breiten Straße so viele Autos, ohne ein Chaos zu verursachen. Dann begriff ich, dass alle Wagen nur in eine Richtung rollten, für die entgegenkommenden Autos gab es eine zweite Straße auf der anderen Seite!

Nach einer Weile hielten wir an einer Raststätte, um etwas zu essen und zu trinken. Auch dieser Ort war neu für mich, er kam mir wie aus einem westlichen Zauberbuch vor. Es gab Automaten, aus denen man Kuchen und Käse ziehen konnte, andere, aus denen auf Knopfdruck Kaffee, Tee und Cola herauslief, oder die Zigaretten ausspuckten. Und wie freizügig die Menschen gekleidet waren, da hatte man bei uns nicht übertrieben. Die Frauen trugen bauchfreie Hemdchen und ein Nichts von einem Rock; selbst Männer saßen mit kurzen Hosen herum, sodass ich ihre behaarten Beine sehen konnte, nicht selten Krampfadern. Auch schien es die selbstverständlichste Sache der Welt zu sein, dass Männer und Frauen völlig ungezwungen beisammen saßen, miteinander redeten und lachten. Es gab sogar Frauen, die Auto fuhren! Ich konnte es kaum glauben. Alles war ganz anders, als Ahmed es in seinen Briefen immer beschrieben hatte. Die Menschen erschienen fröhlich und heiter. Warum hatte mein Mann einen so negativen Eindruck von Deutschland? Meiner war ganz anders.

Nach ungefähr zwei weiteren Stunden Fahrt kamen wir in Saarbrücken an. Der Vermieter, der Reinhard Meyers hieß und einen enorm dichten und schwarzen Bart hatte, hielt vor einem hübschen kleinen Haus am Rande der Stadt. Seine Frau Irmgard – sie war im Gegensatz zu ihrem Mann eher rundlich – führte mich hinein und stellte meine Blumen sofort in eine Vase. Mit weit aufgerissenen Augen betrachtete ich den mächtigen Wohnzimmerschrank, in dem Gläser und viele Bücher mit Lederrücken untergebracht waren. Solche großen Möbel kannte ich nicht. Immerhin kamen mir die Muster auf dem Teppich vertraut vor. Wahrscheinlich war er aus dem Iran. Nun bat mich Irmgard mit einer einladenden Geste in den Wintergarten zu kommen, der direkt neben der Küche lag. Dort war bereits der Tisch mit einem weißen Tischtuch und farbigem Geschirr gedeckt. Bei einem Blick in den Garten entdeckte ich Bäume und Blumen, die ich noch nie zuvor gesehen hatte.

Kurz darauf klingelte es an der Tür. Hassan trat mit einem Freund ein, der ihn vom Flughafen abgeholt hatte. Marwans Eltern, so erzählte man mir, lebten ebenfalls in Gaza. Wir setzten uns alle um den Tisch herum; alle schienen glücklich. Ich hatte das Gefühl, dass mein Mann sehr froh über meine Ankunft war.

Nach dem Essen kramte ich aus meiner Handtasche die Bilder von meinen Kindern hervor und zeigte sie voller Stolz Irmgard. Marwan und Hassan übersetzten ihr, was ich von Hanan, Gada und Talat berichtete. Plötzlich liefen mir die Tränen herunter. Warum waren sie nicht da, wo hier doch alles viel schöner war als in Gaza?

Irmgard schaute mich erschrocken an und fing an, auf mich einzureden. Ich verstand sie nicht und sah Hassan fragend an. Nur zögernd wollte mir mein Cousin ihre Worte übersetzen: »Irmgard will wissen, warum du deine Kinder nicht mitgebracht hast? Wieso du sie allein lassen konntest?« Ihre Fragen waren für mich unfassbar. Ich konnte keine Antwort finden. Ich schaute diese Frau an und dann meinen Mann. Was hatte er mir doch geschrieben: »Die Deutschen sind kaltherzig und hassen Kinder.« Ahmed überbrückte das Schweigen und sagte zu Irmgard: »Ich wollte Ihre Freundlichkeit nicht überstrapazieren. Wenn wir zu fünft in dem von Ihnen gemieteten Zimmer hätten leben müssen, wäre das für Sie eine Zumutung gewesen. So habe ich zuerst meine Frau kommen lassen. Wenn wir eine größere Wohnung gefunden haben, holen wir die Kinder nach.«

Ich konnte nur ahnen, was mein Mann antwortete, aber in diesem Augenblick sagte mir mein Gefühl, dass irgendetwas nicht stimmte. Zum ersten Mal zweifelte ich daran, dass Ahmed die Wahrheit sagte. Seit diesem Moment konnte ich nicht mehr zu meinem Mann aufschauen. Wie soll ich diese Empfindung beschreiben? War es Enttäuschung,

Verachtung oder Verzweiflung? Ich weiß nur, dass ich ihn hasste dafür, dass er es nicht geschafft hatte, mich mit den Kindern nach Deutschland kommen zu lassen. Und ich war zutiefst von mir selbst enttäuscht, dass ich seinem Wunsch nicht widersprochen, dass ich ihm geglaubt hatte. Und zugleich spürte ich ein Gefühl der Scham. Ich schämte mich für mich, für meine Kinder und für alles, was mich geprägt hatte. Wieso mussten wir bei all unseren Handlungen bestimmte Zwänge berücksichtigen, warum durften wir nicht frei über unser Leben entscheiden? Doch selbst wenn man begreift, wie gefangen man ist, ist Freiheit nicht allein dadurch zu erreichen, dass man anders denken lernt. Wenn es doch nur so einfach wäre! Ein Kampf mit mir selbst, das empfand ich ganz deutlich, hatte begonnen. Er schloss die tiefsten Abgründe mit ein.

Ich wünschte in dieser Minute, ich hätte die Kinder nie geboren, dann wären sie jetzt nicht allein in Gaza. Wäre ich doch noch zu Hause bei meinen Eltern, in den Armen meiner Mutter. Hätten sie mich doch nie verheiratet! Und wäre ich doch damals anstelle meines Bruders gestorben. Am liebsten wäre ich aufgesprungen und auf der Stelle zu meinen Kindern zurückgeflogen – oder tot umgefallen.

Stattdessen aber saß ich hier in Deutschland, in einem schönen Wintergarten mit vielen Pflanzen, bei freundlichen Menschen, die keineswegs Hunde mehr mochten als Kinder. Meine Wut wuchs, wenn ich mich auch in Schweigen hüllte. Ich verstand ja auch die deutsche Sprache nicht, verstand die Menschen nicht und erst recht nicht meinen Mann. Ich verstand überhaupt nichts mehr, nicht einmal mich selbst.

Es gab für mich nur eine Chance: selbstständig zu werden, um meine eigenen Entscheidungen treffen zu können. Keiner sollte mehr über mich bestimmen dürfen. Meine Ziele wollte ich selbst setzen, und sie standen nur zu deutlich vor meinen Augen. Meine Kinder sollten bei mir sein, und ich wollte Ärztin werden, um nicht finanziell von Ahmed abhängig zu sein. Und das möglichst schnell. Dazu musste ich aber die deutsche Sprache können, und schon am selben Tag begann ich damit. Ich zeigte auf Gläser, Teller, Messer, Blumen, den Tisch, die Tür, das Haus. Wie hieß das alles? Irmgard begriff, was in mir vorging, und half mir. Mit ihren fünfzig Jahren hatte sie schon schwierigere Situationen gemeistert. Immer wieder drückte sie mir etwas in die Hand und nannte das deutsche Wort. Sie war eine hervorragende Lehrerin.

Ich bin Irmgard und Reinhard für immer dankbar dafür, dass sie mich so freundlich aufnahmen und mir den Beginn in Deutschland so sehr erleichterten. Sie hatten keine Kinder, konnten, wie sie mir später erzählten, auch keine bekommen, und sahen uns als Ersatz an. Sie verstanden nicht, warum Ahmed nie mit ihnen über unser Trio gesprochen hatte. Hätten sie von unseren Kleinen gewusst, sie wären froh gewesen, sie um sich zu haben.

Im Gegensatz zu meinem Mann war Irmgard mir bei den meisten Schwierigkeiten, die ich zu bewältigen hatte, eine große Hilfe. Früher hätte ich Ahmeds Anweisungen voller Zuversicht befolgt, weil ich annahm, er wolle das Beste für mich und seine Kinder. Aber schon am ersten Tag in Deutschland war mein Vertrauen erschüttert, hatte ich den Glauben an die Fürsorge meines Mannes verloren. Ich hatte alle Hoffnung in ihn gesetzt und war bitter enttäuscht worden.

Das Haus, in dem ich nun lebte, war nicht sehr groß. Im Erdgeschoss wohnten Irmgard und ihr Mann, im Obergeschoss hatten wir ein Zimmer mit einem kleinen Bad. Die Küche benutzten wir gemeinsam, und oft frühstückten wir zusammen im Wintergarten. Da ich es gewohnt war, fremden Menschen immer gut angezogen zu begegnen, kam ich schon morgens geschminkt und mit hohen Schuhen die Treppe herunter. Irmgard lachte nur darüber und sagte, ich sei doch hier zu Hause und könne es mir doch bequem machen. Sie verstand nicht, dass ich das einfach nicht konnte, weil das hier nicht mein wirkliches Heim war und sie nicht meine tatsächliche Mutter. Nur mein Mann war mir kein Fremder. Also musste ich außerhalb unseres Schlafzimmers perfekt frisiert und angezogen sein.

Mein erster Sommer in Deutschland war der heißeste seit Jahren. Die Menschen liefen nach meiner Wahrnehmung fast nackt auf den Straßen herum, nur mit Shorts und flattrigen Tops bekleidet. Wenn ich aus dem Haus ging, trug ich stets ein Kostüm, und darüber am liebsten noch meinen Mantel, denn die sechsundzwanzig Grad bedeuteten für mich nahezu winterliche Verhältnisse; ich war bis dahin eine Hitze von vierzig Grad und mehr gewohnt. Wie müssen die Menschen bei meinem Anblick gestaunt haben! Wenn sie den Kopf in meine Richtung drehten, so glaubte ich damals, sie täten es, weil ich anders aussah als sie. Es kam mir nie in den Sinn, dass der Grund dafür in meiner Kleidung liegen könnte.

Eines Tages machte Irmgard an einem sehr sonnigen Tag den Vorschlag, ins Schwimmbad zu gehen. Ahmed nannte diesen Ort »Freibad«, aber sowohl der eine wie der andere Ausdruck war mir fremd. Also konnte ich auch keine Einwände oder Bedenken vorbringen. Ich sagte einfach »Ja« zu ihrer Idee und zog mich entsprechend ausgehfein an, mit einem feschen Kostüm, einer gebügelten Bluse und Pumps mit Pfennigabsätzen. Ich achtete darauf, dass die Naht der Nylonstrümpfe perfekt saß. Handschuhe durften natürlich auch nicht fehlen, ebenso wenig der Tweedmantel.

»Ich bin bereit«, sagte ich zu Ahmed und präsentierte ihm stolz mein Outfit.

»Du siehst gut aus«, antwortete er mit einem geheimnisvollen Schmunzeln.

Irmgard und Reinhard warteten schon draußen in ihrem Auto. Als wir aus der Tür traten, stieg Reinhard aus und hielt mir die Tür auf. Mit einem bewundernden Blick ließ er mich einsteigen. Irmgard schaute mich erstaunt an, sagte aber nichts. Ich war davon überzeugt, dass alle von meinem tollen Aussehen beeindruckt waren.

Nur zehn Minuten dauerte die Fahrt zum Schwimmbad. Währenddessen sagte keiner ein Wort. Irmgard parkte, wir stiegen aus und nahmen einige Taschen und Decken aus dem Kofferraum. Zusammen gingen wir zu einer langen Menschenschlange. Eine solche kannte ich nur von der Ausländerbehörde in Kairo. Reinhards Kommentar angesichts der wartenden Menschen verstand ich anfangs überhaupt nicht. »Kein Wunder, bei der Hitze wollen sich alle Menschen abkühlen«, sagte er zu mir gewandt.

Ich bemerkte, dass mich die umstehenden Personen alle musterten, manche lachten auch, wahrscheinlich gefiel ihnen mein Aussehen, dachte ich. Immerhin war keiner hier so gut angezogen wie ich. Doch nachdem wir den Kassenbereich passiert hatten, tat sich für mich das Unmögliche auf: Lauter nahezu nackte Menschen lagen auf Handtüchern im Gras herum, spazierten einfach des Weges oder spielten Ball. Nur winzige Stoffteile bedeckten das Nötigste. Dabei gab es keine Trennung zwischen Männern und Frauen. Ich war sprachlos vor Entsetzen und hielt mich ganz nahe bei Ahmed. Hilfesuchend schaute ich ihn an: »Hier können wir nicht bleiben! Was sollen wir hier überhaupt tun?« Ahmed nahm meine Hand und führte mich, ohne weiter auf meine Worte zu achten, zu Irmgard und Reinhard.

Das Ehepaar hatte sich inzwischen einen sonnigen Platz gesucht, die Decken ausgebreitet und die Taschen darauf abgestellt. Gerade begannen sie, sich auszuziehen. Mein Mann tat es ihnen nach. Plötzlich stand er nur noch in einer Badehose da, die er sich anscheinend schon auf unserer Toilette angezogen haben musste.

»Was machst du da?«, fragte ich Ahmed. »Warum ziehst du dich aus?«

»Ich gehe jetzt mit Irmgard und Reinhard ins Wasser«, antwortete er und zeigte auf das Schwimmbecken. »Du bleibst hier sitzen, bis wir wiederkommen.«

Während die drei verschwanden, schaute ich mich suchend um. Da ich der Sonne aus dem Weg gehe, weil sie meine Haut noch mehr bräunt, zog ich eine Decke in den Schatten und setzte mich darauf. Mit meinem engen Rock hatte ich einige Schwierigkeiten, und ich musste die Beine entsprechend seitlich anwinkeln. Zuvor hatte ich meinen Mantel ausgezogen und ordentlich neben meine Handtasche gelegt.

Vorbeilaufende, pudelnasse Menschen bestaunten mich. Ich war verärgert, dass Ahmed mich allein gelassen, mich diesen fremden Blicken überlassen hatte. Ich wurde das Gefühl nicht los, dies müsse ein unmoralischer Ort sein.

Als Ahmed endlich mit vor Nässe triefenden Haaren auftauchte, bat ich ihn, mich wieder nach Hause zu bringen, da ich mich nicht wohl fühlte. Was ja wirklich stimmte. Mein Mann tat mir den Gefallen, verließ mich aber gleich wieder, um zu unseren Freunden zurückzukehren. Ich holte mein Deutschwörterbuch heraus und lernte Vokabeln. Das schien mir sinnvoller, als bei nackten Menschen zu sitzen.

Vertröstungen und Kriegswirren

Mein Sprachkurs an der Universität sollte erst im Herbst beginnen. Die zwei Monate bis dahin wollte ich aber nicht ungenutzt verstreichen lassen. Irmgard half mir, indem sie mit mir durch die Stadt ging und mir alles erklärte, was ich nicht verstand. Wir hatten immer ein deutsch-arabisches Wörterbuch dabei. Alle neuen Wörter schrieb ich auf ein Blatt Papier auf und lernte sie auswendig. Jeder Tag war kostbar, weil er mich meinen Kindern ein Stück näher brachte.

Eines Tages standen wir in der Küche beisammen, um etwas zu kochen. Irmgard erklärte mir, wie die Zutaten genannt wurden, und ich sprach ihr alles nach. Aus einem Schrank nahm sie eine gelbe Packung mit blauer Schrift und sagte: »Salz«. Dann stellte sie die Packung auf den Kopf, so dass ich sehen konnte, dass nichts herausfiel. »Leer«, sagte sie nun. Da verstand ich, was das Wort bedeutete – es gab kein Salz mehr. Irmgard rief nach ihrem Mann, und ich begriff, dass sie ihn zum Einkaufen in ein nahe gelegenes Geschäft schicken wollte. Ich aber zeigte auf mich und deutete in Richtung Tür. Sie lachte, schüttelte den Kopf und meinte: »Das kannst du nicht.« Davon wollte ich aber nichts hören. Ich redete so lange auf Arabisch auf sie ein und zeigte immer wieder abwechselnd auf mich und die Tür, bis sie mir das Geld für den Einkauf gab.

Mit den Münzen in der fest verschlossenen Hand lief ich eilig aus dem Haus hinaus, links an der Kirche vorbei, am Ende der Straße dann rechts, und nach ein paar Metern erreichte ich das Lebensmittelgeschäft, in dem wir beide immer einkauften. Unterwegs sagte ich immer wieder laut vor mich hin: »Salz, Salz, Salz«. Ich durfte das Wort nicht vergessen. Deshalb schaute ich auch niemanden auf der Straße an. Ich wollte niemanden grüßen müssen, der mich von dem Wort »Salz« hätte ablenken können. In dem Laden eilte ich zu der Frau an der Kasse, streckte ihr meine Hand mit dem Geld entgegen und sagte deutlich »Salz«. Jetzt war das Wort raus, und ich war unendlich erleichtert. Die Frau an der Kasse rief einer anderen Frau etwas zu, die mir dann eine Packung in die Hand drückte, genau jene gelbe mit der blauen Aufschrift.

Ich bekam mein Restgeld zurück und rannte, so schnell ich konnte, mit meiner Beute nach Hause. Strahlend überreichte ich sie Irmgard, die mich anerkennend anschaute und mir auf die Schulter klopfte. In diesem Moment war ich unglaublich stolz auf mich: Ich hatte allein ein großes Werk vollbracht. Ich hatte ohne die Hilfe meines Mannes eine Packung Salz gekauft. Für mich war das ein großes Erfolgserlebnis.

Zusammen mit Irmgard suchte ich nach einer größeren Wohnung. Sie durchforstete mit mir die Anzeigen in den Zeitungen und besichtigte anschließend mit mir die Wohnungen. Ahmed interessierte sich nicht dafür. Er sagte, das sei meine Aufgabe, er müsse sich auf sein Studium konzentrieren. Es war nicht einfach, eine passende Wohnung zu finden, zumal sie nicht viel Geld kosten durfte. Gerade als ich dabei war, einen Mietvertrag zu unterschreiben, sagte Ahmed, dass wir nicht in Saarbrücken bleiben würden. Er müsse nach Homburg ziehen, weil dort für sein Studium die entsprechenden Universitätskliniken seien. Nun lag diese Stadt aber über vierzig Kilometer von unserem jetzigen Wohnort entfernt, sodass es mit einem erheblichen Aufwand verbunden war, dort nach einer neuen Wohnung zu suchen. Doch nach einer Weile fand ich eine kleine Zweizimmerwohnung am Stadtrand.

»Können wir jetzt nicht die Kinder holen?«, fragte ich Ahmed eines Abends. Schon seit mehreren Monaten hatte ich sie nicht gesehen, und mir kam die Zeit unendlich lang vor.

»Es ist noch zu früh«, antwortete er. »Du bist mit deinem Sprachkurs erst am Anfang. Wie willst du dich mit meinen Kindern hier in der Fremde zurechtfinden, wenn du noch nicht einmal richtig Deutsch kannst?«

»Aber ich vermisse sie sehr.«

»Warte noch einige Wochen, dann kannst du zu meinen Eltern fliegen und die Kinder mitnehmen.«

Ich ließ mich von Ahmed hinhalten. Immer wieder vertröstete er mich. Aus »einigen Wochen« wurden viele Monate. Schließlich wurden all meine Hoffnungen, meine Kinder bald wiederzusehen, mit einem Schlag zerstört. Im Juni 1967 brach der Sechstagekrieg zwischen Arabern und Israelis aus. Das also war die Erklärung für den Militäraufmarsch im Sinai, den ich damals beobachtet hatte.

»Was passiert dort in unserer Heimat?« Noch war mein Deutsch nicht so perfekt, dass ich die Meldungen im Fernsehen genau verstand.

»Es ist Krieg in Gaza«, sagte Ahmed. »Die Juden haben den Gaza-Streifen, das Westjordanland und die Golanhöhen besetzt. Überall wird gekämpft. Sie bombardieren alles. Viele Palästinenser sind gefangen genommen worden, nicht wenige getötet.«

Ich sah Bilder von weinenden und schreienden Eltern und ihren verängstigten Kindern, sah, wie Israelis mit ihren Gewehren Palästinenser erschossen und wie sie mit ihren

Panzern Häuser und Menschen überrollten. Mich interessierte in diesem Augenblick nicht, wer und aus welchem Grund mit wem kämpfte. In meinen Gedanken sah ich nur meine Kinder aus einem brennenden Haus auf die Straße flüchten. Wenn sie nicht bereits tot waren, konnten sie in diesem Chaos jeden Augenblick unter den Gewehrsalven der Israelis sterben. Ich saß verzweifelt auf einem Sofa in Deutschland, weil ich ihnen nicht helfen konnte. Ich war zornig auf mich, weil ich Ahmed gefolgt war und nicht sofort Hanan, Gada und Talat mit mir genommen hatte. In meinem Herzen fühlte ich nur Ausweglosigkeit.

Am Abend besuchten uns Irmgard und Reinhard in unserer neuen Wohnung. Sie hatten die Nachrichten gehört und waren besorgt um uns.

»Zu welcher Zeit haben die Juden eigentlich in Palästina gelebt?«, fragte Irmgard.

»Ungefähr tausend Jahre vor der Geburt Christi«, sagte Ahmed. »Sie kamen aus Ur, dem heutigen Irak, und sind dann im biblischen Kanaan sesshaft geworden. Es ist ungefähr das Gebiet jenes Palästina, das die Briten nach dem Ersten Weltkrieg als ihr Mandatsgebiet eingegrenzt hatten. Die Juden waren dort Ausländer, die friedlich mit den Kanaaniten, unseren Vorfahren, zusammenlebten.«

»Nach dem Zweiten Weltkrieg war es ja vielen Nationen recht, dass die Juden Land bekamen, es war ja ihr Heiliges Land«, bemerkte Irmgard.

»Die Heiligen Stätten in Palästina sind nicht nur für die Juden da«, erhitzte sich Ahmed, »dort sind mehrere Religionen zuhause.«

»Aber das Land, das die Juden besetzten, war doch kaum bevölkert, zudem wuchs in der Wüste fast nichts«, warf Reinhard in die Diskussion ein.

»Sind das Gründe, um einfach von unserer Heimat Besitz zu ergreifen?« Auf Ahmeds Gesicht tauchten Zornesfalten auf. »Und im Übrigen waren unsere Mandeln, Orangen,

Zitronen und Oliven weit über die Landesgrenzen hinaus berühmt. Ich weiß nicht, wer diese Schilderungen von der unbebauten, unbewohnten Wüste in Umlauf gesetzt hat. Sie sind schlichtweg Lügen, scheinheilige Begründungen und Entschuldigungen, um den Raub meines Landes zu rechtfertigen.«

Ahmed war nun sehr aufgebracht, und ich versuchte, ihn zu beruhigen.

»Woher sollen die Menschen unsere Geschichte kennen«, sagte ich, »sie können sich ihr Bild doch nur nach dem machen, was ihnen die hiesigen Zeitungen berichten.«

»Das stimmt«, antwortete Ahmed, »es ist schwer, die Wahrheit herauszufinden. Die Juden stellen sich nur in einem günstigen Licht dar.«

»Unsere Perspektive auf die Juden ist natürlich durch unsere jüngste Vergangenheit geprägt«, versuchte auch Reinhard zu vermitteln. »Ich habe noch den furchtbaren Krieg miterlebt und dann die Schrecken der Nachkriegszeit, wo ich zum ersten Mal begriff, was für Grausamkeiten wir den Juden angetan haben. Da ist es kein Wunder, dass ich diesem Volk nichts mehr wünschte als eine Heimstätte, die es vor Verfolgungen schützt.«

»Was passierte eigentlich in Palästina, als bei uns in Europa der Zweite Weltkrieg wütete?«, fragte Irmgard. »Darüber weiß ich gar nichts.«

»Schon 1917 unterzeichnete der englische Außenminister Lord Balfour eine Deklaration zur Errichtung einer jüdischen Heimat«, gab Ahmed Auskunft. »Die Juden begannen, immer mehr Land in Palästina zu kaufen, gegen den Widerstand der arabischen Welt. Ungefähr ein Jahr nach der Reichskristallnacht wurde das Recht der Juden eingeschränkt, größere Gebiete zu erwerben. 1946 kam es dann zur Bildung einer jüdischen Brigade, um Juden in Palästina einzuschleusen. Man kann sich vorstellen, dass der Konflikt immer mehr eskalierte. Zwei Jahre später, aber das ist ja bekannt, beendete Großbritannien sein Mandat in Palästina, in der Folge zogen jüdische Streitkräfte in unser Land ein. Am selben Tag, am 14. Mai 1948, rief Ben Gurion den israelischen Staat aus. Seitdem haben wir keine Heimat mehr.«

Nach diesen Worten stand Ahmed auf und ging in die Küche, um sich Kaffee zu holen. Ich merkte, wie sehr ihn dieses Gespräch mitnahm. Ich versuchte das Thema zu beenden und fragte Irmgard, ob sie mich am nächsten Tag zum Roten Kreuz begleiten könne. Vielleicht, so hoffte ich, könnten mir die Mitarbeiter dieser internationalen Hilfsorganisation Auskunft über meine Kinder geben.

Irmgard nickte.

Am nächsten Tag fuhren wir zum Roten Kreuz. Eine Angestellte nahm die Namen meiner Kinder in die Suchliste auf und versprach mir, Nachricht zu geben, sobald sie etwas herausgefunden hätte. Die Frau war sehr freundlich zu mir, tröstete mich und gab mir ein Glas Wasser zu trinken. Denn sobald ich von meinen Kleinen sprach, liefen mir die Tränen über die Wangen. Wieder zu Hause, konnte ich keine Ruhe finden, ständig lief ich im Zimmer auf und ab, nahm immer wieder die Bilder meiner drei Kinder in die Hand. Da ich es nicht aushalten konnte, auf einen Brief zu warten, machte ich mich jeden Tag auf den Weg zur Anlaufstelle. Ich ging zu Fuß, weil ich für den Bus kein Geld hatte, tagtäglich fünfzehn Kilometer. Die dadurch gesparte Mark konnte ich besser für Brot brauchen. Unser Konto in Gaza war wegen des Krieges gesperrt worden, sodass wir kaum noch Bargeld hatten. Wie wir die nächste Miete aufbringen sollten, war mir ein Rätsel.

Weil Ahmed sein Studium nicht unterbrechen wollte, er sich aber auch nicht um einen Nebenjob bemühte – er könne seine wissenschaftliche Ausbildung damit gefährden, wie er mir sagte –, musste ich so schnell wie möglich eine bezahlte Tätigkeit finden. Da es Sommer war, fand ich

Arbeit in einer Eisdiele. Damals gab es noch nicht so viele Eissorten wie heute, und ich lernte schnell, Schokolade von Erdbeere und Zitrone zu unterscheiden. Weil dieser Verdienst aber nicht reichte, besorgte mir Irmgard zusätzlich eine Stelle als Reinmachefrau bei einer Musikprofessorin.

Für mich war es das Schlimmste, was ich mir vorstellen konnte: bei einer anderen Familie die Wohnung zu putzen. Meine Eltern hatten nie Geldnöte gehabt, stets durfte ich das Beste tragen, nur ausgesuchte Speisen essen. Und jetzt musste ich für eine fremde Frau sauber machen, nicht für mich oder meine Familie. Mein anerzogener Stolz bereitete mir die größten inneren Kämpfe. Aber es blieb mir keine andere Wahl, ich musste den Job annehmen, um mit meinem Mann überleben zu können. Und ich tat es in der Hoffnung, etwas zu sparen, um meine Kinder aus der Gefahr herausholen zu können.

Jedes Mal, wenn ich zu dieser Putzstelle ging, setzte ich eine Sonnenbrille auf, band mir ein Kopftuch um und stellte den Kragen meines Mantels hoch. Egal, wie warm oder kalt es war, ob die Sonne schien oder die Dunkelheit schon hereingebrochen war. Wie eine Diebin schlich ich mich in das Haus, in dem die Professorin lebte. Niemand durfte mich erkennen. War ich dort angekommen, ohne dass ich ein bekanntes Gesicht auf der Straße entdeckt hatte, war ich erleichtert und konnte an die Arbeit gehen. Nur den Balkon mied ich wie der Teufel das Weihwasser, bis mich die Hausherrin darauf aufmerksam machte, dass auch der zu säubern sei. Wie konnte ich das aber anstellen, ohne von der Straße aus gesehen zu werden? Also kroch ich auf allen vieren von der Wohnung auf den Balkon und wischte den Boden fast im Liegen.

Kurz darauf kam der nächste Befehl: Ich sollte auch das Treppenhaus reinigen. Da wäre ich nun am liebsten gestorben. Mit dem Putzeimer in der Hand horchte ich gespannt an der Haustür, ob jemand die Treppe rauf- oder runterging. Vernahm ich keine verdächtigen Geräusche, öffnete ich vorsichtig die Tür und wischte die Stufen im Schnellverfahren. Ich war von Herzen froh, wenn ich wieder in die Wohnung konnte, ja ich stolperte fast in sie hinein. Das alles empfand ich als sehr demütigend.

Ich musste einen Schuldigen für diese Schande finden. In meiner damaligen Naivität begann ich die Juden dafür zu hassen, dass ich dieses Versteckspiel auf mich nehmen musste. Und ich war wütend auf die Palästinensische Befreiungsorganisation, die PLO, die seit ihrer Gründung 1964 nichts Entscheidendes bewirkt hatte. Außerdem war ich nicht einverstanden mit der Politik der arabischen Länder, weil sie die Interessen der Palästinenser nur halbherzig unterstützten, und ich war wütend, weil die Welt tatenlos zusah, wie Menschen ermordet wurden.

In all diesem Elend gab es für mich nur einen einzigen Lichtblick: Nach Wochen des Wartens übergab mir das Rote Kreuz einen Brief meines Schwiegervaters aus Gaza. Er schrieb: »Eure Kinder sind noch am Leben, auch die übrige Familie, aber euer Sohn ist schwer krank. Er braucht Bluttransfusionen.« Ich war überglücklich; meine Kinder lebten noch. Ich schöpfte neue Hoffnung und sah die Welt nicht mehr so düster wie zuvor. Doch was war mit Talat? Warum brauchte er Bluttransfusionen? Als ich ihn verließ, war er doch putzmunter gewesen?

Wie sehr mir mein Stolz auch zu schaffen machte, ich brauchte meine Jobs, um das Geld für die Flugtickets meiner Kinder zusammenzubekommen. Selbst wenn sich Ahmed dagegen sperren würde, Hanan, Gada und Talat mussten hier bei uns sein. Mit der Zeit wurde mir auch klar, dass es richtig von mir gewesen war, so gehorsam allein nach Deutschland zu gehen. Wenn ich in Gaza geblieben wäre, hätten wir vier bei meinen Schwiegereltern Wurzeln geschlagen und wären ihnen vollkommen ausgeliefert gewesen. Ahmed, so schätzte ich ihn langsam ein, wäre nicht zu uns zurückgekommen. Er hätte eine blonde Deutsche geheiratet und uns vergessen.

Aufgrund der Nachkriegswirren und der Tatsache, dass ich Palästinenserin war, erhielt ich keine Einreisegenehmigung nach Israel. Die Kinder mussten also herausgebracht werden, zu uns. Trotz der beiden Jobs kam dafür nicht genügend Geld zusammen, also musste ich mir etwas Neues überlegen. Ich brauchte dringend eine Ausbildung, um wenigstens später einen höheren Verdienst zu haben, vor allem einen regelmäßigen.

Nachdem ich herausgefunden hatte, dass auch unsere Kinder nicht ausreisen durften, fiel mir wieder mein alter Traum ein: War es nicht in meiner Jugend mein sehnlichster Wunsch gewesen, Medizin zu studieren? Jetzt, so glaubte ich, stand dem nichts mehr entgegen. Ich erzählte Ahmed davon. Er brachte erstaunlicherweise keine Einwände vor. Solange ich weiterhin das Geld nach Hause bringen würde, dürfte ich tun und lassen, was ich wollte. Nur er könne uns nicht ernähren. Mir war das egal, ich hatte wenigstens wieder ein Ziel vor Augen.

Mein Mann begleitete mich zu seinem Studiendirektor, dem ich auf Deutsch mein Anliegen vortrug. Als ich mit meiner Rede fertig war, gratulierte er mir erst einmal: »Sie können ja schon besser Deutsch als Ihr Mann.« Über sein Lob freute ich mich sehr, es erschien mir wie ein gutes Omen. Zum Schluss versprach er mir, mit dem Chef des Ausländeramtes zu reden, der für die Zulassung von Ausländern zuständig war.

Schon wenige Tage später ließ er mich in sein Büro rufen.

»Der Chef des Ausländeramtes ist der Meinung«, hob er an, »dass Sie nicht zu studieren brauchen. Es reicht, wenn Ihr Mann studiert. Sie kümmern sich besser um Ihre Kinder, um Ihren Mann und den Haushalt.«

Ich zuckte innerlich zusammen. Diese Worte kamen mir irgendwie bekannt vor. War das die Stimme eines Studiendirektors in Deutschland, oder war das ein Vortrag meines Vaters in Ägypten? Wo war da der Unterschied zwischen arabischen und deutschen Männern? Zwischen ihren Ansichten? Nur weil ich eine Frau war, durfte ich hier in Homburg genauso wenig wie in Kairo Medizin studieren. Männer entschieden hier wie dort über mich.

Ohne ein Wort zu sagen, verließ ich das Büro. Mein Mann hatte bestimmt, wann ich schwanger wurde, und nun durfte ich wegen eines anderen Mannes nicht studieren. Es war kaum zu begreifen. Doch ich wollte mich davon nicht unterkriegen lassen, nicht von dieser Spezies. Ich arbeitete weiter als Eisverkäuferin, als Putzfrau, als Bedienung in Cafés und als Sitzwache bei frisch operierten Patienten im Krankenhaus. Ich nahm jeden Job an, der sich ergab. Doch insgeheim plante ich, mehr und mehr im Klinikbereich tätig zu sein. Ich schaffte es auch. Nach und nach machte ich mich als Schwesternhelferin unentbehrlich. Ich bekam fast täglich eine Schicht, entweder von 7.00 bis 19.00 Uhr oder von 19.00 bis 7.00 Uhr. Zwölf Stunden arbeitete ich am Stück durch. Der Gang zur Toilette bedeutete die einzige Unterbrechung. Ich durfte die mir anvertrauten Patienten keinen Augenblick verlassen. Liebevolle Schwestern und Pfleger brachten mir das Essen und Getränke. Manchmal versteckte ich für Ahmed ein paar Scheiben Brot, etwas Käse oder Wurst.

Warum musste ich nur so hart arbeiten? Ich fragte mich das oft. Damit mein Mann in Ruhe studieren konnte und weiterhin über mich und unsere Kinder entscheiden durfte? Es war für mich selbstverständlich, dass ich Ahmed half, aber dafür wollte ich auch über das Schicksal meiner Kinder bestimmen. Immer wenn ich Patienten bettete, fütterte und wusch, dachte ich an sie und wünschte, dass ich dies alles auch für sie tun könnte. Doch hatte ich nicht viel Zeit zum Nachdenken, und wenn mich bei den langen Nachtwachen tausend Fragen gleichzeitig bedrängten, versuchte ich sie auszuschalten. Selbstbeherrschung hieß mein Ziel. Was brachten die Überlegungen auch, das Wenn und Aber? Sie bedeuteten nur Qual. Es musste die Miete gezahlt werden, die Nahrungsmittel, die Kleidung, Bücher und Versicherungen. Das waren die Realitäten. Um all das zu erreichen, musste ich freundlich sein, durfte nichts fordern, nur arbeiten. Kam ich nicht mehr allein mit mir zurecht und fragte Ahmed, ob er wisse, warum das im Leben so sei, waren seine Antworten unbrauchbar, ein verworrenes Geschwafel. Wenn ich von ihm wissen wollte, warum unsere Kinder damals in Gaza bleiben mussten, sagte er: »Das hat schon seine Richtigkeit. Sie sind nichts Besseres. Sie sind Kinder wie all die anderen palästinensischen Kinder, nicht weniger, aber auch nicht mehr wert. Wenn sie leben sollen, dann werden sie leben, wenn nicht, dann werden sie sterben.« Was sollte ich als Mutter mit solchen Reden anfangen? Wie sollten mich so gleichgültige Sprüche trösten? Ich verstand nicht, wie mein Mann so gefühllos sein konnte. Oder hatte er möglicherweise sogar Recht? War ich vielleicht viel zu egoistisch und dachte nur an meine Kinder und mich? Es gab so viele andere palästinensische Mütter, die ihre Kinder beklagten.

Jeden Pfennig, den ich entbehren konnte, sparte ich, um meinen Kindern Päckchen mit Schokolade, Spielsachen und Kleidung schicken zu können. Ich wollte ihnen zeigen, dass ich sie nicht vergessen hatte, und ihnen damit sagen, dass ich sie so schnell wie möglich zu uns holen würde. Viele Jahre später erst erfuhr ich, dass diese Geschenke nie in ihre Hände gelangt waren. Die Pakete waren irgendwo verschwunden.

Ahmed studierte ungerührt weiter. Vielleicht zeigte er auch nur seinen Kummer nicht. Doch wie auch immer, das Vertrauen in meinen Mann schwand von Tag zu Tag. Während ich mich abmühte, ging Ahmed zu seinen Vorlesungen, aber noch viel häufiger traf er sich mit arabischen Männern, um mit ihnen in Cafés oder Kneipen zu sitzen, zu lamentieren und Karten zu spielen. Er verabredete sich sogar mit Frauen, mit deutschen Frauen, wie ich durch Bekannte erfuhr. Wenn ich etwas sagte, spottete er nur, ich sei eifersüchtig. Er studiere gemeinsam mit diesen Frauen, und sie sprächen nur über fachliche Dinge. Und überhaupt sei es in Deutschland üblich, sich mit dem weiblichen Geschlecht zu unterhalten und mit Mädchen essen zu gehen. Beschwörend sagte er dann noch zum Schluss: »Du bist meine große Liebe und die einzige Frau für mich. Alle anderen bedeuten mir nichts. Es gibt zwar viele nette Frauen, aber du bist mein Ein und Alles. Dir bin ich treu.« Damit ließ ich mich beruhigen. Auch dachte ich, da ich ja ebenfalls hübsch und gescheit sei, bräuchte ich mich vor anderen Frauen nicht zu verstecken. Also war ich Ahmed weiterhin eine ergebene Ehefrau und zweifelte nicht mehr an seiner Treue. Er würde gewiss immer zu mir halten. Später wurde ich allerdings eines Besseren belehrt.

Ahmed sah zweifellos attraktiv aus. Wenn er auch nicht Omar Sharif war, so besaß er doch einen ungewöhnlichen Charme. Er zog sich auch in unseren finanziell schwierigen Zeiten ausnehmend gut an – mit Sachen, die ich ihm gekauft hatte. Verließ er die Wohnung, gelte er sich zuvor sein Haar, klemmte sich die Aktentasche unter den Arm und entschwand, ohne zu sagen, wann er wiederkommen würde. Was er genau tat, wusste ich eigentlich nie.

Nach Ahmeds Vorprüfung suchten wir eine Wohnung in der Nähe der Medizinischen Fakultät und zogen mit dem wenigen, was wir an Hab und Gut hatten, in eine Erdgeschosswohnung in der Stadtmitte. Ich schloss sogleich die Fensterläden, damit die Menschen auf der Straße nicht in unsere Wohnung sehen konnten. Wir müssen so schnell wie möglich Vorhänge anbringen, dachte ich. Als ich die Verdunkelung am nächsten Tag wieder aufklappte und die Fenster weit öffnete, spielten ein paar Kinder auf der Straße. Als sie mich erblickten, verstummten sie. Sie standen wie erstarrt da, mit großen Augen und offenem Mund. Plötzlich zeigte ein Mädchen mit dem Finger auf mich und sagte: »Schaut mal da, eine Negerin, eine Negerin.« Sie hatte wohl noch nicht oft eine Ausländerin gesehen und konnte nicht zwischen den einzelnen Rassen unterscheiden. Ich hatte eine dunklere Hautfarbe, also war ich für das Mädchen eine Negerin. Ich wiederum musste laut lachen und antwortete: »Ja, ich bin eine Negerin.« Die Kinder wunderten sich, dass ich deutsch sprechen konnte, drehten sich um und liefen weg. Später kamen sie immer wieder mit neuen Freunden, um ihnen die Negerin zu zeigen. Es war aber nicht böse gemeint. Mit der Zeit wurde es für sie selbstverständlich, dass ich in ihrer Nachbarschaft lebte.

Von der neuen Wohnung aus hatte ich es nun leichter, ins Krankenhaus zu fahren, aber die Beziehungen, die ich in meiner alten Nachbarschaft geknüpft hatte, waren nun vorbei. Mehr und mehr konzentrierte ich mich auf meine Arbeit und vergaß, wie wichtig mir soziale Bindungen, Mitgefühl und Geborgenheit waren. In meinem Leben gab es keine gesunde Balance mehr. Ich dachte nur daran, das materielle Überleben meiner Familie zu sichern. Zuneigung kann man sich aber nicht erkaufen, dazu braucht man Zeit. Die aber hatte ich nicht für meine Mitmenschen. Entsprechend verdrängte ich, dass es auf der Welt so etwas wie Liebe gab. Ich wollte regelrecht nichts mehr davon wissen. Sobald die Schwestern im Krankenhaus von Familienfesten und Ausflügen, von ihrem Liebeskummer oder ihren Herzensfreuden erzählten, schaltete ich auf Durchzug. Alles, was über meinen normalen Alltag hinausging, erschien mir bedrohlich. Ich konzentrierte mich aufs Geldverdienen und auf den Kauf von Lebensmitteln und Büchern für Ahmed, wo sollte ich da noch Zeit für eine Freundin hernehmen? Außerdem kreisten meine Gedanken geradezu manisch um eine mögliche Ausbildung.

Je länger ich in der Klinik arbeitete, desto verlockender erschien mir die Idee, mich um einen Lehrplatz als medizinisch-technische Assistentin zu bewerben. Mir gefiel, dass die Ausbildung nicht zu lange dauern sollte, nur zwei Jahre; anschließend würde ich ein sicheres Einkommen haben. Die Leiterin der MTA-Schule sagte mir aber, dass Ausländerinnen nicht sonderlich erwünscht seien. Um angenommen zu werden, müsste ich nicht nur sechs Wochen unbezahltes Praktikum auf einer Krankenstation machen, wie es üblich sei, sondern ein halbes Jahr. Mein Ehrgeiz war aber in der Zwischenzeit so groß geworden, dass ich mich von dieser Auskunft nicht abschrecken ließ. Also absolvierte ich tagsüber mein Praktikum und in der Nacht meine Sitzwachen – von irgendetwas mussten wir ja leben. Die Leiterin zeigte sich angesichts meines Einsatzes zufrieden und nahm mich in ihre Schule auf. Ich freute mich wie eine Wüstenprinzessin, die zum ersten Mal Schnee sieht. Endlich hatte ich den lang ersehnten Ausbildungsplatz erhalten.

Zur selben Zeit kamen aus Gaza alarmierende Nachrichten über den gesundheitlichen Zustand von Talat. Unser »Prinz« hatte eine Bluttransfusion bekommen, eine genauere Auskunft erhielt ich nicht. Ich wusste nur, er war so krank, dass er von Juden behandelt werden musste, von jenen Menschen, die einen Teil unserer Familie und unseres Volkes vernichtet hatten. Ich konnte nicht begreifen, dass diese Menschen meinem Sohn mit Blutkonserven das Leben retteten. Zum ersten Mal in meinem Leben schwächte sich mein Hass gegenüber dem Staat Israel ab und ich begann mir Gedanken über seine Menschen, die Juden, zu machen. Das Bild, das ich mir von ihnen zurechtgelegt hatte, geriet ins Wanken. Ich war mir meiner abgrundtiefen Verachtung für sie auf einmal nicht mehr sicher. Zuvor hatte ich mich über jeden arabischen Staatsmann gefreut, der erklärte, er wolle die Juden ins Meer zurückwerfen. Jetzt sah ich sie in einem anderen Licht. Was waren das für Menschen? Sie vernichteten nicht nur Menschenleben, sie schenkten auch Leben. Immer mehr fing ich an, mich für dieses Volk zu interessieren, dessen Angehörige in Deutschland systematisch auf grausame Weise umgebracht worden waren, und das andererseits Palästinenser ermordete und ihnen ihr Land raubte. Was waren das für Menschen?

Nach einer Weile lockerten sich die Ausreisebedingungen und ich fasste den Entschluss, wenigstens meinen kranken Sohn nach Deutschland zu holen. Also ging ich mit meinem gesparten Geld in ein Reisebüro, um ein Ticket für Talat zu kaufen. Doch dort sagte man mir, dass es nicht ausreiche, dass noch einige hundert Mark fehlten. Ich darf nicht den Kopf verlieren, dachte ich, ich werde das Geld schon zusammenkriegen – auch für meine beiden Töchter.

Abends bat ich Ahmed, seinen Eltern einen Brief zu schicken. Er sollte sie darum bitten, das Ausreisevisum für Talat zu beantragen und alles für die Abreise unseres Sohnes in den nächsten Wochen vorzubereiten.

»Willst du dir noch mehr Arbeit aufhalsen«, fuhr er mich an. »Ich will hier kein krankes Kind haben.«

»Aber er braucht doch unsere Hilfe«, flehte ich.

»Willst du Talat eine Sonderbehandlung zukommen lassen? Er ist ein Kind wie alle anderen palästinensischen Kinder. Er soll bei seinen Großeltern bleiben.«

»Warum bist du bloß so hart?«

»Du weißt genau, dass ich mein Studium beenden muss und keine Zeit habe, mich um Kinder zu kümmern. Das Leben hier ist auch so schon hart genug.«

Ich verstand seinen Standpunkt nicht, denn neben seinen Vorlesungen tat er nichts anderes, als sich zu vergnügen. Da ich mir geschworen hatte, mich nicht mehr von meinem Mann bestimmen zu lassen, kaufte ich, als ich das Geld zusammen hatte, dennoch das Ticket für meinen Sohn – auch wenn mir das vorläufig nicht weiterhalf. Sofern Ahmed seine Zustimmung nicht gab und seine Eltern nicht dazu brachte, die Ausreise zu erlauben, hatte ich keinen Einfluss darauf, ob Talat nach Homburg kommen durfte. Ohne ihr Einverständnis würde niemand auf mich hören, keine arabische Behörde würde mich ernst nehmen. Ich hatte als Frau nichts zu entscheiden, obwohl ich meine Kinder im Bauch getragen und geboren hatte.

In einem Augenblick der Schwäche gab Ahmed meinen Überredungskünsten endlich nach. Sofort schickte ich das Flugticket zu den Großeltern nach Gaza. Bald darauf erhielten wir von ihnen die Nachricht, dass wir unseren Sohn in zwei Wochen vom Frankfurter Flughafen abholen könnten.

Mittlerweile hatte ich mit der Ausbildung zur medizinisch-technischen Assistentin begonnen. Tagsüber besuchte ich die Schule und verrichtete alle Hausarbeiten, am Wochenende und oft genug auch unter der Woche bewachte ich nachts schwerkranke Patienten, maß Blutdruck und Temperatur, kontrollierte die Instrumente, wusch und bettete die Kranken. Wie ich das alles schaffte, weiß ich heute nicht mehr.

Ich zeigte den Brief meiner Schwiegereltern der Schuldirektorin und bat um einen schulfreien Tag, um meinen Sohn vom Flughafen abzuholen.

»Du kannst ihn abholen, aber du musst den Tag als Fehltag registrieren lassen«, sagte sie.

»Aber warum?«, fragte ich.

»Da du selbst nicht krank bist, hast du auch keine Entschuldigung für ein Fernbleiben.«

Ich schaute die Direktorin ungläubig an.

»Verstehen Sie denn nicht: Mein Sohn kommt morgen aus Palästina. Er ist nicht gesund. Ich muss ihn am Flughafen abholen. Reicht das nicht als Entschuldigung?«

»Ich muss dich trotzdem als fehlend eintragen. Dein Kind könnte ebenso gut von seinem Vater abgeholt werden.«

Die Gefühlskälte und Strenge dieser Frau werde ich nie vergessen. Aber sie war in ihrer Hartherzigkeit eine Ausnahme unter den Menschen, die ich bis dahin in Deutschland getroffen hatte.

Als der Tag von Talats Ankunft nahte, kaufte ich Süßigkeiten, Obst, Kleider und ein Kuscheltier. Ahmed lieh sich von einem Freund ein giftblaues, mit vielen Rostflecken bedecktes Auto und tankte es voll. Dann fuhren wir los, um gemeinsam unseren Sohn abzuholen. Seit meiner Ankunft in Deutschland war ich nicht mehr so weit gefahren. Ich weiß nicht mehr, was ich auf dieser Fahrt dachte; unendlich viele Bilder wirbelten durch meinen Kopf, meist flüchtige und unklare. Doch die Halle A des Frankfurter Flughafens hat sich unauslöschlich in mein Gedächtnis eingeprägt. Noch heute, wenn ich dort abfliege oder lande, bleibe ich für eine Weile in dieser Halle stehen und lasse die Ankunft meines Sohnes wieder vor meinem geistigen Auge vorbeiziehen.

Die Suche nach dem Sohn

Leicht verspätet erreichten wir die Ankunftshalle. Die Anzeigetafel meldete bereits die Landung der Maschine aus Tel Aviv. Überall wurden Menschen umarmt, andere hielten mit ihrem Gepäck Ausschau nach einem bekannten Gesicht. In all dem Gedränge suchte ich Talat, konnte ihn aber nirgends sehen. Man hatte mir versprochen, dass eine Stewardess auf ihn aufpassen würde, aber auch eine solche Begleitperson konnte ich nicht entdecken.

In der angestrengten Suche fielen meine Augen flüchtig auf einen kleinen blassen Jungen, der im Verhältnis zu seinem Körper einen großen Kopf, dünne Arme und Beine und einen sehr dicken Bauch hatte. Dieser Bauch sah fast wie eine überreife Wassermelone aus, die jeden Moment aufplatzen konnte. Es schien, als ob der Junge bei jeder Bewegung, die er machte, zusammenbrechen müsste, als ob seine spindeldürren Beine diesen großen Bauch und diesen riesigen Schädel nicht tragen könnten. Seine Haut war durchsichtig wie Papier, die Augen hatten schon alles Leid der Welt mitgemacht, nie wieder würden sie völlig unbekümmert das Leben anschauen können. Das Haar war kurz geschnitten, es wirkte stumpf und ausgedünnt Er musste krank sein, so unförmig, wie er sich mühsam durch die Halle schleppte. Ich hatte Angst, dass er hinfallen könnte. Ich beobachtete noch, wie er sich langsam einzelnen Menschen näherte und sie mit seinen schmerzerfahrenen Augen musterte, als wolle er eine bestimmte Person ausfindig machen. Dabei murmelte er etwas vor sich hin, während ihm die Tränen über die Wangen liefen. Hin und wieder wischte er sie mit dem Handrücken ab, fuhr sich ganz still mit der Hand über das Gesicht.

Der Junge tat mir Leid, wie er so dastand und wartete, ganz allein, in seiner einfachen Kleidung. Niemand schien sich seiner annehmen zu wollen. Aber ich konnte ihn jetzt nicht ansprechen und meine Hilfe anbieten, denn ich hielt ja Ausschau nach meinem Sohn. Da erschien es mir nicht möglich, mich mit diesem fremden Kind zu befassen.

Die Halle wurde immer leerer. Fast alle Passagiere der Lufthansa-Maschine aus Israel, mit der Talat gekommen sein sollte, waren schon gegangen. Es trafen schon die Passagiere der nächsten Maschine ein, und ich hatte meinen Sohn immer noch nicht gefunden. Ich wurde immer unruhiger und ängstlicher. War er etwa doch nicht in dem Flugzeug gewesen? War er gar vor dem Abflug gestorben? Aber ich hatte doch vor meiner Abfahrt telefonisch von der Lufthansa die Auskunft bekommen, dass Talat mit einer Stewardess an Bord der Maschine sei. Also musste er auch hier sein. Er musste irgendwo in diesem Flughafen sein. Nur wo? Ahmed war auch nicht in meiner Nähe. Wahrscheinlich hatte er es sich in einem Sessel bequem gemacht und wartete dort, bis wir auftauchen würden. Also musste ich das Problem allein lösen, und ich eilte zum Lufthansaschalter, um dort eine Mitarbeiterin vom Bodenpersonal nach dem Verbleib meines Sohnes zu fragen.

Plötzlich stand Ahmed hinter mir.

»Warum hast du Talat noch nicht gefunden?«, fragte er.

Was sollte ich ihm antworten? Ich war selbst verzweifelt.

Anderthalb Jahre hatte ich für sein Flugticket gespart. Da er krank war, sollte er als Erster zu uns kommen. Meine zwei Töchter mussten noch etwas warten. Und nun schien die ganze Mühe umsonst gewesen zu sein. Nirgends war mein Sohn zu finden, auch die ihn begleitende Stewardess nicht. Dabei hatte man mir gesagt, dass eine deutsche Fluggesellschaft in diesen Dingen besonders zuverlässig sei. Ich zitterte am ganzen Körper und hätte am liebsten laut schreien mögen. Wo war mein kleiner schöner Prinz mit seinen dunklen Augen und den langen Wimpern? Ich sah ihn vor mir, wie er damals als Baby den linken Mundwinkel hochzog, wenn er lächelte. Jetzt war er zwei Jahre alt.

Mein Zittern wurde aber so heftig, dass es mich aus meinen Träumen riss. Ich flehte die freundlich lächelnde Frau am Lufthansa-Schalter an: »Bitte, können Sie mir nicht sagen, wo mein Sohn ist?« Nachdem ich ihr Talats Namen aufgeschrieben hatte, griff sie zu einem Telefon und sagte: »Theodor, Anton, Ludwig ...« Ich schaute sie fragend an. Was hatte ein Anton oder ein Ludwig mit meinem Sohn zu tun? So heißt er doch gar nicht, dachte ich. Ich unterbrach sie, um ihr zu sagen, dass das nicht richtig sei, aber sie beachtete mich nicht und sprach ruhig weiter. Sie hatte wohl schon öfter ähnliche Situationen erlebt und wusste, dass ich sie nicht verstand. Später begriff ich, dass sie seinen Namen buchstabiert hatte. In diesem Moment war ich jedoch nur wütend. Die Frau am Schalter schaute aber einfach über mich hinweg, legte plötzlich den Hörer auf und sagte ruhig: »Bitte warten Sie hier.«

Ich stand verloren da und empfand schmerzlich meine Unfähigkeit zur Verständigung, mein Ausgeliefertsein und meine Abhängigkeit. Niemand schien meine Ängste und meine Verzweiflung ernst zu nehmen. Wie konnte ich dieser adretten jungen Dame, die ungefähr so alt war wie ich, erklären, dass ich nur meinen Sohn haben wollte und sonst nichts. Nachdem sie diese fremden Namen genannt hatte, befürchtete ich, dass sie mir einfach einen anderen Jungen bringen könnte. Da ich Talat nur als Baby kannte, wusste ich nicht, wie er jetzt aussah. Man hätte mir jedes Kind unterjubeln können. Nun war die Schalterfrau einfach weggegangen. Ich konnte ihr nur nachsehen, wie sie in der Menschenmenge entschwand. Mir blieb nichts anderes übrig, als zu warten.

Ahmed stand neben mir und sprach kein Wort. Er ist doch schon länger in Deutschland, er hätte sich doch besser verständigen können als ich, ging es mir durch den Kopf. Sonst möchte er doch auch am liebsten jede blonde Frau ansprechen, warum nicht diese? Hier hätte er die Chance dazu gehabt. Aber er tat nichts anderes, als sich an den Schalter zu lehnen und Löcher in die Luft zu gucken.

Mir kam es vor, als wären die Zeiger der großen Uhr, die oben in der Ankunftshalle angebracht war, stehen geblieben. Einzig die Menschen bewegten sich noch. Würde auch ich je wieder das Gefühl haben, dass die Welt voranging? Dass ich je wieder lachen oder weinen, einen Menschen begrüßen und umarmen würde? Ich zweifelte daran. Denn ich wartete nun schon eine Ewigkeit, wie mir schien, und die Frau kam nicht zurück, um mir meinen Sohn zu bringen. Bestimmt ist sie schon nach Hause gegangen, dachte ich. Was konnte ich bloß tun, um die Menschen auf mich aufmerksam zu machen, damit sie mir zuhörten und halfen? Wo blieben die Zauberer aus meinen Kindertagen? Wo blieb Aladin mit seiner Wunderlampe, um Talat auf einem fliegenden Teppich herbeizubringen? Könnte ich doch nur selbst irgendwelche magische Formeln beschwören! Aber derartige Mächte standen mir nicht zur Verfügung. Also wartete ich weiter. Was blieb mir sonst übrig? Vielleicht würde Talat doch noch kommen.

Nach langen zwanzig Minuten sah ich die Lufthansa-Mitarbeiterin wieder. Sie kam langsam und vorsichtig mit einem Kind an der Hand auf mich zu. Ich schaute den Jungen an. Er war klein, hatte einen großen Kopf, einen dicken Bauch, unvorstellbar dünne Arme und Beine. Ich sah nochmals zu ihm hin und dachte: »Wen bringt sie mir da? Das ist doch der Junge von vorhin aus der Ankunftshalle. Nein, das ist nicht mein Sohn! Sie hat ihn bestimmt verwechselt. Das ist dieser Anton oder dieser Ludwig. Mein Kind hat rosige Haut, schöne schwarze Haare, dunkle Augen und lange Wimpern. Dieser hässliche, krank aussehende Junge kann nicht mein Sohn sein.«

Die beiden kamen immer näher und standen jetzt neben mir. Die uniformierte Frau sagte kurz: »Das ist Ihr Sohn.« Sie hielt mir einen Zettel entgegen, auf dem ich unterschreiben sollte, dass ich mein Kind in Empfang genommen hätte. Ich blickte Ahmed und den Jungen fassungslos an. Er hatte bei genauerer Betrachtung zwar hübsche, dunkle Augen und lange Wimpern, aber diese blasse Haut und die weißen Lippen, diese stockähnlichen Glieder und vor allem dieser wahnsinnig aufgeblähte Bauch – nein, hier musste eine Verwechslung vorliegen.

Dennoch beugte ich mich vorsichtig zu ihm hin und fragte ihn langsam auf Arabisch: »Wer bist du? Wie heißt du?« Ich hoffte wider alle Vernunft, er würde mir einen fremden Namen sagen. Der Junge sah mich an mit großen Augen und einem Gesichtsausdruck, als ob er endlich gerettet sei, und antwortete auf Arabisch: »Ich heiße Talat und möchte zu meinen Eltern. Ich komme aus Gaza. Meine Mutter ist hier und mein Vater studiert Medizin. Ich komme von meinen Großeltern.« Er nannte auch noch die Namen seiner Großeltern und seiner Schwestern. Ich schüttelte ungläubig den Kopf. Plötzlich merkte ich, wie meine Beine nachgaben. Ich musste mich setzen, und zwar direkt auf den Boden vor dem Jungen. Ich schaute ihn immer noch ungläubig an.

Wollte ich meinen Augen und Ohren nicht trauen? Erneut fragte ich ihn: »Wie heißt du? Wer sind deine Großeltern? Wie heißen deine Eltern?« Er antwortete: »Das habe ich doch schon gesagt«, und wiederholte es noch einmal. Danach sah er sehr müde aus.

»Entschuldige«, sagte ich, »ich war nur verwirrt. Du bist unser Sohn. Ich bin deine Mutter und der Mann neben dir ist dein Vater.«

Ich nahm den Jungen in die Arme und dachte: »Mein Gott, was ist aus meinem Prinzen geworden?« Ich fühlte nichts, war nur erschöpft und leer, konnte mich weder freuen noch traurig sein. Wie dumm von mir, meinen Sohn nicht zu erkennen. Wie konnte ich ein gesundes Kind erwarten? Wir wussten doch, dass er krank war. Wir wussten doch auch, dass er aus einem Kriegsgebiet kam und wenig zu essen bekommen hatte. Ich drückte ihn ganz fest an mein Herz und sagte zu ihm: »Ich bin deine Mutter. Ich bin die, die du suchst. Ich werde dich nie wieder verlassen.«

»Ist das mein Vater?«, fragte Talat.

»Ja.« Mehr konnte ich dazu nicht sagen. Ich konnte ihm nicht versprechen, dass dieser Mann, ein Araber, wie er im Buche steht, ihn in seinem Leben begleiten, ihm das Dasein erleichtern und ihn bei allen auftauchenden Problemen unterstützen würde. Seltsam, da stand sein Vater, der Arzt werden wollte, um Menschen zu heilen, und der seinen kranken Sohn lieber in Gaza gelassen hätte. Er wollte durch ihn keine Einschränkungen erfahren und keine Verantwortung für ihn übernehmen.

Ich unterschrieb der Frau vom Bodenpersonal den Empfang meines Sohnes. Schweigend gingen wir zu dritt zu unserem geliehenen Auto. Ahmed hatte bislang kein einziges Wort gesagt. Er blickte mit einem merkwürdigen Ausdruck in den Augen auf Talat, gab aber keinen Kommentar ab, wie es sonst seine Art war. Wahrscheinlich konnte er nicht mit dieser Situation umgehen. Vorsichtig half ich Talat, auf den Rücksitz zu klettern. Anschließend fuhren wir mit unserem kleinen, kranken Sohn nach Hause. Unterwegs mussten wir häufig an Rastplätzen Halt machen, da er nicht lange sitzen konnte. Ich ging mit ihm zur Toilette, ließ ihn etwas essen oder trinken, lief mit ihm ein paar

Schritte umher. Aber was er auch tat, es strengte ihn sehr an. Der große Bauch drückte ihm auf Herz und Lunge. Er war kurzatmig, und ihm tat einfach alles weh.

Sobald wir in Homburg waren, ging ich mit Talat zu einem Kinderarzt. Die Helferin gab uns aber erst für den folgenden Tag einen Termin. Am nächsten Morgen stand ich vor Beginn der Sprechzeiten mit meinem Sohn vor der Praxis. Der Arzt untersuchte meinen Sohn gründlich, schaute mich ernst an und sagte: »Mit Ihrem Jungen sieht es nicht gut aus. Er hat eine schwere Leberentzündung. Wahrscheinlich wird er nicht mehr lange leben. Er muss sofort in ein Krankenhaus.« Die brutalen Worte trafen mich wie ein Schlag. Mein Kind sollte sterben, jetzt, wo ich es gerade wieder in den Arm nehmen konnte?

»Ich werde Ihnen eine Überweisung in die Kinderklinik mitgeben«, sagte er. »Dort werden weitere Untersuchungen gemacht, um herauszufinden, ob meine Vermutungen auch wirklich stimmen.«

Wie benommen verließ ich die Praxis, meinen Sohn an der einen, die Einweisung in der anderen Hand. Ich stand vor der Tür und wusste nicht mehr aus noch ein. Unmöglich konnte ich meinen Sohn schon wieder irgendwo abgeben. Er war gerade erst angekommen, und ich hatte ihm versprochen, ihn nie wieder allein zu lassen. Jetzt sollte er in einem Krankenhaus bleiben, allein inmitten fremder Kinder und Erwachsener, deren Sprache er nicht verstand. Ich blieb wie gelähmt auf der Straße stehen und sah und hörte nichts mehr. Es war, als ob der Boden unter meinen Füßen schwankte. Alles verschwamm vor meinen Augen. Menschen gingen an mir vorbei, Autos hupten, ich sah und hörte alles, aber ich nahm nichts wirklich wahr.

War mein Sohn tatsächlich so schwer krank, dass er bald sterben würde? Ich wollte es nicht glauben. Ich wollte ihn auch keinen Augenblick mehr allein lassen, wo er doch so lange ohne seine Mutter gewesen war! Aber ich sah auch, dass er dringend Hilfe brauchte. So fuhr ich mit Talat in die Ambulanz der Kinderklinik. Wir wurden zu einem Arzt aufgerufen, der arabisch sprach. Er kam aus Syrien. Er konnte die Krankheit sofort diagnostizieren. »Ihr Sohn hat eine Anämie. Er braucht sofort eine Bluttransfusion.« Ich sagte: »Gott sei Dank, nur eine Anämie!« Damals verstand ich nicht, wie schwer diese Krankheit war. Ich dachte, das haben doch viele Menschen. Talat braucht bestimmt nur etwas Eisen, eine bessere Ernährung und ein paar Vitamine, dann wird es ihm schon besser gehen. Dann wird er wieder gesund. Ich hatte als Kind auch eine Anämie, ebenso meine Eltern. Sie gaben mir oft Lebertran und ich musste viele Innereien essen. Es ging mir dadurch wesentlich besser und ich musste ja auch nicht sterben. Nicht anders wird es bei meinem Sohn sein.

Das erzählte ich auch dem Arzt. Er schaute mich jedoch bedenklich an und erwiderte: »Sie haben mich nicht verstanden. Ihr Sohn ist schwer krank. Wir können ihm jetzt vorübergehend mit fremdem Blut helfen, aber nicht für lange.« Ich blickte ihn hilflos an und dachte, das kann doch unmöglich wahr sein. Hier in Deutschland wird jedem Menschen geholfen. Was habe ich alles auf mich genommen, um Talat hierher zu bringen, damit er gesund und fröhlich bei uns leben kann. Wenn ich könnte, würde ich mein Leben für ihn geben.

»Verstehen Sie, diese Krankheit ist tödlich«, sagte der Arzt.

»Es muss doch ein Medikament dagegen geben«, erwiderte ich.

»Nein, es gibt noch keines. Wir kennen zwar die Ursache, aber es gibt noch kein wirksames Heilmittel gegen diese Krankheit. Thalassämie ist eine erbliche Störung des Aufbaus der roten Blutkörperchen, die den lebensnotwendigen Sauerstoff zu den Körperzellen transportieren. In den Mittelmeerländern ist sie durch Heirat weit verbreitet. Sie und Ihr Mann müssen die leichtere Variante in sich tragen. Wenn bei einem Paar beide die Minor-Form in sich tragen, kann ein Kind die Major-Form bekommen. Ihr Sohn hat die weitaus gefährlichere, schwere Variante. Sie tritt sehr selten auf. Normalerweise haben die roten Blutkörperchen eine Überlebenszeit von 100 bis 120 Tagen; die von Ihrem Sohn existieren aber nur fünfzehn Tage. Wird der Sauerstoff nicht mehr transportiert, werden die Kinder teilnahmslos und ersticken innerlich. Oft sterben sie, bevor sie das Schulalter erreichen. Solange er lebt, wird Ihr Sohn immer auf fremdes Blut angewiesen sein. Ohne dieses Blut müsste er sofort sterben.«

Talat bekam seine erste Bluttransfusion in Deutschland, auf die noch hunderte folgten sollten. Ich blieb bei ihm auf der Station, bis das Blut eingelaufen war. Dann musste ich meinen Sohn in einem Gitterbett bei fremden Menschen allein zurücklassen. So schrieb es die Krankenhausordnung vor. Ich ging nach Hause und konnte in der Nacht kaum schlafen. Mit den ersten Sonnenstrahlen war ich wieder auf der Station. Ich fand meinen Sohn, wie er tränenüberströmt in seinem Gitterbett stand. Er war dabei, auf den Boden zu pinkeln. Ich musste lachen, obwohl es eher zum Weinen war. Er rief mir entgegen: »Keiner hört mich. Ich habe oft gerufen, dass ich muss, aber sie lassen mich nicht raus.« Er konnte nicht wissen, dass die Schwestern auf der Station seine Hilferufe nicht verstanden. Sie sprachen kein Arabisch.

Zu meinem Glück wurde auf Talats Station für ein anderes Kind eine Sitzwache gebraucht. Mit Zustimmung des Stationsarztes durfte ich diese übernehmen. So konnte ich in der Nähe meines Sohnes sein und seine Worte übersetzen, wenn er Hilfe brauchte oder die Ärzte eine Untersuchung durchführten. Ich war bei ihm und verdiente gleichzeitig Geld.

Talat erhielt mehrmals in der Woche Bluttransfusionen.

Manchmal vertrug er sie nicht und geriet in einen Schockzustand, der nur mit starken Medikamenten in den Griff zu bekommen war. Danach war er sehr müde und schwach, aber langsam erholte er sich, wurde kräftiger und bekam wieder rosige Lippen. Dieses Auf und Ab begleitete ihn sein Leben lang. Nur die Milz, welche die Ursache für die Aufblähung war, entwickelte sich nicht zurück. Der Bauch blieb. Dennoch sah er von Tag zu Tag besser aus, und nach drei Wochen konnte er entlassen werden. Das gab mir neue Hoffnung. Er wird überleben, dachte ich. Die Ärzte haben sich geirrt.

Ich besuchte weiterhin die MTA-Schule. Mein Sohn war tagsüber im Ganztagskindergarten der Universität untergebracht, nicht weit von meinem Arbeitsplatz, von meiner Schule und von unserer Wohnung entfernt. Manchmal durfte ich Talat auf meine Station mitnehmen. Wir stellten für ihn ein Bett in einem der Warteräume oder in einem leeren Zimmer auf. So konnte ich ihn zwischendurch versorgen und nach ihm schauen und gleichzeitig meine Arbeit verrichten. Den Ärzten, Schwestern und Pflegern, die mir das damals erlaubten, bin ich heute noch dankbar. Ahmed, der in dieser Zeit eigentlich auf seinen Sohn aufpassen und ihn betreuen sollte, fand dafür keine Zeit. Entweder schlief er oder er ging aus oder besuchte seine Pflichtvorlesungen. Um seinen Sohn oder mich kümmerte er sich wenig, obwohl er immer mit seinen großen Sprüchen beteuerte, dass wir die einzigen Menschen für ihn seien und dass alle anderen nicht für ihn zählten. Auf mich, die hübsche, intelligente und fleißige Frau an seiner Seite, sei er sehr stolz. Eine Hilfe war er dennoch nicht für uns. Es gab viele schöne Worte, aber wenig Taten!

Ahmeds Versprechungen und Beteuerungen konnte ich nicht mehr hören. Ich hatte keinen Respekt mehr vor Menschen, die sich und anderen etwas vormachten oder bewusst andere belogen und hintergingen. Und keine Achtung mehr vor jenen, die nur an sich selbst dachten, nur ihre eigenen Bedürfnisse im Kopf hatten. Ich glaubte aber weiterhin fest an die Stärke der Familie, mit all ihren Vorteilen und Nachteilen, ebenso wie an Treue und Aufrichtigkeit.

Und so tat ich alles für meine kleine Welt. Am meisten für Talat. Er musste in der Woche viermal in die Kinderklinik, um jedes Mal tausend Milliliter Blut injiziert zu bekommen. Das Blut brachte Talat nicht nur Leben, sondern auch den schleichenden Tod. Die Unmengen von Blut, die in seinen Körper gelangten, enthielten sehr viel Eisen. Da es im Normalfall nur in geringen Mengen aus dem Körper ausgeschieden wird, musste bei Talat das gespeicherte Eisen gebunden und ausgespült werden. Sonst hätte das eine Vergiftung zur Folge gehabt. Eine Überdosis Eisen ist wie ein Zellgift, das die Organe zerstört. Die Ausscheidung aber wiederum konnte nicht ohne weiteres mit einer Tablette erreicht werden. Als ob es sonst nicht schon kompliziert genug gewesen wäre, musste meinem Sohn Nacht für Nacht eine genau dosierte Menge Desferal verabreicht werden, die im Lauf von zwölf Stunden tröpfchenweise in die Vene abgegeben wurde.

Bei den Bluttransfusionen bebte ich innerlich vor Angst. Immer konnte es passieren, dass er sie nicht überstehen würde. Ich blieb stets so lange bei ihm, bis das Blut durchgelaufen war. So konnte ich ihn bei Unverträglichkeitsreaktionen beruhigen, und sollte er dabei sterben, so wäre er in dieser grauenvollen Zeit nicht allein. Oft blieb mein Sohn zur Stabilisierung über Nacht im Krankenhaus. Morgens holte ich ihn dann ab und brachte ihn zum Kindergarten, später in die Schule. Jedes Mal, wenn ich mit Talat die Klinik verließ, war ich froh und erleichtert. Gab es zu schwerwiegende Nebenwirkungen, musste er zu unserer beider Enttäuschung in der Klinik bleiben. Es wäre dann zu riskant gewesen, ihn mitzunehmen.

Wenn ich nach meiner MTA-Schule mit Talat nach Hause kam, schlief Ahmed meistens noch. Er hätte die Nacht davor sehr lange lernen müssen, versicherte er mir. Eigentlich schob er diesen Grund immer vor, ganz gleich, zu welcher Tages- oder Nachtzeit er im Bett lag. Zwar stand er auf, wenn wir in die Wohnung kamen, aber nur, um sich sofort wieder auf die Couch zu legen. Zuvor wurde noch der Fernseher eingeschaltet, nur in den seltensten Fällen nahm er ein Lehrbuch in die Hand. Pausenlos hörte ich, wie ein Streichholz anging – er steckte sich eine Zigarette nach der anderen an. Meine Bitten, mir zu helfen oder mit Talat zu spielen, blieben ungehört. Nach dem gemeinsamen Essen, zu dem sich mein Mann gnädigerweise erhob, musste ich entweder zur Nachtwache oder ich bügelte, räumte auf oder lernte für die Schule. Manchmal war ich noch so dumm, dass ich in die nächste Kneipe ging, um ihm Zigaretten zu holen, wenn ich merkte, dass sie sich dem Ende zuneigten. Wenn Talat im Krankenhaus bleiben musste, versuchte ich ihm von meinen Sorgen zu erzählen.

»Mach dir keine Gedanken. Unser Sohn ist in der Klinik gut aufgehoben, glaube mir«, sagte er dann.

Um das Gespräch zu beenden, nahm er mich anschließend in den Arm, streichelte und küsste mich. Manchmal liebte er mich noch auf der Couch, manchmal griff er nach meiner Hand und führte mich ins Schlafzimmer. Ich könnte dann nach der Liebe im Bett bleiben, um mich auszuruhen und bald einzuschlafen, meinte mein Mann rücksichtvoll.

So sah mein Tagesablauf aus:

Talat wecken.

Zähne putzen, anziehen.

Kaffee kochen.

Milch heiß machen.

Talat im Kindergarten abgeben, selbst zur Schule hasten.

Lebensmittel einkaufen.

Talat im Kindergarten abholen.

Essen kochen. Tisch decken. Essen. Abräumen.
Waschen, bügeln, Wäsche einräumen.
Zur Nachtschicht gehen.
Manchmal nach Hause eilen und nach Talat sehen; wenn er von meinem Mann allein gelassen wurde und weint, den Sohn mit zur Station nehmen.
Für die Schule lernen.
Ständig mit dem Geld rechnen.
Für die Flüge der Töchter sparen.
Talat ins Krankenhaus bringen.
Meinem Mann zu Willen sein.

Zärtlichkeit und Schönes Mädchen

Nach der Abschlussprüfung als medizinisch-technische Assistentin im Dezember 1970 bekam ich eine Anstellung in der Röntgen- und Laborabteilung der Universitätsklinik. Wir waren nun endlich finanziell abgesichert und mieteten eine größere Wohnung. Das Geld für die Flugtickets meiner Töchter lag bereit, nur die Erlaubnis meines Mannes für ihren Nachzug fehlte noch. Ich musste noch einen passenden Augenblick abwarten, in dem Ahmed guter Laune war. In einem milden Moment stimmte er unter der Bedingung zu, dass er sich nicht um sie zu kümmern brauche, ähnlich wie bei seinem Sohn. Er benötige nämlich seine Zeit zum Studieren. Ich versprach ihm alles, wenn er nur endlich einen Brief an seinen Vater schreiben würde. Ich hätte ihm ja bereits bewiesen, dass Talat für ihn zu keiner Last geworden war. Die Töchter würden ihm noch weniger abverlangen, da sie schon älter und vernünftiger seien. So schrieb er also seinem Vater und bat ihn, die Mädchen zu uns nach Deutschland zu schicken.

Gleich am nächsten Morgen steckte ich den Brief in den Postkasten, kaufte die Tickets und kündigte mit einem Telegramm die Flugdaten an. Nichts sollte schief gehen. Schon in der nächsten Woche würden Hanan und Gada hier sein.

Inzwischen verwöhnte ich aus Dankbarkeit meinen Mann und spendierte vor lauter Freude meinem Sohn ein Spaghetti-Eis, das er besonders gern aß.

Bis zum Tag ihrer Anreise gab es noch viel zu erledigen: Urlaub beantragen, die Zimmer der Töchter herrichten, Betten aussuchen und Spielsachen besorgen. Mit den Kleidern wollte ich warten, denn ich wusste ja nicht, wie groß die Mädchen jetzt waren. Ich fühlte mich leicht wie eine Feder. Bald war meine kleine Familie wieder zusammen. Wir würden in einem demokratischen Land leben, frei sein und unsere Zukunft so gestalten, wie wir es uns vorstellten. Ahmed würde in einigen Jahren seine Approbation als Arzt haben, ich könnte vielleicht doch noch studieren, und unsere Kinder würden ohne Kriegsangst in die Schule gehen.

Endlich war der ersehnte Tag da. Das Frühstück für Ahmed und Talat stand schon im Morgengrauen auf dem Küchentisch.

»Aufwachen! Hanan und Gada sind gleich da. Aufwachen! Unsere Töchter landen bald in Frankfurt. Talat, steh auf, deine Schwestern kommen. Bald bist du nicht mehr allein«, rief ich laut und aufgeregt durch die Wohnung. Mein Sohn wachte auch sofort auf und kletterte aus dem Bett, um ins Bad zu gehen, aber mein Mann rührte sich nicht einen Millimeter. Also begab ich mich zu ihm ins Schlafzimmer und schüttelte ihn fest an der Schulter: »Bitte, steh jetzt auf. Wir dürfen nicht zu spät kommen.«

»Kannst du sie nicht allein abholen?«, murmelte Ahmed schlaftrunken. »Nimm Talat mit, sie werden sich über ihren Bruder sehr freuen.«

Ich war von seinen Worten entsetzt, aber ich musste ihn bei Stimmung halten.

»Wenn du nicht dabei bist, werden wir alle sehr traurig sein«, sagte ich mit ruhiger Stimme. »Nur heute musst du früh aufstehen, danach werde ich dich nie wieder um diese Zeit wecken. Komm bitte mit uns, um deine Töchter abzuholen.« Ich küsste und streichelte ihn und schlug seine Decke zurück .

»Alles ist fertig«, lockte ich weiter. »Das Frühstück steht bereit, deine Kleider sind gebügelt und liegen dort auf dem Stuhl, deine Zigaretten habe ich eingepackt.«

Wie ein alter und geschlagener Mann stieg Ahmed aus dem Bett und schlurfte missmutig ins Badezimmer. Mit aller Deutlichkeit wollte er zum Ausdruck bringen, was er von diesem frühen Aufstehen hielt. Talat freute sich dagegen sehr, seine Schwestern wiederzusehen. Er suchte die Schokolade, die er für sie gesammelt und versteckt hatte und stopfte sie in seine Taschen.

Vor Aufregung konnte ich nichts essen und war froh, als wir endlich im Wagen saßen und mein Mann ihn in Richtung Frankfurt lenkte. Wie oft waren wir diese Strecke schon gefahren? Mir kam sie sehr vertraut vor. Während der Fahrt sprach ich fast nur von unseren Töchtern, wie sie wohl aussähen, wie groß sie wohl wären. Hanan, die Älteste, war jetzt sieben Jahre alt, Gada, die Jüngere, sechs. Fünf Jahre lang hatte ich »Zärtlichkeit« und »Schönes Mädchen« nicht gesehen.

»Werden sie uns überhaupt wiedererkennen?«, fragte ich Ahmed. »Was denken sie? Was fühlen sie? Sind sie auf mich böse, weil ich sie verlassen habe?«

»Was sollen sie schon fühlen?« Mein Mann schaute mich leicht verärgert an. »Sie waren bei ihren Großeltern gut aufgehoben und jetzt sind sie bald bei uns, wo es ihnen auch gut gehen wird. Zumindest sind sie die Israelis los, die sie unterdrückt haben.«

Talat saß auf dem Rücksitz und schaute sich immer wieder den kleinen Berg Schokolade an, den er auf seinem Schoß aufgetürmt hatte. Ein ums andere Mal teilte er die verschiedenen Riegel durch drei. Seine Hände waren völlig beschmiert von der langsam weich werdenden Schokolade.

Ihm schien das aber nichts auszumachen. Er war glücklich, seinen Schwestern ein Geschenk geben zu können.

Wir kamen noch rechtzeitig in die Ankunftshalle. Dieses Mal mussten wir nicht lange warten, und es gab auch keine quälenden Zweifel. Als Hanan und Gada durch den Ausgang kamen, erkannte ich sie sofort. Beide hatten sich kaum verändert, waren nur größer und kräftiger geworden. Zu meiner Erleichterung sahen sie rundum gesund aus. Ich nahm sie in meine Arme und schenkte jeder einen Teddybären. Die ganze Zeit hielt ich sie an den Händen, als hätte ich Angst, dass man sie mir wieder wegnehmen könnte. Talat überreichte seinen Schwestern freudestrahlend die verschmierte Schokolade. Hanan und Gada schauten sich nur um und sagten kein Wort.

Für sie waren wir die Eltern, die sie einzig vom Foto kannten. Sie waren zu klein, um sich an unsere Zärtlichkeiten und Berührungen zu erinnern. Schnell zog ich die beiden zum Parkplatz. Ich wollte möglichst schnell wieder in Homburg sein. Während der Fahrt nach Hause saß Ahmed neben mir – ich hatte inzwischen den Führerschein gemacht –, und unsere drei Kinder waren auf die hintere Sitzbank geklettert. Talat saß stolz in der Mitte, rechts und links von ihm jeweils eine Schwester. Was war das für ein herrlicher Anblick, wenn ich in den Rückspiegel schaute! Und das tat ich eigentlich unentwegt. Hanan und Gada aßen die von ihrem Bruder mitgebrachte Schokolade, oder das, was davon übrig geblieben war.

In Homburg hielten wir noch vor dem Kaufhaus Hägin, um Kleider und Schuhe für die Mädchen auszusuchen. Alles, was sie sich wünschten, packte ich für sie ein, ohne einen Gedanken an die Kosten zu verschwenden. Ich wollte ihnen endlich eine Freude machen können, sie nach Herzenslust verwöhnen. Von jetzt an würde ich über meine Töchter bestimmen. Es sollte ihnen immer gut gehen, sie sollten für all das erlittene Leid entschädigt werden, soweit man ein Kind für eine Trennung überhaupt entschädigen kann. Es war für mich ein großes Glück, dass wir alle wieder zusammen waren. Hier in Deutschland wurden Hanan und Gada wenigstens nicht von jüdischen Soldaten bedroht, hier herrschte Frieden. »Ihr seid wieder bei euren Eltern«, versicherte ich immer wieder und konnte nicht aufhören, sie zu umarmen und zu küssen.

Als wir zu Hause ankamen, zeigte ich ihnen die Wohnung und ihre Zimmer. Meine Töchter wollten nicht glauben, was sie da sahen.

»So viele Kleider und Spielsachen!« Hanan kam aus dem Staunen nicht mehr heraus.

»Und ein voller Kühlschrank«, sagte Gada. »Ich habe noch nie so viele Lebensmittel auf einmal gesehen. In Gaza hatten die Israelis das Essen rationiert, und wir hatten nie genug. Für Zucker, Mehl und Obst gab es Gutscheine.«

»Deutschland ist friedlich«, erklärte ich. »Hier wird nicht geschossen. Daher gibt es alles, was ihr braucht. Es gibt Essen und Trinken in Hülle und Fülle.«

»Müssen wir hier denn auch zur Schule gehen?«, fragte Hanan. Sie war lebhafter als ihre jüngere Schwester und hatte lange, glatte Haare. Gadas Haare dagegen waren lockig; doch dieselben dunklen Augen und dieselben fein geschnittenen Gesichtszüge wiesen die beiden als Geschwister aus.

»Natürlich. Ihr wollt doch was lernen.«

»Aber wir können die deutsche Sprache nicht.«

»Die werdet ihr schnell lernen. Kinder können das sehr gut, viel besser als Erwachsene.«

Nachdem meine beiden Töchter ein wenig zur Ruhe gekommen waren, wollte ich mehr von ihrem Leben in Gaza erfahren.

»Ist es euch bei den Großeltern auch gut ergangen?«, fragte ich.

»Sie waren sehr lieb zu uns, nur die Juden nicht«, erzählte Hanan. »Sie waren sehr brutal zu unserem Opa und haben ihn mit Gewehren zu Boden gestoßen, weil sie ihm nicht glaubten. Großvater sagte immer, wenn sie unser Haus durchsuchten: ›Hier sind nur meine Enkelinnen, zwei Mädchen, meine Frau und ich. Alle meine Söhne sind im Ausland.‹ Aber die Juden wollten ihm nicht glauben und schlugen immer wieder auf ihn ein. Das passierte oft.«

»Die Juden ließen uns auch nicht ins Krankenhaus, wenn Talat dort lag und hohes Fieber hatte und wir ihn besuchen wollten«, fuhr Gada fort. »Manchmal wollten sie unseren Bruder auch gar nicht behandeln. Nie verstanden wir, wann er aufgenommen wurde und wann wir wieder weggeschickt wurden. Wir mussten auch oft umziehen. Herrschten da, wo wir gerade wohnten, Unruhen und wurden unsere Häuser bombardiert, dann gab es einen neuen Fluchtort. Die Juden brachten uns für einige Wochen in Sammellagern unter, in Schulhallen oder anderen großen Gebäuden, wo sie uns unter Kontrolle hatten.«

»Ich bin froh, dass ihr nun bei mir seid«, warf ich ein. »Was geschah dann, als ihr die Tickets nach Deutschland erhalten hattet?«

»Die Großeltern machten sich sofort mit uns auf den Weg nach Tel Aviv«, sagte Hanan. »Drei Tage haben wir dafür gebraucht. Die meiste Zeit fuhren wir in einem Bus; einmal nahmen wir auch ein Taxi. Wir mussten viele Schikanen erdulden. Israelische Soldaten beschimpften uns oder erteilten uns Befehle. Wir sollten langsamer gehen oder uns bis auf die Unterwäsche ausziehen. An jeder Kontrolle wiederholte sich das. An der letzten mussten Opa und Oma zurückbleiben. Sie konnten uns nicht zum Flughafen bringen, weil ihnen nicht erlaubt wurde, israelischen Boden zu betreten. Gada und ich wurden dann von schwer bewaffneten Soldaten zu einer großen und kalten Halle gebracht, wo wir die Nacht mit fremden Menschen verbringen mussten. Stündlich kamen sie herein, um mit ihren

Gewehren in unseren Gepäckstücken herumzustochern. Wollten sie uns etwas antun? Wir wussten es nicht. Am nächsten Morgen weckten uns andere Soldaten und brachten uns bis zur Maschine. Gada und ich haben uns die ganze Zeit über fest an den Händen gehalten und ließen uns erst los, als wir im Flugzeug saßen. Wir hatten große Angst vor den Juden. Wir wollen nie wieder nach Gaza zurück. Dort haben sie viele Männer verhaftet und ins Gefängnis gebracht, manche kamen wieder, aber die meisten nicht.«

Gada, die die ganze Zeit über geschwiegen hatte, nickte heftig mit dem Kopf.

»Wir durften auch unsere Tanten nicht besuchen«, erzählte Hanan weiter. »Jeder Besuch wurde von den Juden untersagt. Sie haben auch die Häuser durchsucht und alles mitgenommen, auch Geld und Schmuck. Sogar unsere Goldketten und Armreifen haben die israelischen Soldaten an sich gerissen. Großvater hatte kein Geld mehr, alles war beschlagnahmt. Einmal haben wir gesehen, wie Palästinenser versuchten, einen Güterzug mit einer Waffenlieferung an Israel in die Luft zu sprengen, und wie die Israelis anschließend alle Männer zwischen zehn und achtzig Jahren verhafteten.«

Niemals mehr würden meine Töchter die Bilder von den verhafteten und geschlagenen Palästinensern loswerden, das begriff ich in diesem Augenblick.

Nach einer Woche gingen Hanan und Gada zum ersten Mal in die Schule. Ich begleitete meine hübsch angezogenen Töchter und übergab sie ihrer Klassenlehrerin. Sie wurden beide in die erste Klasse aufgenommen. Als ich in dem Alter von Gada war, war ich zusammen mit meiner Schwester Miriam eingeschult worden. Seltsam, wie sich manche Dinge im Leben wiederholen. Ich versprach ihnen, dass ich vor der Schule auf sie warten würde, wenn ihre

Stunden vorbei wären. Als Hanan und Gada nach Schulschluss auf mich zuliefen, schauten sie mich verzweifelt an. Sie hatten im Unterricht nicht ein einziges Wort verstanden. Ich versuchte sie zu beruhigen und ging mit ihnen, lustige Geschichten erzählend, langsam nach Hause. Dort holten wir Talat ab, und zusammen fuhren wir an den Stadtrand, um an den grün sprießenden Getreidefeldern und an Weingärten entlangzuspazieren. Wir rasteten unter großen Bäumen und schauten den Pferden zu, die auf den saftigen Wiesen grasten. Meine Kinder und ich sind zusammen, dachte ich nur.

»Alles ist so fremd hier«, sagte Hanan. »Die großen Geschäfte, in denen es alles gibt, die Menschen, die sich ganz anders kleiden. Nur Talat ist uns vertraut. Er spricht mit uns arabisch. Papa und du, ihr redet ja auch nur noch deutsch miteinander.«

»Ich vermisse Oma und Opa«, sagte Gada und begann zu weinen.

Ich konnte ihren Schmerz und ihr Heimweh verstehen und hatte Mitleid mit ihnen.

Immer wieder versuchte ich abends nach dem Essen meine Töchter über Gaza auszufragen, denn ich wollte mehr über die Zeit in Erfahrung bringen, die sie ohne mich verbracht hatten.

»Wie war es für euch, als ihr damals aufgewacht seid, und ich war nicht mehr bei euch?«, fragte ich.

»Wir waren sehr traurig«, antwortete Hanan. »Aber der Großvater sagte, ihr würdet uns bald nach Deutschland holen. Wir waren aber froh, dass Talat noch bei uns geblieben war. Ich habe mich sehr viel um ihn gekümmert, ihn geschaukelt, wenn er weinte, ihn gefüttert, wenn er Hunger hatte.«

»Haben sich auch die Großeltern um Talat gekümmert?«

»Er war ihr Augapfel. Du warst noch nicht lange weg, da gab es Krieg. Wir wurden von den Israelis gezwungen, das

Haus zu verlassen. Wir mussten hastig unsere Sachen packen und zu Fuß flüchten. Die Großeltern trugen unsere Beutel, und dann auch Talat. Über viele Stunden. Ich hielt Gada an der Hand, doch es war schwierig, mit Opa Schritt zu halten. Ich versuchte meine Schwester zu tragen, aber sie war zu schwer für mich. Endlich hatte Opa ein Einsehen und machte eine Pause. Er gab uns ein wenig zu essen, damit wir wieder Kraft für die nächste Strecke bekamen. Oma hoffte immer, die Israelis würden uns in ihrem Jeep mitnehmen, weil sie ja sowieso langsam neben uns fuhren, aber nein, keiner hatte Erbarmen mit uns.«

»Erzähl weiter«, forderte ich meine älteste Tochter auf.

»Irgendwann waren wir dort angekommen, wo wir hin sollten. Ich war so müde, dass ich mit Gada im Arm sofort einschlief. Als ich wieder wach wurde, schaute ich mir das neue Haus an. Es war groß und sehr düster und hatte einen staubigen Innenhof. Zu dem führten fünf ungemütliche Zimmer, eine Küche und ein Bad. Zwischen dem Badezimmer und der Küche war ein riesiges Tor. Ich kletterte hinauf und hielt den Atem an: Unser Haus lag direkt am Meer. Oh, war das schön! In meinem Staunen wurde ich durch das Schreien meines kleinen Bruders gestört. Talat! Ich sprang von dem Portal hinunter, um nach ihm zu sehen. Da fing auch Gada an, laut zu weinen. Die beiden hatten bestimmt Hunger! Oma kam mir entgegen und schickte mich zu Talat. Sie wollte schnell etwas zum Essen besorgen. Ich hob mein Brüderchen hoch und erkundete mit ihm auf dem Arm die übrigen Räume des Hauses. Opa stand im größten Zimmer auf einem Stuhl und hängte ein kleines Bild von euch auf. Es war das Einzige, was er außer einigen Dokumenten auf der Flucht mitgenommen hatte. Ich schaute das Bild traurig an. Da nahm mich Opa in die Arme und tröstete mich; er sagte, dass wir sehr bald bei euch sein würden.«

»War das Leben am Meer denn auch wirklich schön?«

»Nein. Es war dort nur noch härter geworden. Frühmorgens nach dem Gebet zog Opa los, um für uns etwas zum Essen zu holen. Es war jedes Mal ein Kampf für ihn. Wer nämlich zu spät kam, ging bei der Verteilung der Lebensmittel leer aus. Wer aber früh da war, musste sich schützen vor dem fürchterlichen Gedränge der Menschen, die alle Angst hatten, nichts mehr abzubekommen. Ich musste immer mit, um beim Tragen zu helfen. Oft gab es unterwegs auch Alarm. Wenn die Sirenen losgingen, mussten wir in irgendeinem Haus Unterschlupf suchen und warten, bis sie zur Entwarnung heulten. Erst dann duften wir wieder auf die Straße. Ich litt sehr unter diesem Alarm, aber beim Einkaufen machte es mir weniger aus. Dann konnte ich mich ja vom schweren Tragen ausruhen. Wenn jedoch beim Spielen die Sirenen losgingen und wir den Ball an uns drücken mussten, um schnell ins nächste Haus zu rennen, dann wurde ich wütend.«

»Musstest du deinen Großeltern viel helfen?«

»Ich passte oft auf Gada auf. Wenn sie mir entwischt war, suchte ich sie draußen, selbst bei Ausgehverbot. Einmal, als ich sie gerade gefunden hatte, kamen israelische Soldaten heran. In panischer Angst versteckten wir uns. Kaum waren sie an uns vorbei, rannte ich mit ihr los und verriegelte zu Hause die Tür hinter uns. Doch schon hämmerte jemand dagegen. Ich schrie meine Oma an: ›Mach nicht auf. Sie bringen uns um wie den Nachbarsjungen.‹ Sie beruhigte mich: ›Du bist ein Mädchen, dir geschieht nichts, nur die Jungen werden verhaftet.‹ Sie öffnete die Tür. Vier Soldaten kamen rein und pflanzten sich vor meinem Opa auf und fuchtelten mit ihren Gewehren rum. Einer richtete seines auf Opas Kopf und schrie ihn an. Ich verstand nicht, was sie wollten. Opa zeigte auf meinen kleinen Bruder und sagte: ›Außer mir selbst und dem Kleinen ist kein Mann im Haus.‹ Die israelischen Soldaten durchsuchten trotzdem unser Haus, bevor sie wieder verschwanden. Aus Angst vor den Soldaten konnte ich in dieser Nacht fast nicht schlafen. Trotzdem weckte mich meine Oma am nächsten Morgen sehr früh, weil wir mit Talat zum Arzt mussten. Mein Bruder war sehr krank. Das Warten auf die Untersuchungen dauerten den ganzen Tag. Erst spät am Abend waren wir wieder zu Hause. Meine Großeltern haben nur geweint, weil der Arzt ihnen gesagt hatte, dass mein Bruder nicht mehr gesund würde.«

Ich drückte meine Tochter sanft, um ihren Erzählfluss nicht zu unterbrechen. Ich wollte ihr nur zu verstehen geben, dass ich ihren Kummer verstand.

»Am nächsten Morgen kam ein Freund von Opa zu uns. Er war Lehrer. Er sollte euch einen Brief schreiben und von Talats Krankheit berichten und dass die Ärzte sagten, dass er in Gaza nicht überleben würde. Es vergingen Monate und wir hörten nichts von euch. Die Großeltern brachten Talat zu jedem Arzt und hofften auf Hilfe, doch vergebens. Die meisten Ärzte dort am Meer waren Juden. Sie wollten meinen Bruder nicht behandeln, sie weigerten sich sogar, ihn zu untersuchen. In Gaza konnte Talat wenigstens hin und wieder ins Krankenhaus. In seiner Not wandte sich Opa an einen Heiler. Der sollte nachts kommen, wenn Gada und ich schliefen. Aber wir wachten auf und sahen mit an, wie er Talat quälte. ›Das Übel kommt aus dem Bauch. Man muss es im Feuer verbrennen, dann erst wird Talat geheilt sein‹, erklärte er meinen Großeltern. Sie vertrauten ihm, weil es keine andere Chance gab. Der Mann kochte Zwiebeln auf dem Feuer, die er vorher in einen Sud getaucht hatte, und drückte die heißen Knollen anschließend auf Talats Bauch. Sie brannten sich in seine zarte Haut ein. Er schrie fürchterlich und lag dann wimmernd in Omas Armen. Es war entsetzlich. Ich glaubte, dass er sterben müsse.

Seit diesem Tag ließ ich meinen Bruder nicht mehr aus den Augen. Sobald er schrie, lief ich zu ihm hin, nahm ihn in die Arme, drückte und küsste ihn und streichelte seine breiten Narben. Ich fing an, euch zu hassen, weil ihr nicht da wart und weil ihr uns nicht mitgenommen hattet. Zum Glück fand sich dann doch noch ein israelischer Arzt, der Talat Bluttransfusionen gab. Danach ging es ihm besser. Ohne diesen Arzt wäre unser Bruder bestimmt nicht mehr am Leben.

Endlich kam ein Brief von euch, aber mit nur einer Flugkarte. Ihr habt geschrieben, dass als Erster Talat zu euch kommen sollte. Wir Mädchen müssten noch etwas warten, es ginge euch finanziell nicht gut. Ihr hättet nur wenig Geld, da du nicht, wie in Saudi-Arabien, als Lehrerin arbeiten konntest. Du müsstest zuerst einen Beruf erlernen. Wir waren sehr unglücklich, dass wir nicht gleich mitfliegen durften, freuten uns aber für Talat. Die Nacht vor seiner Abreise lagen wir alle drei traurig nebeneinander auf dem Bett und hielten uns gegenseitig fest. Irgendwann müssen wir doch eingeschlafen sein, und als Gada und ich wieder aufwachten, war unser Bruder weg. Wir hatten ihm eingetrichtert, was er euch sagen sollte, nur drei Worte: ›Wir lieben euch.‹«

Stumm blickte ich meine Tochter an. Sie hatte in ihrem zarten Alter schon viel durchgemacht. Ich war wohlbehütet bei meinen Eltern herangewachsen und kannte das Grauen nur aus deren Erzählungen. Gada war glücklicherweise noch zu klein gewesen, um alles zu begreifen. Mit ernsten Augen lauschte sie ihrer großen Schwester.

»Eines Tages kam Tante Asisa laut schreiend zu uns nach Hause und streckte uns ein seltsames, winziges Bündel entgegen, das so ähnlich wie ein Baby aussah. Schluchzend berichtete sie, dass Juden während der Ausgangssperre in ihr Haus eingedrungen waren und nach ihrem Mann gesucht hatten. Sie glaubten ihr nicht, als sie sagte, dass er nicht da sei, und schlugen auf sie ein, obwohl ihr dicker Leib ihnen zeigen musste, dass sie hochschwanger war. Oma schickte alle Männer aus dem Zimmer und entfernte das blutgetränkte Laken, das sich meine Tante zwischen die Beine geklemmt hatte. Sie setzte sich direkt zwischen die Beine von Tante Asisa, steckte ihre Hand in sie hinein und holte noch mehr Blutklumpen aus ihr heraus. Unsere Tante schrie fürchterlich auf, was mich so sehr erschreckte, dass ich wegrannte. Heute weiß ich, dass es die Nachgeburt war. Als Oma mir damals erklärte, dass sie das tun musste, damit Tante Asisa nicht starb, habe ich es nicht glauben wollen. Das Bündel war ihr Baby gewesen, es war tot. Als Onkel Hussein nach ein paar Tagen wieder heimkam und erfuhr, was geschehen war, weinte er. Das hatte ich bisher noch nie bei Männern gesehen. Ich verstand, warum die Menschen anfingen, die Israelis zu hassen.«

»Und wie sah euer Alltag ohne Talat aus?«

»Nach der Schule besuchte ich oft mit Gada Klassenkameradinnen. Gada wich mir kaum von der Seite. Morgens schon weinte sie, wenn ich zum Unterricht musste, weil sie bei mir bleiben wollte. Seit unser Bruder weg war, hing sie an mir wie eine Klette, aus Angst, wir könnten voneinander getrennt werden. Wir hatte euch über drei Jahre nicht gesehen. Eure Briefe interessierten uns kaum noch. Wir wollten nur wissen, wie es Talat ging. Er war für uns lebendig, obwohl er auch schon eine Weile weg war. Die Erinnerungen an euch verblassten langsam. Außer dem Bild an der Wand war uns nichts mehr von euch geblieben. Wir hatten kein Gefühl mehr für unsere Eltern. Gada und ich hatten nur noch unsere Großeltern.«

Hanan schaut mich traurig an, wollte aber, das spürte ich, sich alles von der Seele reden.

»Es war schwierig, in den Lagern im Gaza-Streifen zu leben, vor allem, da man sich vor den Israelis in Acht nehmen musste, und noch mehr vor palästinensischen Verrätern. Die Israelis waren gut an ihrer Militärkleidung zu erkennen, die Spione jedoch nicht. Deshalb mussten wir immer auf der Hut sein. Einer wohnte gegenüber von uns. Opa wusste, dass viele junge Palästinenser auf seine Denunziationen hin erschossen oder verschleppt worden waren. Deshalb hasste er ihn und seine Familie. Gada und ich durften mit diesen Kindern nicht spielen. Aber wir durften auch nicht unfreundlich sein, sonst hätten sie auch uns angezeigt. Dann endlich kamen die lang ersehnten Flugtickets aus Deutschland, von unseren Eltern, von euch. Der Abschied von den Großeltern fiel uns schwer, der von den Lagern nicht. Gada und ich haben uns gefragt, ob wir euch am Flughafen finden würden, denn wir kannten euch nur von dem Bild. Als wir in Frankfurt landeten, waren wir sehr aufgeregt, es war ja alles neu für uns. Wir waren froh darüber, dass du uns sofort gesehen hast.«

»Und sah ich noch so aus wie auf dem Foto?«

»Deine Haare waren kürzer«, antwortete Hanan, »auch deine Kleidung hatte sich verändert, aber dein Gesicht war gleich geblieben.«

Polizisten vor unserer Tür

Die paar Tage Urlaub, die ich für die Ankunft meiner Töchter bekommen hatte, waren schnell vorbei. Wie gern hätte ich länger Ferien gemacht, wie gern hätte ich mehr Zeit für meine drei Kinder gehabt! Aber ich war gezwungen, wieder ganztags arbeiten zu gehen, um meine größer gewordene Familie zu ernähren. Einen Halbtagsjob konnte ich mir nicht leisten. Also hatte mich der Alltag mit all seinen Pflichten bald wieder.

Die Mädchen lernten, wie ich ihnen vorausgesagt hatte, die deutsche Sprache sehr schnell. Talat war ein guter und geduldiger Lehrer, er übersetzte ihnen alles, egal ob sie es wissen wollten oder nicht. Auf diese Weise konnte er zeigen, dass er nicht nur der kleine, dumme Bruder war.

Wir wurden eine richtige Familie. Hanan und Gada gingen zur Schule, Talat in den Vorschulkindergarten, bis er dann, zwei Jahre nach Ankunft seiner Schwestern, die große Schultüte in seinen immer noch dünnen Armen halten durfte. Die Mädchen wunderten sich, weil sie zu ihrem Schulbeginn, der ja mitten im Schuljahr war, keine solche mit Süßigkeiten und kleinen Überraschungen gefüllten Tüten bekommen hatten. So kaufte ich auch für sie zwei bunte Tüten aus Glanzpappe, natürlich nicht ohne sie entsprechend voll zu stopfen. Am Tag von Talats Einschulung zog ich dann los mit meinen drei Kindern, die stolz ihre Tüten vor sich hertrugen. Der Weg war nicht weit, sodass auch Talat ihn später allein gehen konnte. Hanan und Gada hatten das schon mühelos bewiesen. Alle drei bekamen von mir Haustürschlüssel an farbigen Bändern, die sie sich selbst auswählen durften. Talat nahm ein dunkelblaues, Hanan ein gelbes und Gada eines in Rot. Den Schlüssel sollten sie immer um den Hals tragen, damit sie in die Wohnung hineinkamen, wenn Ahmed und ich nicht zu Hause sein sollten.

Ich war eigentlich nie da, denn mein Dienst im Labor endete erst um 17.00 Uhr, Ahmed auch nicht, aber aus weniger einsehbaren Gründen. Kamen die Kinder von der Schule heim, fanden sie etwas zu essen vor, was ich ihnen vorbereitet hatte; sie mussten es nur noch aufwärmen. Wenn ich am späten Nachmittag meine Arbeit beendet hatte, sammelte ich meine Kinder auf der Straße oder bei Nachbarn ein. Manchmal saßen sie auch vor der Haustür, selbst bei schlechtem Wetter, weil ihr Vater die Tür abgeschlossen und von innen den Schlüssel stecken gelassen hatte, um ungestört mit einer Kommilitonin lernen zu können. Die Kinder sollten dann draußen spielen. Es gab deswegen oft Streit, denn sie hatten nichts gegessen und auch ihre Schulaufgaben nicht machen können.

Ehe Hanan und Gada nach Deutschland kamen, hatte ich meinem Mann ja versprechen müssen, dass er keine Arbeit mit ihnen haben würde, genauso wenig wie mit Talat. Er kümmerte sich tatsächlich überhaupt nicht um die Kinder, weder um die Mädchen noch um den Sohn. Ich musste abends noch, wenn ich abgehetzt nach Hause kam, die Schularbeiten kontrollieren und oft auch noch meinen Sohn ins Krankenhaus bringen. Dabei durfte ich seine Schulsachen für den nächsten Tag nicht vergessen, denn Talat ging gleich von der Kinderklinik in die Schule. Zum Glück gab es dort eine freundliche Nachtschwester, die ihn rechtzeitig weckte, ihm ein Frühstück gab und sein Haar kämmte. Manchmal schaffte ich es, meinen Sohn im Hof vor der Klinik abzufangen. Dann konnte ich Talat selbst schnell in die Schule bringen. Aber wegen seiner Schwestern hatte ich nicht mehr so viel Zeit für ihn.

Talat war ein guter, sehr fleißiger und ehrgeiziger Schüler, trotz oder gerade wegen seiner körperlichen Schwäche. Mit einem seiner Lehrer bekam er jedoch stets Schwierigkeiten. Er tadelte ihn vor der gesamten Klasse, wenn er nach einer schwierigen Bluttransfusion morgens in der Schule müde und nicht so aufmerksam war wie sonst oder wenn er die Hausaufgaben nicht gemacht hatte, weil er den ganzen Nachmittag und Abend nur geschlafen und sich erholt hatte. Der Lehrer sagte dann: »Unser Schwächling hat schon wieder keine Schulaufgaben gemacht.« Beschwerden oder Aufklärungsversuche bewirkten immer nur eine kurzzeitige Besserung. Der Lehrer hatte ein sonderbares Vergnügen daran, ihn zu rügen.

Da meine Ausbildung mit strengsten Bedingungen verbunden war, durfte ich mir keine Fehlstunden erlauben. Um mir und Talat das Leben zu erleichtern, bat ich den Stationsarzt, die Desferal-Infusionen zu Hause selbst legen zu dürfen. Auf diese Weise ersparte ich meinem Sohn, zu verschiedenen Orten hetzen zu müssen, und ich konnte länger bei ihm sein. Morgens entfernte ich dann die Nadel aus seinem Arm. Mit der weiteren Entwicklung der Medizin bekam er diese Infusionen später nicht mehr intravenös. Stattdessen setzte ich ihm eine sehr dünne Nadel in die Bauchhaut. Für Talat änderte sich dadurch das Leben grundlegend, denn nun musste er während der Infusion nicht mehr liegen, sondern konnte mit einem fahrbaren Ständer durch die Wohnung gehen. Er musste nur aufpassen, dass ihn keiner anrempelte, denn er hatte ja eine Nadel im Bauch. Die stationären Aufenthalte beschränkten sich immer mehr auf die Bluttransfusionen und einige Kontrolluntersuchungen. Noch später wurde ihm eine batteriebetriebene Pumpe um den Bauch oder den Oberschenkel gelegt, sodass er sich frei bewegen und nach Belieben umhergehen konnte. Dennoch war Talat durchschnittlich an fünfzehn Tagen im Monat im Krankenhaus. Es war sein zweites Zuhause.

Für weniger ernsthafte Dinge blieb nicht viel Zeit übrig. Ich hätte mir gewünscht, mit den Kindern ausgiebiger spielen zu können – Mensch-ärgere-dich-nicht, Mikado oder Memory, auch Blindekuh –, häufiger in den Zoo oder zum Schwimmen gehen zu können, ihnen öfter vorzulesen, mit ihnen zu sprechen und ihnen zuzuhören. Zu selten waren unsere gemeinsamen Ausflüge, zu wenig gingen wir ins Kino. Doch wir lachten viel und hatten auf unsere Weise ein kleines Familienglück.

Ich hatte meine Kinder verlassen, um meinem Mann zu folgen, weil der das so wollte und weil es für eine arabische Ehefrau normal war, ihrem Mann zu gehorchen. Dass ich jetzt wegen meines Berufes und Ahmeds Studium nicht genügend Zeit für die Kinder hatte, sollte das auch normal sein? Ich begann, mir über unsere Sitten und Gewohnheiten Gedanken zu machen. Woher kam eigentlich die Unterdrückung der Frau? Hatte sie tatsächlich etwas mit meiner Religion zu tun oder war sie ein Werk der arabischen Männer? Wo konnten Frauen besser leben? In Deutschland, wo man frei, aber auch vielfach allein war und Mehrfachbelastungen hinnehmen musste? Oder in der familiären Geborgenheit arabischer Länder? Tief in meiner Seele spürte ich, dass nichts mehr normal für mich war, aber es war für mich selbstverständlich, weiterzumachen und nicht auf halbem Weg stehen zu bleiben. Hätte ich überhaupt etwas ändern können? Mir gelang es jedenfalls nicht, aus dieser für mich noch einigermaßen funktionierenden Welt auszusteigen.

Oft stand ich zwischen völlig gegensätzlichen Auffassungen. Meine Brüder schrieben mir beispielsweise immer wieder, dass ich zu Hause bei meinen Kindern bleiben solle und nicht arbeiten und meine Gesundheit ruinieren, während sich Ahmed nur ein geruhsames Leben mache. Er könne trotz seines Studiums ruhig mal mit anpacken. Einerseits wusste ich, dass sie Recht hatten, andererseits hätte ich dann mit ansehen müssen, dass meine Kinder im Gaza-Streifen geblieben wären. Ich hätte es nicht ertragen, bis zu dem Tag zu warten, an dem Ahmed vielleicht einmal in der Lage war, für seine Familie aufzukommen.

Es war nur allzu offensichtlich, dass mein Mann einfach nicht arbeiten wollte. Wenn ich arbeiten ging, unterstützte ich wiederum nur seine Faulheit. Doch hätte ich meinen Job aufgegeben, ich weiß nicht, was aus uns geworden wäre. Ich wusste, dass ich mit meiner Haltung meine Geschwister verärgerte, aber ich wollte nicht mehr von einem anderen Menschen finanziell abhängig sein. Stets musste ich einen Spagat zwischen meiner Erziehung, meinem alten und neuen Denken, meinen Geschwistern, Ahmed und den Kindern bewerkstelligen. Manchmal fand ich mich in dem Chaos der verschiedenen Anforderungen nur schwer zurecht.

Dass mein Mann zusah, wie ich Tag und Nacht arbeitete, und selbst nie einen Job annahm, dass er nie im Haushalt half, dass er sich nie um die Kinder kümmerte, belastete mich sehr. Für ihn war die Situation, wie sie war, eine Selbstverständlichkeit. Woher nahm er sich bloß diesen Freibrief? Ich nahm ihm sein Verhalten übel, aber ändern konnte ich es nicht. Er war mein Ehemann. Und niemand aus meiner Familie war bei mir, der mich hätte unterstützen können. Niemand konnte ihm einen Spiegel vorhalten.

Die Worte meiner Geschwister konnten mich zwar trösten, aber sie lebten in einer anderen, in der arabischen Welt, sie kannten die meine nicht wirklich. Ich war meinem Mann und den islamischen Gewohnheiten und Sitten verhaftet und ausgeliefert – so wie er sie auslegte. Ich durfte arbeiten und ihn und seine Kinder ernähren, aber Rechte hatte ich keine. Auch hier in Deutschland konnte ich nicht auf bestimmte Rechte pochen, ich war ja keine deutsche Staatsbürgerin. Ich konnte Ahmed nicht von einem Gericht dazu zwingen lassen, mir das Sorgerecht für die Kinder abzutreten, und konnte von ihm keine Unterhaltszahlungen einfordern. Da ich dem Islam angehörte und einen ägyptischen Pass für Palästina-Flüchtlinge besaß, galten für mich andere Gesetze.

Meine Bekannten und Nachbarn sagten oft zu mir: «Dein Mann geht selten aus dem Haus.« »Ja«, antwortete ich dann, »er muss nachts viel für die Uni lernen. Tagsüber schläft er dann.« »Wer schläft, der sündigt nicht«, bekam ich abschließend zu hören. Ich hatte auch keinen Grund, mir weitere Gedanken zu machen, denn Ahmed versicherte mir fast täglich, er liebe nur mich, keine Frau auf der Erde besäße annähernd meine Qualitäten, alles, was ich für ihn und die gesamte Familie tue, zeuge von großer Herzenswärme. Ich konnte seinen Redeschwall nur mit der Bemerkung unterbrechen, dass jeder anständige Mensch das machen würde, egal woher er käme. Mein Tun sei nichts Besonderes, sondern geschähe allein aus Liebe und Verantwortung. Nach diesem Einwurf hörten Ahmeds Säuseleien schnell auf.

Mehrmals riefen mich Frauen an und baten mich, meinen Mann endlich freizugeben. Ich wunderte mich über diese Anrufe. Warum sagten das unbekannte Frauen? Ich fand dafür keine Erklärung. Vielleicht wollte ich das auch nicht wissen. Ich war froh, dass meine Kinder jetzt hier in Deutschland waren und Talat medizinisch bestens versorgt wurde. Mir war in der Zwischenzeit klar geworden, dass er in einem arabischen Land keine weiteren Überlebenschancen gehabt hätte. Zudem rechnete ich damit, dass Ahmed uns bald versorgen würde. Er musste nur noch seine letzte Prüfung bestehen. Mit solchen Gedanken und Hoffnungen machte ich mir selbst Mut; auf diese Weise konnte ich alles ertragen.

Einmal kam ich von meiner Ausbildung vom Labor nach Hause und fand meinen Sohn reglos am Küchentisch sitzen. Er hatte die Arme auf die Tischplatte gelegt, und sein schmächtiger Rücken bebte. Talat weinte. Ich sah, dass seine linke Hand vorsichtig die rechte hielt. Als er mich kommen hörte, wurde sein Wimmern lauter.

»Mama, Gott sei Dank, dass du endlich da bist«, rief er aus und schaute mich aus seinen verquollenen Augen an. Es klang, als hätte er mich schon lange herbeigesehnt.

»Was ist los?«, fragte ich erschrocken und eilte sofort zu ihm.

In diesem Moment stürzten auch Hanan und Gada aus ihren Zimmern.

»Mama, Mama, Talat ist auf dem Weg von der Schule nach Hause mit seinem Fahrrad gestürzt. Er kann seinen Arm nicht mehr bewegen. Wir haben ihm nach Hause geholfen und Papa geweckt. Er hat sich den Arm angeschaut und zu Talat gesagt, er solle sich in die Küche setzen, sich nicht bewegen und auf dich warten, damit du ihn ins Krankenhaus bringst. Papa selbst blieb im Schlafzimmer im Bett liegen und ließ sich nicht stören«, erzählten die Mädchen gleichzeitig, bevor ihr Bruder zu Wort kommen konnte.

Ich schaute mir den unnatürlich herausstehenden, deformierten Unterarm meines Sohnes an und begriff sofort, dass er gebrochen war; um das zu erkennen, brauchte man kein Medizinstudium. Sofort fuhr ich mit Talat in die chirurgische Ambulanz, wo der Bruch bestätigt und behandelt wurde. Mir war unerklärlich, wieso mein Mann, der kurz vor dem Abschluss seines Medizinstudiums stand, das nicht erkannt hatte – oder nicht erkennen wollte.

Je länger wir in Deutschland waren, je selbstständiger ich wurde, desto fremder wurde er mir. Wie konnte ein Vater nur weiterschlafen, während sein Sohn mit einem gebrochenem

Arm in der Küche saß! Verachtung war alles, was ich noch für Ahmed empfand. Und dieses Gefühl wurde ich nicht mehr los. Wie er sich uns allen gegenüber verhielt, entsprach nicht meinen Vorstellungen von einem aufrichtigen und fürsorglichen Ehemann und Familienvater. Ahmed entsprach auch nicht meinem Bild von einem guten Menschen. Moslem oder Christ, Araber oder sogar Jude hätte er sein können, nur durfte er nicht rücksichtslos und egozentrisch sein. Das Einzige, was mein Mann beherrschte, war die Kunst, sich mit vielen schönen Phrasen zu rechtfertigen. Die Menschen in seiner Umgebung mochten ihn wegen seines Charmes und seiner gewandten und blumigen Ausdrucksweise. Ahmed war ein Mann der Worte, nicht der Taten. Für sich verlangte er Respekt und Liebe. Doch er war lieblos und unberechenbar; man konnte ihm in nichts vertrauen. Mit der Zeit merkten auch seine Mitmenschen, dass er ein großer Redner war, der nichts einhielt. Seine Beteuerungen waren hohl wie die Zwischenräume in einem getrockneten Granatapfel. Ich schämte mich für ihn, weil er mit seinem Gebaren alle arabischen Männer in ein schlechtes Licht setzte.

Ich hatte gehofft, dass wir hier in Deutschland durch Freiheit und Bildung mehr familiäre Stabilität gewinnen würden. Auch das war ein Irrtum. Die Familie bedeutete Ahmed nichts. Für ihn zählte nur sein Fortkommen und sein Vergnügen. Meine Sorgen um die heranwachsenden Töchter und die Angst um unseren Sohn, der mit dem Tod kämpfte, berührten ihn nicht. Er wollte nichts davon wissen, dass es nur noch eine Frage der Zeit war, wie lange Talats Organe die Transfusionen vertrugen und den ganzen medizinischen Prozeduren standhielten.

Trotzdem hatte ich hier in Homburg etwas Kostbares erworben, eine Art Heimatgefühl. Es war für mich eine völlig neue Empfindung, denn Heimat hatte ich bis dahin immer nur mit Palästina in Verbindung gebracht, einem imaginären Zuhause. Nun erfüllte es mich mit Befriedigung, dass ich in meinem jetzigen Umfeld Leben gestaltete, unser Leben, so gut wie ich es eben konnte. Die Nachbarn mochten uns, für sie waren wir so genannte integrierte, erfolgreiche und anständige Ausländer, die fleißig waren, nicht auf Kosten des Staates lebten und nicht mit dem Gesetz in Konflikt kamen. Dann aber kam der Tag, an dem ich für immer das Gefühl der Geborgenheit, der Freiheit, der neuen Heimat verlor.

Es war im September 1972. In München fanden die olympischen Spiele statt. In jeder freien Minute hatte ich mir die sportlichen Wettbewerbe angesehen. Dann wurde alles überschattet von dem Attentat einer palästinensischen Terrorgruppe, bei dem israelische Teilnehmer ermordet wurden. Ich war über die Bilder, die das Fernsehen übertrug, entsetzt. Ich konnte meine Tränen nicht halten, weinte um die unschuldig Getöteten und ihre Angehörigen, um die im Namen der Vergeltung Ermordeten. Ich verstand den Hass, die Perspektivlosigkeit der Palästinenser, die Angst, dass man überall, wo man hinging, damit rechnen musste, erschossen zu werden. Aber war ein solches Blutbad notwendig? Gab es nicht einen anderen Weg, aus dieser Verzweiflung herauszukommen? Gewalt und Tod – konnte das nicht aufhören? Warum konnten die Großmächte nicht für Frieden sorgen? Was für einen Sinn hatten solche Aktionen, wenn unschuldige Menschen dabei ums Leben kamen?

In diesen Tagen lief in Deutschland eine Verhaftungswelle an. Ahmed bekam unentwegt Anrufe von arabischen Freunden und Bekannten, die sehr besorgt waren. »Wir werden alle verhaftet. Wir werden alle ausgewiesen«, sagten sie zu meinem Mann. »Du wirst sehen, sie werden alle Palästinenser abschieben. Wir sollen nach Ägypten, Syrien oder Jordanien zurück. Aber auch dort werden wir weiterverfolgt, wie einst die Juden. Wir sind die neuen Juden der Welt.«

Es war klar, dass Deutschland, das Gastland der Olympischen Spiele, etwas tun musste. Es wurde allgemein erwartet. Die Tötung der israelischen Sportler konnte nicht einfach hingenommen werden. Ahmed wurde von einer großen Unruhe gepackt.

»Wir kommen ins Gefängnis«, sagte er.

»Unsinn!«, versuchte ich ihn zu beruhigen. »Du und deine Freunde, ihr steigert euch nur in diese Vorstellung hinein. Wir leben hier in einem Rechtsstaat. Kein Mensch wird euch verhaften, wenn ihr nichts getan habt. Kein Mensch wird euch ausweisen, wenn ihr hier anständig gelebt und die deutschen Gesetze befolgt habt. Außerdem bist du doch völlig unpolitisch. Du vergnügst dich doch lieber, als dass du im Untergrund arbeitest.«

»Du bist wirklich naiv, du hast keine Ahnung. Eine Idealistin bist du, eine Träumerin. «

Überall wurde nun über Israelis und Palästinenser diskutiert, unter Freunden, mit Nachbarn und am Arbeitsplatz. Wer besaß eigentlich das Recht, in Palästina zu leben? Viele Deutsche, das konnte ich bemerken, hatten ein schlechtes Gewissen wegen des Holocaust. Andere waren der Meinung, dass die Juden unser Land nach dem Zweiten Weltkrieg nicht hätten wegnehmen dürfen, waren aber auch davon überzeugt, dass die Palästinenser sich politisch falsch verhielten. Mit Terror würden wir unser Land nie wieder zurückbekommen.

»Dadurch habt ihr die ganze Welt gegen euch«, sagte ein Arbeitskollege zu mir. »Wir Deutsche wissen, dass den Palästinensern Unrecht getan wird, aber wir können wegen unserer Vergangenheit nichts gegen Israel sagen. Wir sind die Letzten, die gegen die Juden, gegen Israel den Mund aufmachen dürfen. Wir würden sofort als Antisemiten beschimpft werden.«

»Dann seid ihr Mittäter«, antwortete ich. »Wer bei Verbrechen zuschaut und nicht versucht, sie zu verhindern, der ist doch ein Mittäter. So steht es doch im hiesigen Gesetz.«

Meine Kollegen zuckten nur die Schultern.

Ich konnte das nur schwer verstehen. Ich brauchte jedenfalls meine Zunge nicht zu zügeln. Überall verkündete ich: »Das, was die Israelis mit den Palästinensern getan hatten und noch immer tun, war und bleibt Unrecht. Solange dieses Problem der Heimatlosigkeit nicht gelöst wird, solange immer wieder versucht wird, christliche, moslemische und jüdische Palästinenser zu vernichten, wird es keine friedliche Zukunft in diesem Gebiet geben.«

Warum kann nicht jeder Mensch, der ein Gefühl für Menschenrechte besitzt, anderen das Recht auf ihr Land zubilligen?, dachte ich oft.

Von ganzem Herzen konnte ich respektieren, dass eine Wiedergutmachung an den Juden stattgefunden hat und weiter stattfinden musste. Es war das Mindeste, was man für sie tun konnte. Dabei fand ich Wort »Wiedergutmachung« in diesem Zusammenhang völlig unangebracht, denn Tote konnte man nicht wieder lebendig machen, man konnte den Menschen die getöteten Angehörigen nicht wieder zurückgeben. Man konnte jedoch mit einer materiellen Unterstützung helfen. Das hatten die Deutschen bisher auch getan. Aber ich war davon überzeugt, dass die Menschen hier sowohl die Seite der Israelis, aber auch die der Palästinenser sehen sollten. Sie mussten meiner Meinung nach das Rückgrat haben, den Israelis zu sagen, dass das, was sie den Palästinensern zugefügt hatten, Unrecht sei. Wären nicht auch die Israelis gegenüber den Palästinensern verpflichtet gewesen, eine Art »Wiedergutmachung« zu leisten? Aber darüber sprach kein Mensch. Die Erblast galt nur für ein Volk.

Wenige Tage später stellte sich heraus, dass ich unsere Lage tatsächlich falsch eingeschätzt hatte. Ich war aus dem Labor nach Hause gekommen und zog mich gerade um, als es an der Tür klingelte. Ich hörte ein Stimmengewirr, und fremde Geräusche drangen zu mir ins Schlafzimmer.

»Was ist da los?«, rief ich den Kindern zu, bekam aber keine Antwort.

Unruhig geworden, wollte ich nun selber nachschauen und streckte meinen Kopf aus der Tür: Im Wohnzimmer standen mehrere bewaffnete Polizisten. Erschrocken schlug ich die Tür wieder zu, aber im nächsten Moment stand schon ein Polizist neben mir. Ich bat ihn, einen Augenblick draußen zu warten, bis ich angezogen sei, aber er befahl: »Sie ziehen sich in meiner Gegenwart an. Wir haben einen Haftbefehl für Ihren Mann und einen Durchsuchungsbefehl für Ihre Wohnung.«

Vor Scham wäre ich am liebsten in den Boden versunken. Ich fühlte mich in meiner Ehre verletzt und entwürdigt. Da stand ich fast nackt vor einem fremden Mann in meinem eigenen Schlafzimmer und war nicht in der Lage, ihn aus dem Zimmer zu weisen. Er drehte sich nicht einmal um. Ich musste an die Juden denken, die sich entkleiden mussten, bevor sie in die Gaskammer gingen.

Als ich angezogen war, ging ich in Begleitung des Beamten in den Flur unserer Wohnung. Seine Kollegen zeigten mir den Haftbefehl und den Durchsuchungsbefehl. Ich musste mich fügen. Meine Kinder standen eng umschlungen in einer Ecke und weinten. Ich schleuste sie ins Wohnzimmer und versuchte sie zu beruhigen. Doch ich war selbst durcheinander und wusste nicht, was ich tun sollte. Ich konnte mich nicht gegen die Gewalt einer staatlichen Macht wehren. Plötzlich fühlte ich mich nicht mehr geborgen, nicht mehr zu Hause. Was hatten wir denn getan? Was gab ihnen zu diesem Eindringen Anlass? Nur die Tatsache, dass wir Palästinenser sind?

Mit Stöcken stocherten die Polizisten hinter den Heizungskörpern herum, um dort nach Waffen zu suchen. Sie rissen Kleidungstücke aus den Schränken und Schubladen, schüttelten sie auseinander und warfen sie achtlos auf den Fußboden. Sie nahmen alle Bücher aus den Regalen, klappten sie nach unten auf und warfen sie ebenfalls auf den Boden. Kochtöpfe, Schüsseln und Dosen wurden durchsucht und landeten irgendwo in dem Durcheinander.

Schließlich legten sie Ahmed Handschellen an und führten ihn ab. Um das Haus herum standen ein halbes Dutzend Polizisten und mehrere Streifenwagen. Mein Mann musste einsteigen und wurde zum Hauptrevier gebracht. Ich blieb mit meinen drei Kindern in dem Chaos zurück.

Damals wurden nahezu sämtliche palästinensischen Männer aus unserer Umgebung verhaftet, ganz gleich, ob sie sich zu Hause, in einem Café oder zu ihrer Arbeitsstelle befanden. Palästinensische Ärzte wurden sogar aus dem Operationssaal herausgeholt. Sie alle kamen in Untersuchungshaft.

War Deutschland nicht ein demokratisches Land? In diesem Augenblick aber konnte ich kaum noch einen Unterschied zu einer Diktatur sehen. Ich war vollkommen verunsichert und wurde meine Angst, hier in diesem Land als Ausländerin nicht sicher leben zu können, nie mehr ganz los.

Zum Glück waren einige der palästinensischen Männer mit deutschen Frauen verheiratet, die sich zu wehren wussten. Sie schalteten sofort einen Rechtsanwalt ein, der Schritte gegen eine drohende Abschiebung einleitete. Die Männer blieben wie Verbrecher eine Woche lang in Haft, dann wurden sie freigelassen. Man konnte ihnen nichts nachweisen.

Meine Kinder wollten nicht mehr in die Schule gehen, weil ihre Schulkameraden sie mit den Worten begrüßten: »Euer Vater ist ein Mörder. Er ist von der Polizei verhaftet worden.« Ich schämte mich vor Bekannten, vor den Nachbarn und sogar vor den wenigen Freunden. »Da muss doch was dran sein«, hieß es, »sonst hätte die Polizei deinen Mann nicht mitgenommen. Es müssen doch handfeste Beweise vorliegen.«

Ich musste wieder an die Juden denken, die unter Hitler

in ihren Häusern und auf offener Straße verhaftet wurden. Ob ihre Nachbarn, Freunde und Bekannten damals auch nur zugeschaut und gesagt hatten, ohne Grund wird die Gestapo sie wohl nicht verhaftet haben? Ich konnte es mir auf einmal vorstellen.

Hanans Geheimnis

Ende 1975 war Ahmed nach fast zehn Jahren endlich mit seinem Medizinstudium fertig und begann in der Chirurgie zu arbeiten. Ich wurde in dieser Zeit an einem Bandscheibenvorfall im Bereich der Halswirbelsäule operiert und lag wochenlang im Krankenhaus. Mein Chef im Labor legte mir nahe, den Arbeitsplatz aufzugeben, weil ich die anderen Kolleginnen durch meine lange Erkrankung zu sehr belasten würde. Daraufhin reichte ich die Kündigung ein. Ich wollte ja sowieso meinen alten Traum wahrmachen und mich zum Medizinstudium anmelden. Als Chirurg verdiente mein Mann ja genug, um uns alle ernähren zu können.

Davor musste ich aber erst noch das Abitur nachmachen. Ich stellte mir alles so schön vor. Das Studium würde mir Zeit lassen, das hatte ich ja bei Ahmed gesehen, und ich könnte mich mehr um die Kinder kümmern. Ich könnte sie begrüßen, wenn sie von der Schule heimkämen, ihnen die Schulranzen abnehmen und ein frisch gekochtes Essen vorsetzen. Ich hätte Geduld, um mit ihnen ausführlich zu reden, und könnte ohne Hektik ihre Schulaufgaben überprüfen. Ich wollte endlich in Ruhe über die Welt nachdenken, mit meinen Nachbarn Kaffee trinken und ihnen zuhören, wenn sie über ihre Familienprobleme sprachen. Und ich wollte lange Waldspaziergänge machen, die verschiedenen Bäume und Beeren kennen lernen, um wieder mit mir und meiner Seele eins zu werden.

Es sollte auch alles so eintreten – jedenfalls fast.

Zwei Semester lang besuchte ich das Studienkolleg für Ausländer an der Universität Saarbrücken, welches mit der Abiturprüfung endete. Ich schaffte sie auf Anhieb. Ich hatte auch weiterhin Glück: Ich bekam auf meine Studienbewerbung eine Zusage, möglicherweise weil der frühere Ausländerbeauftragte nicht mehr im Amt war. Ich wurde nun für all meine Mühen belohnt. Wunderschöne Wochen und Monate sollten auf mich zukommen. Ich besuchte regelmäßig die Vorlesungen und widmete mich meinen Kindern, den Nachbarn und Freunden – ganz so, wie ich es mir ausgemalt hatte. Die einzige traurige Begebenheit war, dass unsere »deutsche Oma« starb. Sie war eine ältere, liebenswerte Dame gewesen, die ich bei meinen Nachtwachen kennen gelernt hatte. Ich war damals noch kaum der deutschen Sprache mächtig, doch sie schloss mich sofort in ihr großes Herz. Sie war für mich wie eine Mutter. Drei- oder viermal im Jahr kam Maria zu uns zu Besuch. Ihr Mann fuhr sie, und das Auto war immer voll beladen mit Brot, Kuchen, Fleisch, Gemüse und Obst. Ein schöneres Geschenk konnte ich mir gar nicht vorstellen. Sie war der einzige Mensch, der mir und später meinen Kindern Wärme und Liebe schenkte.

Von Ahmed war sie enttäuscht gewesen, denn sie hatte nur zu deutlich gesehen, wie er mich und die Kinder behandelte, wie er uns belog und vernachlässigte. Und jetzt war meine Ersatzmutter tot. Für mich war das ein schwerer Verlust. Was hätte sie gesagt, wenn sie noch erfahren hätte, dass Ahmed immer aggressiver wurde, mich und die Kinder schlug? Er veränderte sich mehr und mehr, wurde von Tag zu Tag unzufriedener, ohne dass wir eine Erklärung dafür finden konnten.

Ahmed fing plötzlich an, von mir zu verlangen, ich solle zu Hause bleiben und mich nach arabischen und islamischen Sitten verhalten, die er aber selbst nicht beachtete, geschweige denn respektierte. Von mir und den Kindern forderte er plötzlich den größten Gehorsam. Nur mit ihm sollten wir noch das Haus verlassen dürfen; er wollte mir nicht einmal erlauben, allein einkaufen zu gehen. Dabei hatte er das jahrelang zugelassen, ja sogar von mir erwartet. Für die Kinder war es selbstverständlich, dass sie nach der Schule mit den Nachbarskindern herumtollten, nun sollten sie das auch nicht mehr dürfen. Klingelten die Spielkameraden an der Haustür, um unsere Kinder abzuholen, schickte er sie weg. Ich sollte überhaupt nicht mehr an die Haustür gehen, weil ich mit keinem anderen Menschen reden sollte. Die Kinder sollten allen Leuten, die bei uns klingelten, ausrichten, sie möchten wiederkommen, wenn der Papa wieder da wäre.

Wenn ich Ahmed zur Rede stellte und ihn fragte, warum er uns so drangsalieren wolle, gab er zur Antwort: »Ich möchte nicht, dass du und die Kinder von den Deutschen verdorben werdet, daher dürft ihr keinen unbeaufsichtigten Kontakt mehr mit ihnen haben.« Manchmal dachte ich, dass seine Veränderung mit der Haft in Zusammenhang stand. Er verbot seinen Töchtern, am Schwimmunterricht teilzunehmen. Tagtäglich hielt er uns Moralpredigten.

Meinen Brüdern versuchte er weiszumachen, dass er als gläubiger und ehrenhafter Araber in Deutschland lebe, ich ihm aber nicht gehorchen würde. Er hoffte, dass meine Brüder Druck auf mich ausüben würden. Ahmed versicherte ihnen, er bete fünfmal am Tag und sorge unermüdlich für seine Familie. Doch ich wollte mich nicht noch einmal von meinem Mann bevormunden lassen. Ich ging weiterhin zu meinen Vorlesungen, besuchte die Nachbarn und tat, was ich für richtig hielt. Auch meinen Kindern versuchte ich klar zu machen, dass sie sich nicht jedem Verbot ihres Vaters beugen mussten. Abends schrie mich Ahmed oft an, schlug mir ins Gesicht und drohte, mich ans Bett zu binden. Ich ließ mich davon nicht beeindrucken und forderte die Auseinandersetzung geradezu heraus.

»Bisher war ich gut genug, für dich zu arbeiten, bisher waren die Deutschen gut genug, dich studieren zu lassen, und jetzt soll alles auf einmal falsch sein?«

Tatsächlich musste Ruschdi aus Bagdad anreisen, um den Streit zu schlichten. Diese Aufgabe war für meinen Bruder nicht ungewöhnlich. In seiner Position im Irak musste er die Gesetze des Islam interpretieren und die Moralvorstellungen der verschiedenen Religionen miteinander vergleichen. Ruschdi versuchte, auf mich einzureden, mir zu verdeutlichen, wie gut es für mich sei, Ahmed zu gehorchen. Ich konnte diese Worte jedoch nicht mehr hören.

Ahmed holte permanent den Koran aus der Schublade und legte fünfmal am Tag den Gebetsteppich aus, nur um meinen Bruder zu beeindrucken. Um die Schändlichkeit der Deutschen zu demonstrieren, führte mein Mann seinem Schwager TV-Sendungen mit freizügigen Liebesszenen vor, die er gezielt aus dem Fernsehprogramm herausgesucht hatte. Auch führte er ihn im Beisein der Familie bei einem Ausflug nach Saarbrücken in die Bahnhofstraße. Die Kinder und ich mussten vor einem Kino stehen bleiben, während Ahmed meinen Bruder nebenan in einen Laden führte, über dem ein Schild mit der Aufschrift »Beate Uhse« prangte. Ich wunderte mich über die Dekoration des Geschäfts: erotische Reizwäsche, merkwürdige Utensilien aus Leder und Gummi und animierende Fotos. Was ist das für ein Laden, fragte ich mich. Was soll mein Bruder, der Universitätsprofessor, dort? Verwundert stand ich neben meinen Kindern.

Als die beiden wieder rauskamen, schaute Ruschdi entsetzt drein. Ahmed erklärte meinem Bruder, dass die Deutschen für die Liebe perverse Dinge bräuchten und dass sie untereinander ihre Frauen austauschten. Vor diesen verdorbenen Menschen wolle er, Ahmed, mich beschützen.

»Die deutschen Frauen sind alle Huren und Ehebrecherinnen. Deine Schwester Halima hat auch schon schlechte Gewohnheiten angenommen; das versuche ich mit meinen Maßnahmen nur zu unterbinden.«

Ruschdi glaubte Ahmed. Ein Mann musste einem anderen Mann glauben. Wir sollten sofort den Fernseher abschaffen – was nicht geschah, weil die Flimmerkiste Ahmeds größtes häusliches Vergnügen war. Dennoch handelte mein Bruder mit Ahmed aus, dass ich trotz der deutschen Unsitten – es waren ja nicht unsere – studieren durfte. Es kam bei der Vermittlung immerhin eine Art Camp-David-Abkommen zustande.

Ahmed fing nun auch an, alle anderen Araber zu verachten. Sie waren in seinen Augen ebenso unmoralisch wie die Deutschen, da sie von ihnen infiziert worden seien. Er wollte sie auch nicht mehr bei uns zu Hause sehen.

Ich war verzweifelt. Mit wem hätte ich darüber reden können? Auf wen hätte mein Mann gehört? Er war in seiner Seele, in seinem Herzen und seinem Geist nicht mehr gesund. Um Ruhe für uns alle zu haben und um weiter studieren zu können, isolierte ich mich von allen Menschen. Ich wagte nicht einmal mehr, eine Kommilitonin mit nach Hause zu bringen. Um Ärztin werden zu können, hätte ich seine Schläge ertragen, seine körperliche und seelische Gewalt – aber nur an mir.

Und dann traf es mich wie ein Schlag! Ich fand beim Aufräumen im Zimmer meiner ältesten Tochter einen Brief an ihren Vater, in dem sie ihn bat, »damit aufzuhören«. Was meinte Hanan damit? Hatte ich etwas übersehen? Als Hanan aus der Schule nach Hause kam, nahm ich sie zur Seite und zeigte ihr das Geschriebene.

»Vater hat mich sexuell missbraucht«, gestand sie tonlos. »Und ich musste zuschauen, wie andere Frauen seine körperlichen Wünsche befriedigten.«

Er hatte ihr auch erzählt, dass ich mich, statt zu arbeiten oder mich in der Klinik um Talat zu kümmern, mit anderen Männern vergnügte, und sie und ihre Schwester ablehnte. So nahm mein Mann den Töchtern die Mutter und der Mutter die Töchter weg und machte den Weg frei für seine Schandtaten.

Ich konnte und wollte das nicht glauben. Ich war ahnungslos und konnte mir nicht vorstellen, dass es so etwas auf der Welt überhaupt gab. Es war für mich das erste Mal, dass ich von einem sexuelle Missbrauch in der Familie hörte. Ich wollte die Worte meiner dreizehnjährigen Tochter anfangs nicht akzeptieren und schüttete mein Herz bei einer befreundeten Nachbarin aus. Sie zweifelte nicht an Hanans Aussage; sie traute meinem Mann alles zu. Bislang hätte sie geschwiegen, gab sie mir zu verstehen, aber es sei den Nachbarn bekannt, dass Ahmed mit jeder Frau, die zu ihm in die Wohnung kam, schlief – oder es zumindest versuchte. Er hätte es auch bei ihr probiert.

Warum hatte ich das alles nicht gewusst? Wie konnte ich nur so blind sein? Ahmed hätte sich in eine andere Frau verlieben können, dagegen wäre nichts zu machen gewesen, aber er hätte ehrlich dazu stehen sollen. Doch mit jeder Frau, die zu uns kam, ins Bett zu gehen, und dann auch noch mit meiner ältesten Tochter, das war zu viel.

Ich bat Hanan, mit ihrem Vater über ihre Beziehung zu sprechen. Sie hatte Angst davor, dass ihr Vater sie totschlagen würde, wie er es ihr für den Fall, dass auch nur ein Wort über ihre Lippen kam, angedroht hatte. Doch ich versprach, ihr zu helfen. Gemeinsam, sagte ich, würden wir einen Ausweg finden. Als es zu diesem Gespräch zwischen Hanan und ihrem Vater kam, ließ ich ohne sein Wissen ein Tonband mitlaufen, wie es mir die Nachbarin vorgeschlagen hatte. Hanan war davon unterrichtet. Als ich das Band abhörte und laut und deutlich vernahm, was er sagte, wurde mir klar, was er getan hatte. Meine Tochter hatte die Wahrheit gesagt.

»Papa, ich will damit aufhören«, sagte Hanan.

»Warum willst du damit aufhören«, antwortete mein Mann mit hämischer Stimme. »Gefällt es dir nicht mehr? Macht es dir keinen Spaß mehr?«

»Ich habe Angst, von dir schwanger zu werden«, antwortete schüchtern meine Tochter.

»Aber mein Liebling, du brauchst doch keine Angst zu haben. Ich bin doch ein Doktor und weiß, wie das erledigt wird. Wenn es so weit sein sollte, werde ich dir helfen. Du bist doch meine Tochter.«

»Ich habe aber Angst. Mutter könnte etwas davon mitbekommen.«

»Wie denn? Wenn du ihr nichts sagst, erfährt sie es nicht. Oder bereust du es, mit mir geschlafen zu haben?«

»Papa, ich habe aber Angst. Und wenn ich heirate, dann bin ich keine Jungfrau mehr.«

»Kein Problem. Ich mache das schon. Ich werde dir einen Arzt als Mann besorgen, der für dich arbeitet und dich versorgt und der froh sein wird, dich als Frau bekommen zu haben. Und mit dem Blut in der Hochzeitsnacht werde ich eine Lösung finden; ich lasse dich doch nicht im Stich. Jetzt beruhige dich und sprich mit keinem darüber!«

Mit diesen Sätzen war alles klar. Ich war erschüttert. Mehrere Jahre hatte mein Mann schon mit unserer Tochter und mit vielen anderen Frauen geschlafen, ohne dass ich es wahrgenommen hatte. Wie konnte ich nur so ahnungslos sein?

Ahmed war überführt, das war das Einzige, was ich mit meinem Gehirn aufnehmen konnte. Meine mühsam aufgebaute kleine Welt war wie ein Kartenhaus zusammengefallen. Alle Hoffnungen, die ich in meine Familie gesetzt hatte, waren zerstört. Es konnte doch unmöglich einen Menschen geben, der sich so schändlich benahm? Wie war es möglich, dass ein Vater mit seiner Tochter so etwas tat? Sie zu missbrauchen! Das eigene Kind! Es ging über meine Vorstellungskraft. Sie war von ihm abhängig und vertraute ihm. Das war nicht nur eine Schande, das war ein furchtbares Verbrechen an seiner Tochter, an seiner ganzen Familie.

Und immer wieder dachte ich daran, was die Leute von uns denken würden. Hatten die Männer, mit denen er Poker spielte, davon gewusst? Seine Studienkollegen? Und wenn ja, was konnten sie dazu gesagt haben? Später erfuhr ich, dass er nicht besonders beliebt war, weil er fortwährend Fotos von seinen Geliebten in freizügigen Posen herumgereicht hatte. Besonders quälte mich aber der Gedanke, ob ich vor lauter Arbeit und Lebensorganisation zu wenig wachsam gewesen war? Hätte ich etwas merken müssen? Hatte mir meine Tochter signalisiert, ich solle ihr helfen, und hatte ich diese stummen Hilfeschreie nicht gehört? Warum hatte ich ihre Angst nicht gesehen? Hatte Hanan vielleicht sogar Angst vor mir gehabt? Immer mehr Fragen tauchten auf, doch es gab keine Antworten.

Mit Ahmed wollte ich mich nicht auseinander setzen. Ich hatte dazu keine Kraft. Abscheu und Ekel überfielen mich, wenn ich nur an ihn dachte. Es gab für mich nur eine Möglichkeit: Mein Mann musste unsere Wohnung verlassen. Ich forderte ihn auf, seine Sachen zu packen, er könne hin und wieder vorbeikommen, um seine Kinder zu sehen, aber nur in meinem Beisein. Jegliche Berührung sei ihm verboten.

Anfangs versuchte Ahmed die Geschichte herunterzuspielen, mich sogar als Lügnerin darzustellen, denn er und Hanan hätten doch nur ein wenig zusammen geschmust, wie es zwischen Vater und Tochter eben üblich sei. Aber ich ließ mich nicht mehr auf derartige Beschwichtigungen ein. Ich hatte diesem Menschen schon zu lange immer wieder nachgegeben. Jetzt prallten seine Worte an mir ab, nichts konnte mich erweichen oder schwach machen. Mein Hass war zu groß. Als Ahmed begriff, dass er auf verlorenem Boden stand, wurde er wütend. Er rannte ins Schlafzimmer und kam mit einer Pistole zurück, die er auf mich richtete. Ich hatte sie zuvor noch nie gesehen, wahrscheinlich hatte er sie sich nach seiner Verhaftung besorgt, schoss es mir durch den Kopf. War mein Mann verrückt? Krank? Ich traute diesem Irren alles zu. Zum Glück war Talat in der Klinik und meine beiden Töchter in ihren Zimmern.

»Ich werde Hanan und dich erschießen. Ihr steckt beide unter einer Decke. Mit euren Lügen wollt ihr nur meine Zukunft zerstören. Ihr seid die Verdorbenen, ihr treibt euch mit deutschen Männern herum. Ich dagegen bin ein frommer und anständiger Mensch«, schrie er mit sich überschlagender Stimme.

Immer wilder fuchtelte Ahmed mit der Pistole herum. Ich blieb nach außen hin ruhig, ich wusste, ich musste es für meine Töchter sein, doch meine Angst vor ihm war unermesslich groß. Noch heute sehe ich den eiskalten Ausdruck in seinem verzerrten Gesicht vor mir, als er mir die Pistole an die Schläfe drückte und abzudrücken drohte. In diesem Moment dachte ich an Talat. Er sollte morgen operiert werden, seine Milz musste entfernt werden. Da die Milz als Friedhof für Blutkörperchen fungierte, hatte sie sich wieder einmal übermäßig vergrößert und drückte auf die anderen Organe wie Herz und Lunge.

Dann sah ich Ahmed vor mir, wie er sich in meiner Abwesenheit an Hanan herangemacht hatte. Die Bilder flitzten wie kleine Horrorfilme an mir vorbei. Meine Kinder brauchten mich; ich musste unbedingt weiterleben. Ich konnte sie doch nicht einem verrückten Vater überlassen. Aber ich wusste, es gab Amokläufer, die mehrere Menschen hintereinander töteten. Ich hoffte, dass es nicht so weit kommen würde.

Plötzlich spürte ich, wie der Druck des kalten Metalls an meiner Schläfe nachließ. Ahmed hatte es aufgegeben, auf mich zu zielen. Ich versuchte, ihn nicht anzuschauen, um ihn nicht erneut zu reizen. Ich spürte, wie sich die Distanz zwischen mir und meinem Mann vergrößerte. War es nun vorbei? Hatte sich seine Wut gelegt oder war er nur dabei, sich noch etwas Grausameres auszudenken? Meine Töchter schluchzten leise, als sie ins Zimmer kamen. Ich streckte meine Arme nach hinten und versuchte, ihnen Halt zu geben. Ich hörte, wie Ahmed endlich im Schlafzimmer verschwand und hektisch ein paar Sachen in eine Tasche stopfte.

»Bleibt ganz ruhig«, flüsterte ich Hanan und Gada zu. »Wir schaffen das schon. Gleich ist Papa aus dem Haus und ihr braucht euch nicht mehr zu fürchten.«

Das war wenigstens meine Hoffnung. Wer konnte schon wissen, was sich Ahmed noch alles einfallen ließ? Zu meiner größten Erleichterung erfüllte sich mein Wunsch. Ohne ein Wort, ohne eine weitere Drohgebärde verließ er das Haus.

Zitternd standen wir nun da. Behutsam packte ich meine Töchter in ihre Betten und sagte immer wieder: »Es ist alles vorbei. Ich bin bei euch, es wird euch nichts passieren.« Sämtliche Wärmflaschen, die ich finden konnte, füllte ich mit heißem Wasser und stopfte sie um Hanan und Gada herum. Ich hatte Angst, die Erlebnisse würden sie erfrieren lassen.

Völlig erschöpft setzte ich mich aufs Sofa. Was konnte ich tun, um meinen Kindern Sicherheit zu geben? Gut, in den nächsten Tagen konnte ich die Vorlesungen schwänzen, auch den Nachtdienst konnte ich absagen. Aber das war keine Lösung für alle Zeiten. Ich musste für meine Familie sorgen, ihr das Überleben garantieren.

In den nächsten Tage brachte ich Hanan und Gada in die Schule und holte sie auch wieder ab. Während ihrer Unterrichtsstunden saß ich bei Talat im Krankenhaus. Er hatte große Schmerzen. Und immer fühlte ich den Pistolenlauf an meiner Schläfe. So konnte es nicht weitergehen.

Ich schrieb Ruschdi, meinem ältesten Bruder, der mittlerweile in Bagdad eine sehr hohe Position erreicht hatte, und erklärte ihm die Situation. Einige Tage später stand er vor unserer Wohnungstür.

»Es ist furchtbar«, sagte Ruschdi, »aber so etwas kommt vor. Ahmed ist kein Einzelfall.«

»Und kann man dagegen etwas machen?«, fragte ich.

»Ich werde schon dafür sorgen, dass euch nichts passiert.«

»Zu Ahmed habe ich gesagt, dass er seine Kinder sehen darf. Das war, bevor er uns mit der Pistole bedrohte. Ich will nicht, dass er je wieder diese Wohnung betritt.«

»Sei beruhigt. Mit Ahmed wirst du in Zukunft nichts mehr zu tun haben. Du erhältst von mir Geld, um weiter studieren zu können. Für die Kinder muss Ahmed aufkommen oder seine Eltern. Egal, wie groß sein Fehlverhalten ist, in der arabischen Welt gehören die Kinder dem Mann. Nach dem Studium kannst du dann zu mir nach Bagdad übersiedeln. Oder du fährst gleich mit mir zurück. Die Entscheidung liegt ganz bei dir. Im Irak kannst du einen meiner Freunde heiraten, der auch Universitätsprofessor ist. Ich würde alles für dich arrangieren.«

»Ich möchte hier in Deutschland mein Studium beenden. Und ich möchte, dass du meine Töchter mitnimmst, zu dir und deiner Familie. Dort sind sie geborgen, dort wird keiner ihnen ein Leid zufügen. Ich weiß, das ist ein ungewöhnlicher Wunsch, aber ich bin mir sicher, dass Ahmed seine Eltern aufwiegeln und Hanan und Gada als Lügnerinnen abstempeln wird, sodass man sie schlecht behandeln würde.«

Ruschdi schwieg lange. Mein Ansinnen entsprach einfach nicht unseren Sitten.

»Du magst Recht haben. Aber die Kinder gehören nun einmal nicht zu unserer Familie. Das musst du verstehen.«

Ich konnte kein Gegenargument vorbringen. Die Gesetze unserer Welt waren zu mächtig. Aber ich lebte nun schon seit einigen Jahren im Westen, und mein Denken hatte sich verändert. Bei diesem Gespräch wurde mir das schmerzlich bewusst. Ich wollte mit ihm auch nicht streiten; es hätte keinen Zweck gehabt weil Ruschdi nicht gegen seine Überzeugungen handeln konnte. Ich überlegte, ob Ahmed sich so verändert hatte, weil er die zwei Welten in seinem Innern nicht in Übereinstimmung bringen konnte?

Obwohl Ruschdi meine Einstellung nicht teilte, war ich froh, dass er da war. Er war der Einzige, der mir half. Ohne ihn hätte ich mich nach unseren Gesetzen nicht von meinem Mann trennen können. Bevor er allein nach Bagdad zurückflog, veranlasste er die Scheidung nach islamischen Recht.

Ich hatte auch daran gedacht, Anzeige gegen Ahmed zu erstatten. Ich fragte einen Richter, einen Staatsanwalt und einen Anwalt. Sie alle rieten mir davon ab, meinten, es würde für meine Tochter traumatisch sein, sie würde von einem Arzt zum anderen geschickt werden, und am Ende würde man ihr doch nicht glauben. In den Siebzigerjahren war man für derartige Familienvorkommnisse noch nicht genügend sensibilisiert.

Ahmed stand immer wieder unangemeldet vor unserer Tür und drohte, Hanan umzubringen. Tagtäglich bangte ich um meine beiden Mädchen und war erst wieder froh, wenn sie von der Schule nach Hause kamen. Er rief auch immer wieder an, um von neuem Gewalttaten gegen seine angeblich lügnerische Tochter anzukündigen. Ich hatte Angst, dass er seine Drohungen eines Tages wahrmachen würde und fand keine Ruhe mehr.

In meiner Not rief ich meinen Bruder in Bagdad an und bat ihn nochmals, Hanan und Gada bei sich aufzunehmen – wenigstens vorläufig. Nachdem ich ihm erzählt hatte, wie sich Ahmed aufführte, zeigte sich Ruschdi einverstanden. Auch wenn mein Mann seine Einschüchterungsversuche nur gegen Hanan richtete, wollte ich meine älteste Tochter nicht allein zu meinem Bruder fliegen lassen. Sie hätte dies als Strafe dafür angesehen, dass sie mir die Wahrheit über ihren Vater gesagt hatte. Auch sollte ihr Gada Trost und Halt geben, wenn Hanan erneut einen Umbruch in ihrem Leben verkraften musste. Ich sagte zu Ruschdi, dass ich meine Kinder wieder abholen würde, sobald sich Ahmed beruhigt hätte. Mein Bruder bot mir nochmals finanzielle Unterstützung an. Ich lehnte ab und erzählte ihm, dass ich noch etwas Geld aus meiner MTA-Zeit gespart hätte. In Wirklichkeit besaß ich keinen Pfennig mehr, doch der Preis, den ich dafür hätte zahlen müssen, war mir zu hoch. Hätte ich sein Geld angenommen, dann hätte ich mich seinen Vorstellungen beugen müssen, beispielsweise hätte ich mich dann von ihm verheiraten lassen müssen. Doch allein der Gedanke, einem Mann wieder unfreiwillig gehorchen zu müssen, ließ mich schaudern.

Wieder trat ich die Fahrt zum Frankfurter Flughafen an – dieses Mal, um mich von meinen Töchtern zu verabschieden. Ich musste sie wieder in ein arabisches Land schicken, obwohl ich wusste, wie streng die Sitten dort waren. Ich wusste, wie unterdrückt sie sich dort fühlen mussten, nachdem sie erlebt hatten, was Freiheit bedeutete. Sie waren nun keine kleinen Kinder mehr, sondern heranwachsende Mädchen, und der Schock würde groß sein. Sie würden lernen müssen, sich unterzuordnen, und das in einer Situation, wo sie ihre Mutter so sehr gebraucht hätten.

»Wir wollen aber nicht zu deinem Bruder«, sagte Gada trotzig.

»Ich möchte auch nicht, dass ihr nach Bagdad geht«, antwortete ich. »Es ist für mich furchtbar, mich von euch zu trennen. Aber ich habe Angst, dass euch hier etwas passiert. Bei Ruschdi seid ihr in Sicherheit. Das ist mein einziger Trost.«

Eine andere Möglichkeit sah ich damals nicht; die arabische Tradition war immer noch in mir verwurzelt. Ich hatte mich noch nicht weit genug davon gelöst. Deshalb fand ich mich mit dieser Trennung ab.

»Es wird euch in Bagdad bestimmt gefallen.« Meine Schönrednerei klang nicht glaubhaft, das sah ich den Mienen der beiden Mädchen an. Mit meinem todkranken Sohn an der Hand versuchte ich mich von meinen Töchtern loszureißen. Mit aller Kraft hielt ich die Tränen zurück, um meine Töchter nicht zu verunsichern. Geduldig wartete die Stewardess, die Hanan und Gada in den Flieger begleiten sollte. Schließlich verschwanden sie hinter der Passkontrolle. Mit ihnen ging ein Teil meines Herzens. Zurück blieben wieder einmal Fragen über Fragen. Was würde ich in Zukunft anders machen können? Würde ich sie beschützen können? Warum gelang es mir nicht, meine Kinder hier bei mir zu behalten?

Meine Schwestern verstehen mich nicht

Nun war ich mit Talat allein in unserer großen Wohnung. Doch wir hatten kaum etwas von ihr. Mein Sohn verbrachte die meiste Zeit in der Kinderklinik oder in der Schule, ich bereitete mich auf das Physikum vor, übernahm viele Nachtwachen oder saß am Bett von Talat. Jedes Mal, wenn ich dachte, es gehe aufwärts mit ihm und ich könne aufatmen, kam der nächste Rückschlag. Unser Leben war eine einzige Berg- und Talfahrt. Immer wieder sagte ich mir, er darf nicht sterben, nicht, so lange seine Schwestern in Bagdad sind. Er muss noch so lange durchhalten, bis sie wenigstens wieder da sind. Oder ich machte meinem Sohn Mut, er müsse noch Kraft haben, bis ich Ärztin geworden sei und ihm helfen könne. Ich wollte mich damit auch selber beruhigen. Immer wenn er wieder eine Krise gemeistert hatte, schöpfte ich neue Hoffnung..

Manchmal fragte ich mich, woher Talat nur diesen Lebenswillen nahm. Nie jammerte er länger als ein paar Sekunden, immer wieder warf er mir fröhliche Sprüche an den Kopf, permanent neckte und foppte er mich. Ich bewunderte ihn für seine Liebenswürdigkeit, seinen Mut und seine Geduld. Wenn ich müde von meiner Arbeit im Krankenhaus nach Hause kam und Kopfschmerzen hatte, schämte ich mich, das zu erwähnen. Klagte ich aber doch einmal, antwortete Talat: »Setz dich einfach hin, ich hole dir was zu trinken.« Durch meinen Sohn lernte ich, viele Dinge im Leben in ihrer Bedeutung zu relativieren.

Ahmed hatte mir einen Haufen Schulden hinterlassen. Die Zahlungsbefehle, die ich ihm an seine neue Adresse schickte, kamen stets mit dem Vermerk »unbekannt verzogen« zurück. Also musste ich den angesammelten Geldbetrag abzahlen. Seine Anrufe wurden immer seltener, meistens kamen sie, den Geräuschen im Hintergrund nach zu urteilen, aus öffentlichen Telefonzellen. Er hatte wohl auch in Erfahrung gebracht, dass seine Töchter nicht mehr bei mir wohnten, denn seine Mordabsichten schien er vergessen zu haben. Ahmeds Anrufe hatten eigentlich nur noch ein Motiv: Drohungen auszustoßen. Bevor er diese aber aussprechen konnte, hatte ich schon den Hörer aufgelegt. Ich wollte mit diesem Mann nichts mehr zu tun haben. Nichts sehnte ich mehr herbei als den Tag, an dem die Scheidung ausgesprochen werden würde. Als es dann so weit war, wusste ich, dass mein Exmann niemals Unterhalt für seine Kinder zahlen würde.

Während meines Studiums besuchten mich meine beiden Schwestern mehrmals. Miriam lebte noch immer in Saudi-Arabien, Mona, das Nesthäkchen, auf das ich als Kind eifersüchtig gewesen war, weil sie mich von meinem Platz als Jüngste verdrängt hatte, lebte bei Ruschdi in Bagdad. Sie war gerade dabei, sich auf ihr Abitur vorzubereiten. Meine Schwestern beschenkten uns reichlich, gaben mir Geld – was ich von ihnen ohne spätere Gegenleistung annehmen konnte – und kümmerten sich liebevoll um Talat. Beide versuchten aber immer wieder, mich dazu zu überreden, dass ich die Kinder ihrem Vater und seiner Familie überließ.

»Sie gehören nicht zu dir, es sind seine Kinder«, sagte Miriam. »Du hast genug für alle gearbeitet.«

»Du brauchst dich nicht mit ihnen zu belasten«, fügte Mona hinzu.

Sie verstanden nicht, dass ich das Leben nicht mehr so sah wie früher. Die Töchter und der Sohn waren nicht mehr allein die Kinder ihres Vaters, sondern es waren ebenso meine Kinder, und ich hatte für sie die Verantwortung übernommen. Seit ich in Deutschland lebte, war in mir eine Veränderung vorgegangen. Ich fühlte und dachte anders als noch vor zwölf Jahren in meiner arabischen Umgebung. Mir wurde klar, dass ich mich mit meinen Ansichten von meinen Schwestern entfernt hatte. Ich saß, wie man in Deutschland so schön sagt, zwischen zwei Stühlen. Den Rat meiner Geschwister konnte ich einerseits nicht annehmen, aber eine klare eigene Meinung hatte ich andererseits auch noch nicht entwickelt. Manchmal hatte ich das Gefühl, dass ich alles falsch machte. Richtig war nur, dass ich für die bestmögliche Versorgung meines Sohnes gesorgt hatte.

An einem Vormittag wollte ich meinen Schwestern die Universität zeigen, an der ich studierte. Ich betrat mit ihnen meinen vertrauten Hörsaal; die Vorlesung hatte bereits begonnen. Ich suchte Plätze für uns und gab ihnen ein Zeichen, sich zu mir in die Reihe zu setzen. Nach der Vorlesung bemerkte ich jedoch, dass irgendetwas nicht stimmte. Sowohl Miriam als auch Mona gaben mir deutlich zu verstehen, dass sie sich nicht wohl fühlten und deshalb auf den geplanten Stadtbummel verzichten wollten. Also gingen wir sofort nach Hause. Sobald wir in der Wohnung waren, machten sie mir Vorwürfe: »Das hätten wir nicht von dir erwartet, dass du so unmoralisch geworden bist.«

Ich verstand nicht, was sie meinten.

»Wie konntest du dich nur neben einem Mann niederlassen! Du hättest besser einen Platz neben einer Frau suchen sollen.«

»Das sind doch nur meine Kommilitonen«, rechtfertigte ich mich. »Wir sind eine Gruppe und arbeiten das gesamte Semester zusammen. Ich weiß nicht, was in euren Köpfen vorgeht.«

In diesem Augenblick wurde mir klar, dass ich mich in meinem Denken, in meinen Vorstellungen und in meinem Verhalten grundlegend verändert hatte. Ich war keine arabische Frau mehr.

»Ich verstehe eure Aufregung nicht«, fuhr ich fort. »Ich habe nur nach freien Plätzen gesucht. Dabei achte ich nicht mehr darauf, ob ein Mann oder eine Frau neben mir sitzt.«

Ich schwieg, wusste aber, dass ich die Zurechtweisung meiner Schwestern innerlich nicht akzeptieren konnte. Ich hatte nicht das Gefühl, unrecht gehandelt zu haben oder gar unmoralisch. Hier im Westen hätte man mich für derartige Gedanken ausgelacht.

Miriam rief sofort meinen ältesten Bruder Ruschdi an und beklagte sich heftig darüber, wie tief ich moralisch bereits gesunken sei und wie gefährdet ich in Deutschland leben würde. Von nun an musste ich in ihrem Beisein vorsichtiger sein, musste mein Benehmen kontrollieren und aufpassen, dass ich nichts Unpassendes sagte. Sie waren nicht in der Lage, zu verstehen, dass in der deutschen Kultur andere moralische Vorstellungen galten als in einem arabischen Land. Und sie konnten nicht begreifen, dass ich mich in dieses Leben hier integrieren, mir aber doch nicht alles zu Eigen machen wollte, sondern eine neue Lebensform für mich suchte. Ich wollte in meinem Herzen und Denken Palästinenserin bleiben, zugleich aber in meinem Herzen und Denken Deutsche sein. Ich lebte in zwei Kulturen, mit all ihren Schwächen und Stärken. Das empfand und empfinde ich immer noch, bei allen Schwierigkeiten, die ein solcher Spagat mit sich bringt, als Privileg.

Wenn ich bei den deutschen Frauen sah, wie ungezwungen sie sich bewegen konnten und was sie alles tun durften, wunderte ich mich, warum sie so unzufrieden erschienen, warum sie nach voller Gleichberechtigung verlangten. In meinen Augen waren sie völlig frei, sie waren so frei, dass sie selbst diese Freiheit gar nicht mehr spürten oder schätzten. In meinen Gedanken forderte ich alle auf, sich einmal arabische Frauen anzuschauen, Frauen, die nicht einmal allein aus den Haus gehen durften, Frauen, über die stets ein Mann bestimmte, ganz gleich, ob es der Vater, Bruder, Onkel oder Neffe war. In meinen Augen konnten die Frauen in Deutschland alles machen, was sie wollten.

Erst bei einer Anatomie-Vorlesung begann ich zu begreifen, warum sie sich noch immer diskriminiert fühlten. Einer der Professoren war als enorm streng und reaktionär bekannt. Auch zeigte er wenig Sympathie für studierende Frauen. Er sagte ganz unverblümt: »Frauen nehmen den Männern nur die Studienplätze weg. Gleich nach dem Studium angeln sie sich einen Mann, lassen sich schwängern und bleiben zu Hause. Da sollen sie doch gleich am Herd bleiben.«

Zu meinem Unglück wurde ich für die Anatomieprüfung diesem Professor zugeteilt.

»Sie waren doch mit meiner Tochter auf der MTA-Schule. Diese Ausbildung erscheint mir als ausreichend. Wieso sind Sie eigentlich hier?«, fragte er.

»Weil ich Ärztin werden will«, antwortete ich.

»Unsinn! Sie hatten doch einen sehr guten Beruf. Warum bleiben Sie nicht zu Hause und kümmern sich um Ihre Kinder? Ihr Mann ist doch Chirurg und verdient ausreichend Geld, um die Familie zu versorgen. Ein Mann hätte mehr von Ihrem Platz.«

Ich konnte ihm nicht sagen, dass ich geschieden war und meine drei Kinder allein versorgen musste. Ich konnte ihm auch nichts erzählen von meinem großen Vorbild, dem ägyptischen Hausarzt meines Vaters, und davon, dass ich meinem kranken Sohn helfen wollte. Er hätte es sowieso nicht verstanden.

Also schwieg ich.

Die Prüfung begann. Wir Studenten standen alle um eine aufgebahrte Leiche herum, nur der Professor stand außerhalb des Kreises. Ich musste nun aus der Runde hervortreten, mich direkt vor meinen Prüfer stellen. Ich zitterte wie Espenlaub. Ich hoffte, dass es ihm nicht zu sehr auffiel. Mein einziger Gedanke war: »Du bist eine Frau, noch dazu Ausländerin. Du hast absolut keine Chance, die Prüfung zu bestehen.« Ich versuchte, mich zu beruhigen, aber Mund und Hals wurden immer trockener.

Auf seine erste Frage brachte ich kein Wort über meine Lippen. Ich versuchte zwar, meinen Mund zu bewegen, aber es kam kein Ton heraus. Vor Scham schaute ich zuerst auf den Boden, dann blickte ich zu dem Professor auf, der überlegen dastand und auf eine Antwort wartete.

Ich musste an meinen Vater denken, der mir gesagt hatte, dass ich vor niemandem Angst zu haben bräuchte, egal wer vor mir stehe, wenn ich nur ehrlich sei.

»Warum antworten Sie nicht?« Der Professor holte mich in die Wirklichkeit zurück »Wissen Sie die Antwort nicht? Haben Sie etwa nicht gelernt?«

Ich fasste Mut, schaute ihm direkt in die Augen und sagte: »Bitte, noch einen Augenblick! Ich hatte Angst vor Ihnen.«

»Warum?«, entgegnete er. »Ich habe ja auch keine Angst vor Ihnen.«

»Das glaube ich Ihnen. Sie sind ja auch in einer ganz anderen Position. Ich habe Angst vor Ihnen, weil Sie über mich entscheiden, über mein ganzes weiteres Leben.«

Nach diesem Dialog konnte ich wieder normal reden und alle kommenden Fragen richtig beantworten. Ich bestand. Es war fast eine Sensation! Meine Kommilitonen fielen mir um den Hals und gratulierten mir. Ich selbst konnte es nicht fassen: Ich war bei diesem strengen Professor nicht durchgefallen. Vielleicht hatte ich Glück. Vielleicht hatte er an diesem Tag auch nur ausnahmsweise gute Laune. Mir war aber klar, dass ich die bestandene Prüfung hauptsächlich meinem Vater zu verdanken hatte.

Den Kampf der Frauen verstand ich auch besser, als ich mein damaliges Vermieterehepaar näher kennen lernte. Sie wohnten in demselben Haus wie ich. Gegen den Wunsch seiner Frau – aber auch gegen meinen – stellte er die Heizung um 22.00 Uhr ab. Aber wir würden doch frieren, wandte ich ein. Zieht euch eben warme Kleider an, Öl kostet viel Geld, lautete seine Antwort. Es genüge, dass seine Frau auf seine Kosten lebe. Mochte das auch in ihrem Fall stimmen, in meinem übersah er, dass ich für meine Ausgaben selbst aufkam. Auch hörte ich, wie die Frau den Haustyrannen immer um Erlaubnis bitten musste, wenn sie sich etwas zum Anziehen kaufen wollte. Sie durfte zudem nicht ungefragt mit seinem Auto fahren, ebenso wenig die Mutter oder eine Freundin besuchen. Er zahlte, und dafür musste sie einkaufen, kochen, aufräumen und sich um die Kinder kümmern. »Arbeitsteilung« nannte er das.

Doch letztlich waren meine Erfahrungen mit den Deutschen begrenzt, weil ich keine engen Freundschaften einzugehen vermochte. Einerseits hatte ich keine Zeit dazu, andererseits verstand ich es auch nicht, mich den Menschen, die mir halfen, zu öffnen. Ich wollte einzig und allein für meine Kinder da sein. Sie waren sowieso schon zu kurz gekommen.

Jahrelang lebte ich in Deutschland und wusste nicht, was außerhalb meiner Stadt geschah. Ich hörte von Demonstrationen gegen Atomkraftwerke und gegen die Startbahn West, von der RAF und der Ermordung Schleyers, von Alice Schwarzer, den Beatles und Udo Jürgens, von Reinhard May und Santana, ohne zu wissen, weshalb diese Themen und Personen wichtig waren. Erst spät begann ich, mich mit politischen Problemen auseinander zu setzen und selbst an Demonstrationen teilzunehmen. Zuvor gab es wichtigere Dinge in meinem Leben, die nächste Miete, das nächste Jahr für Talat. Damit war ich für nichts frei.

Wenn ich Bekannten oder Studienfreunden von meinen

Schwierigkeiten erzählte, bekam ich oftmals die Antwort: »Stell dich nicht so hilflos an, du machst uns nur etwas vor. Du weißt schon, was du willst. Spiel jetzt nicht die Schwache, du hast früher deinen Mann und die Kinder ernährt, wieso solltest du es jetzt nicht schaffen.« Danach hielt ich es für besser, meine Probleme allein zu lösen. Fast wäre ich an meinen stummen Schreien erstickt.

Das letzte Familientreffen

Ruschdi hatte eine Familienzusammenkunft vorgeschlagen, bei der sich sämtliche Geschwister mit ihren Kindern bei ihm in Bagdad treffen sollten. Es war Sommer 1978. Meine beiden Töchter waren seit fast sechs Monaten bei meinem Bruder. Die Flugtickets für Talat und mich nahm ich von Ruschdi an, kein heroisches Prinzip konnte mich davon abhalten, meine Töchter wiederzusehen. Kurz vor unserer Abreise bekam Talat noch eine Bluttransfusion; seine lebenswichtigen Medikamente waren in ausreichenden Mengen eingepackt.

Bei der Abreise war ich sehr müde, denn ich hatte viele Nachtwachen angenommen, um allen Familienmitgliedern Geschenke mitbringen zu können. Das ist bei uns Brauch, und wer ihn nicht befolgt, beleidigt die Familie. Freunde und Bekannte von Ruschdi würden mit Sicherheit neugierig nachfragen, was sie denn geschenkt bekommen hätten. Die Schande, mit leeren Händen zu erscheinen, wollte ich mir und meinen Geschwistern nicht antun. Es wäre eine Schmach für meinen Bruder gewesen, wenn er nur wenige oder gar keine Mitbringsel erhalten hätte. Also landeten Talat und ich vollbepackt und voller Erwartung auf dem Flughafen in Bagdad.

Obwohl wir uns in der Hauptstadt des Irak befanden, mutete die Ankunftshalle wie die eines Provinznestes an. Es war unerträglich heiß, weil es keine Klimaanlage gab. Die wenigen Angestellten der Passkontrolle arbeiteten im Zeitlupentempo, entsprechend bildeten sich vor diesen Schaltern lange Warteschlangen. Die Kontrolleure waren dem Ansturm von Passagieren aus einer großen Boeing nicht gewachsen. Ich hoffte, dass ich wegen Talat schneller abgefertigt werden würde, denn er brauchte Sauerstoff und hätte so schnell wie möglich an die frische Luft kommen müssen. Doch meine Bitten wurden überhört. Dafür sollten wir uns nun aufteilen, nach Irakern, Europäern, Arabern aus anderen Ländern und Palästinensern.

Unsere Gruppe war zwar die kleinste, aber wir mussten warten, bis alle anderen Reisenden ihre Stempel im Pass hatten. Ich stand wie auf glühenden Kohlen. Jeden Augenblick konnte mein Sohn ohnmächtig umfallen! Sein Gesicht wurde immer bleicher, sein gesamter Körper fing an, unkontrolliert zu zucken. Trotzdem wurde keine Ausnahme für uns gemacht. »Warten Sie an Ihrem Platz, bis Sie an die Reihe kommen«, wies mich ein bewaffneter Polizist in barschem Ton zurecht. Voller Ungeduld schaute ich zu den Ausgängen, aber es kam von dort keine Rettung in Gestalt eines Bruders. Hinter der Passkontrolle sah ich nur Offiziere herumstehen, die sich lässig unterhielten und dabei die Angestellten der Einreisebehörde überwachten.

Nach fast zwei Stunden waren wir endlich in die Nähe des Kontrollschalters aufgerückt. Nur noch acht Personen waren vor uns. Plötzlich tauchte Ruschdi neben einem der Offiziere auf. Ich rief seinen Namen und winkte ihm zu. Mein Bruder hob eine Hand zum Gruß und redete gleichzeitig auf den Offizier ein. Dieser winkte uns zu sich heran, und wir wurden sofort durch die Sperre gelassen. Manchmal sind Brüder eine große Hilfe.

Ich umarmte Ruschdi; die Anstrengungen, das Warten,

die Hitze waren vergessen Wir gingen in einen angrenzenden, klimatisierten Raum, in dem sich die Offiziere aufhielten. Mein Bruder stellte uns vor, man bat Talat Platz zu nehmen und gab ihm ein Glas Wasser. In der Zwischenzeit ließen die Offiziere unsere Koffer bringen, sie wurden sogar bis zum Auto getragen. Ruschdi verabschiedete sich und bedankte sich wortreich für die Hilfe. Ich war froh, dass mein Bruder uns aus dieser stickigen Halle herausgeholt hatte; außerdem wären ohne sein Auftauchen wahrscheinlich sämtliche Gepäckstücke gründlichst gefilzt worden.

Vor dem Flughafengebäude warteten meine Töchter und meine anderen Geschwister. Ich fühlte mich überglücklich und geborgen in ihren Umarmungen. Endlich war ich wieder zu Hause, vergessen waren die früheren Unstimmigkeiten mit meinen beiden Schwestern. Die Art, wie ein Mensch umarmt wird, kann die tiefste Liebe, die größte Wärme und Vertrautheit zum Ausdruck bringen. So erging es mir auch in diesem Moment. Worte waren unwichtig.

In einem kleinen Konvoi fuhren wir zum Haus meines Bruders. Es lag in dem schönen Stadtteil Mansour, war weiß gestrichen und von einem riesigen Garten mit gepflegten Blumenrabatten umgeben. Weiße Gartenmöbel standen auf dem saftig-grünen Rasen und luden zum Verweilen ein. Vor der Haustür hatte sich der Rest der Familie versammelt – fast wie zu einem feierlichen Gruppenbild. Es war ein wunderbares Gefühl, wieder inmitten einer großen Familie zu sein. Es gab unendlich viel zu erzählen und mindestens genauso viel zu essen und zu trinken. Zusammen mit meinen Kindern bekam ich ein Zimmer, in dem ein Bett stand, das die Größe eines Fußballfeldes hatte. So kam es mir jedenfalls vor. In Sekundenschnelle waren wir eingeschlafen.

Für den nächsten Tag hatten meine Geschwister Freunde und Nachbarn zu einem großen Wiedersehensfest eingeladen. Man hatte dafür ein paar Schafe und unzählige Hühner geschlachtet. Siebenundzwanzig Kinder liefen zwischen den Erwachsenen herum; so viele Menschen hatte ich schon lange nicht mehr in einem Haus gesehen.

Meine Schwestern und Schwägerinnen hatten mit viel Mühe und Liebe gekocht. Aber so viel, wie sie es gern gesehen hätten, konnte ich gar nicht essen. Ich hatte in Deutschland inzwischen andere Essgewohnheiten angenommen. Ich aß keine so großen Mengen mehr, kaum noch Fleisch, dafür mehr Gemüse und Obst. Wenn ich aufhörte, nach den Speisen zu greifen, war das für die anderen ein Grund, sich Sorgen zu machen. »Möchtest du nichts mehr?«, wurde ich sofort gefragt. »Schmeckt dir das Essen nicht? Sollen wir für dich etwas anderes kochen? Bist du traurig? Was ist mit dir los? Was können wir für dich tun?«

Da merkte ich, was ich in Deutschland vermisst hatte: Eine Familie, die mich umsorgte, ohne Hintergedanken und ohne Berechnung, die einfach nur da war und sich um mich kümmerte. Wer kochte in Deutschland für mich? Manchmal Gerlinde, meine Nachbarin, und früher, als sie noch lebte, hin und wieder auch Maria, unsere »deutsche Oma«. Dass es eine solche Fürsorglichkeit gab, hatte ich schon fast vergessen. In Deutschland zählt in erster Linie, was du leistest, wie hoch dein Verdienst ist, welchen Beruf du ausübst, wie du angezogen bist, welches Auto du fährst, mit welchen Leuten du verkehrst. Wie es in deiner Seele aussieht, ist dabei nebensächlich. Viele Menschen treffen sich in Kneipen oder Cafés, diskutieren über die Parteien, über das, was sie gerade in einer Zeitung gelesen haben oder über ein Buch, aber sie bleiben sich letztlich doch fremd. Ich hatte kaum je ein persönliches Gespräch über Probleme und ihre möglichen Lösungen erlebt; auch die Trauer schienen sie aus ihrem Leben auszuklammern. Aber auch das konnte nur die halbe Wahrheit sein. Vielleicht waren sie in ihrem engen Familienkreis ganz anders. Und was würde im umgekehrten Fall eine Deutsche in einem arabischen Land erleben? Nicht jede moslemische Frau würde vor einer Ausländerin ihr Herz ausschütten.

Alle Dinge haben ihre zwei Seiten. So wie die Deutschen argwöhnisch unsere langen und verhüllenden Gewänder betrachten, schauen wir misstrauisch auf ihre Miniröcke. Schmerzen dem einen die Ohren, wenn er die Rufe des Muezzins von einer Moschee hört, ist der andere irritiert von dröhnenden Kirchenglocken. Vieles erscheint unterschiedlich, doch bei genauerer Betrachtung gibt es auch ähnliche Reaktionen. Nur eines fiel mir besonders auf: In meiner Familie habe ich nie so viel Negatives über eine Religion vernommen wie in Deutschland über den Islam.

Es war wichtig für mich, Vergleiche zwischen dem Osten und Westen anzustellen. Überall in Bagdad stolzierten bewaffnete Soldaten herum. Besuchten wir Freunde oder Verwandte außerhalb der Stadt, entdeckte ich in regelmäßigen Abständen Kontrollposten oder mit Stacheldraht eingezäunte Militärgebiete. Davor postierte Schilder warnten: »Eintritt strengstens verboten, Fotografieren strengstens verboten«. Bei ihrem Anblick spürte ich Beklommenheit, ähnlich wie damals, als ich 1966 mit dem Zug von Gaza durch den Sinai nach Ägypten fuhr, um nach Deutschland zu fliegen, und den Aufmarsch der Panzer sah. Als ich einmal aus einem Auto aussteigen wollte, um meinem Bruder, der in einem öffentlichen Gebäude verschwunden war, zu folgen, richtete ein Soldat die Waffe auf mich.

»Bleiben Sie im Wagen«, herrschte er mich an.

»Ich möchte doch nur eine Toilette aufsuchen«, antwortete ich.

»Wenn Sie nicht tun, was ich Ihnen sage, erschieße ich Sie.«

Es waren wunderschöne Tage mit meiner Familie. Ich wurde verwöhnt, Talat verhätschelt. Mit seinen zwölf Jahren war er eigentlich noch ein Kind, aber meine Nichten behandelten und bedienten ihn wie einen Mann, so wie man es ihnen anerzogen hatte. Sie brachten ihm seine Kleider, das

Essen und Getränke. »Möchtest du dies? Möchtest du jenes?«, wurde er ständig gefragt. So etwas war er trotz seiner Krankheit in Deutschland nicht gewohnt. Er genoss die Annehmlichkeiten sehr.

»Hier im Irak möchte ich gern bleiben«, sagte er. »Ich brauche nichts zu tun. Die Frauen machen alles für mich. Sogar meine Kleider, Schuhe und Bücher räumen sie weg.«

Talats Worte gaben mir zu denken. Ich hatte meinem Sohn ein anderes Verhalten beigebracht.

Mein Besuch kam Hanan und Gada wie eine Erlösung vor. Sie verstanden sich nicht mit den Kindern meines Bruders. Seine Frau, Farida, hatte ja nur Jungen zur Welt gebracht, und denen mussten sie sich unterordnen. Auch durften meine Töchter nicht allein mit Freundinnen durch die Stadt bummeln oder auf der Straße spielen.

»Seid ihr mir noch böse, dass ich euch hierher geschickt habe?«, fragte ich sie.

»Nein«, antwortete Gada, »es hat uns zwar damals nicht gepasst, aber die Angst vor unserem Vater war zu groß. Wir hatten ja gesehen, wie aggressiv er werden konnte.«

Meine Mutter sah sehr traurig aus. Oft zog sie sich in ihr Zimmer zurück und weinte. Seit sie nach dem Tod meines Vaters bei Ruschdi wohnte, war sie schmaler geworden. Wollten wir Ausfahrten unternehmen, winkte sie ab. Sie hatte einst eine große Familie allein gemanagt, jetzt musste sie im Haushalt Farida gehorchen. Früher war es umgekehrt gewesen.

»Eine arabische Frau darf ihren Mann nicht überleben«, sagte meine Mutter in einem stillen Augenblick zu mir. »Sie verliert dann ihre Macht.«

Mein jüngerer Bruder Schaukat schien immer noch vom Schicksal des zweitgeborenen Sohnes verfolgt zu sein. Früher hatte Ruschdi das Sagen gehabt, und jetzt bestimmten seine acht Kinder über sein Leben. Zwar arbeitete er erfolgreich als Dozent an der Universität in Riad und schrieb viel beachtete Bücher, doch hatte ich den Eindruck, als wäre er überhaupt nicht anwesend. Schaukat kam uns wie ein Heiliger vor, der auf einem anderen Planeten lebte. Sein Geist hatte nur einen einzigen Ansprechpartner: Gott.

Ruschdi zeigte uns Bagdad und den Norden des Landes mit seinen prächtigen Wasserfällen. Von der irakischen Hauptstadt war ich nicht sehr beeindruckt. Die Stadt war nicht zum Verlieben. Sie wirkte ärmlich auf mich, es gab keine schönen Boulevards, viele Häuser befanden sich in halbfertigem Zustand, nur wenige schöne alte Villen und einladende Grünanlagen waren zu sehen. Auch die Basare waren nicht sonderlich bemerkenswert; es gab viele Teppiche, handwerklichen Trödel und das übliche Obst und Gemüse. Die feilgebotenen Kleider und Umhänge waren eher schlicht, raffinierte Muster und Stoffe waren eine Ausnahme. Eindrucksvoll waren nur die Moscheen mit ihren goldenen Kuppeln und schönen Ornamenten, die in ihrer Monumentalität die Straßen beherrschten.

Ruschdi schlug vor, dass Gamal mit unserer Schwester Miriam, Schaukat und ich nach Bagdad ziehen sollten. Jetzt waren wir Geschwister in sämtliche Himmelsrichtungen zerstreut; wenn wir wieder näher zusammen wohnten, würden wir uns gegenseitig besser unterstützen können. Er meinte auch, ich sollte nach meinem Medizinstudium bei ihm im Haus wohnen, bis zu einer neuen Verheiratung. Als Ärztin könnte ich ja in der Universitätsklinik arbeiten.

Um mir diese Idee schmackhaft zu machen, zeigte er mir die Uniklinik und stellte mich einigen Kollegen vor. Sie sprachen miteinander, ohne mich überhaupt zur Kenntnis zu nehmen. Keiner der Männer schaute mich an oder redete mit mir. Vielleicht hatten sie zu viel Respekt vor mir, vielleicht waren sie aber auch nur unsicher und überfordert, weil ich die einzige Frau in der Runde war. Im Irak gab es zu dieser Zeit nur wenige Ärztinnen, und die meisten von ihnen praktizierten als Gynäkologinnen oder behandelten

Kinder. Ruschdi war stolz, dass er eine Schwester vorzeigen konnte, die Chirurgin werden wollte.

»Kannst du dich an den Mann erinnern, der da ganz links gesessen hat?«, fragte er später. »Der würde dich gern zur Frau nehmen.«

Ich musste an die Ärzte in Deutschland denken, die oftmals über Kolleginnen herzogen. Manchmal hörte ich, wie Ärztinnen herablassend gefragt wurden: »Können Sie das überhaupt? Trauen Sie sich das zu?« Das war in den Siebzigerjahren, und seitdem hat sich vieles verändert. In Bagdad jedoch richtete keiner der Kollegen meines Bruders eine Frage an mich, nicht einmal selbstgefällig und von oben herab. Ich war einfach nicht existent. Damit konnte ich überhaupt nicht mehr umgehen. Mein Bruder hatte mich in die Uni mitgenommen, um mir zu zeigen, dass es auch hier eine Art von Freiheit gab. Dieser Besuch sollte als Lockmittel dienen, aber er wirkte genau gegenteilig. Immer deutlicher fühlte ich, dass ich nicht mehr in einem arabischen Land leben konnte. Ich konnte dem Wunsch meiner Familie, mich in Bagdad zu haben, einfach nicht nachkommen, es wäre verlogen gewesen. Aber ich brachte es auch nicht fertig, meinen Angehörigen diese Erkenntnis mitzuteilen. Für sie war die Familie der Grundstein des Lebens. Das eigene Dasein war nur sinnvoll, wenn die Familie geschlossen und unzerstört blieb.

Ich tat meinen Geschwistern Leid. Ich lebte allein, in einer westlichen Gesellschaft, die von staatlicher Sicherung bestimmt war. Das Einzelinteresse steht im Vordergrund. Neid und Missgunst wird gefördert. Keiner von meinen Geschwistern hätte es einem anderen missgönnt, wenn er mehr verdiente. Man freute sich eher über den Erfolg und den Reichtum der anderen. Es war ja in unserem System selbstverständlich, dass alte, arme und kranke Angehörige im familiären Netz aufgefangen wurden. Selbst die schwarzen Schafe wurden nicht verstoßen. Jedem von uns war von

Kindheit an eingeprägt worden: Wenn es deinem Bruder gut geht, dann geht es auch dir gut. Ich wusste, ich würde die Umarmungen meiner Geschwister vermissen, nicht aber die moralischen Vorstellungen der arabischen Gesellschaft.

Meine jüngste Schwester Mona führte sie mir erneut vor Augen. Seit ihrem Deutschlandbesuch war sie noch schöner geworden. Sie hatte gerade ihr Abitur bestanden, und unweigerlich kamen einige Brautwerber ins Haus. Meine Schwester aber wollte noch nicht heiraten, sondern weiter bei Ruschdi leben und Journalistik studieren. Mein Bruder jedoch bestimmte, dass Mona, solange die Familie noch beisammen war, einem Mann versprochen werden sollte. Also suchte Ruschdi einen für sie aus. Kerim war Palästinenser, hatte Jura studiert und war lange nicht so schlank und hübsch wie meine Schwester. Mona fügte sich in ihr Schicksal, sie hatte keine andere Wahl. So wurde gegen Ende unseres dreiwöchigen Besuches noch ihre Verlobung gefeiert. Ich musste an meine eigene Jugend denken, an meinen Wunsch, Medizin zu studieren. Doch genau wie Mona wurde ich stattdessen verheiratet und musste einen vorgeschriebenen Weg gehen. In diesem Moment fühlte ich mich solidarisch mit meiner Schwester.

Langsam nahte der Zeitpunkt unserer Rückkehr nach Homburg. Meine Töchter sollten nun wieder mit mir kommen. Ich hoffte, ihr Vater hätte sich in der Zwischenzeit beruhigt. In den letzten Wochen vor meiner Irak-Reise hatte Ahmed sich kaum noch gemeldet. Hanan und Gada freuten sich auf ihre Schulkameradinnen, auf Kinobesuche und Mädchentratsch in Eisdielen.

Ich wollte meinen deutschen Freunden Geschenke aus Bagdad mitbringen. Doch ohne männliche Begleitung konnte ich nicht in den nahe gelegenen Basar gehen.

»Morgen Mittag begleite ich dich«, sagte mein Bruder Ruschdi. »Ganz bestimmt.«

Doch dann hatte er keine Zeit. Also beauftragte er seinen ältesten Sohn Bassam, diese Aufgabe zu übernehmen, doch der hatte nicht die geringste Lust. Auch sein Sohn Subhi wehrte ab, er hätte andere Dinge zu tun. In diesem Moment fühlte ich die unbeschreibliche Enge unserer Verhaltensregeln: Ich wollte etwas einkaufen und konnte nicht allein ausgehen. Da ich die islamischen Bräuche kannte, protestierte ich gar nicht erst. Hätte ich meinem Bruder widersprochen oder wäre ich gar ohne männlichen Schutz in den Basar gegangen, hätte ich ihm nur bewiesen, dass er kein Vertrauen in mich haben konnte, dass auf mich kein Verlass war. Ich war noch nicht völlig befreit und zeigte mich nach außen hin noch gehorsam, doch mein Kopf sagte mir: »Das kann doch nicht sein!« Außerdem hätte ich mir nur selbst geschadet, wenn ich den Mund aufgemacht hätte. Möglicherweise wäre mein Pass bei der Flughafenkontrolle plötzlich verloren gegangen – mein Bruder besaß für derartige Vorkommnisse die entsprechenden Verbindungen. Und ohne Reisepass wäre ich nicht aus dem Irak hinausgekommen.

Als ich mit meinen Kindern im Flugzeug von Bagdad nach Frankfurt saß, atmete ich auf. Ich war froh, dass ich diesen Zwängen entfliehen konnte. Aber zugleich fühlte ich auch eine tiefe Traurigkeit. Ich gehörte weder nach Arabien noch nach Deutschland. Von meinen Geschwistern erhielt ich zwar Liebe und Geborgenheit, erfuhr dafür aber Unfreiheit und Abhängigkeit. In Deutschland konnte ich selbstständig handeln, musste aber auf familiäre Wärme verzichten. Auf dem Weg nach Europa spürte ich, dass es nicht einfach werden würde, mein Glück zu finden. In der Zukunft, so schien es mir, gab es für mich entweder materielle und berufliche Erfolge oder Geborgenheit in der Familie, das eine oder das andere. Beides zusammen konnte ich nicht bekommen, weder in Deutschland noch in einem arabischen Land. Diese innere Zerrissenheit, das begriff ich, würde mein Leben noch lange bestimmen, vielleicht niemals ein Ende finden. Damit musste ich mich abfinden. Ich hatte mich entschieden: für meinen kranken Sohn, der in Deutschland eine bessere Chance zum Überleben hatte, für meine Töchter, die als Frauen nicht unterdrückt werden sollten, und auch für mich.

Die Töchter in Ahmeds Hand

Lärm und Lachen zog wieder in unsere Wohnung in Homburg ein, jetzt wo mein Trio wieder beisammen war. Hanan und Gada zogen sofort ihre kurzen Röcke an und konnten es kaum abwarten, in die Schule zu gehen. Ihre Lehrerinnen kümmerten sich rührend darum, dass die beiden den versäumten Lernstoff aufholten. Endlich gab es keinen Mann mehr, den wir bedienen mussten, keinen, der uns schlug, vor dem wir Angst haben mussten. Von Ahmed hörten wir, dass er im Ausland arbeitete. Wir fragten nicht einmal nach, wo er sich genau aufhielt. Unser kleines Leben verlief ruhig, oft gingen wir alle zusammen in der Mensa essen; viele wunderten sich, dass ich schon so große Kinder hatte.

Das Studium war für mich sehr schwer. Oft zweifelte ich an meinem Verstand und meinem Können, weil ich viele lateinische Ausdrücke nicht verstand und manche Zusammenhänge für mich deshalb nicht leicht durchschaubar waren. Latein hatte ich in der Schule nicht gehabt, ich hatte lediglich einen Kurs an der Uni belegt, um das Kleine Latinum nachzuholen. Eine große Hilfe war das auch nicht, denn die schwierigen Begriffe konnte ich immer noch nicht entsprechend ableiten. Ich war darauf angewiesen, vieles auswendig zu lernen, was eine Menge Zeit und ein immenses Gedächtnis erforderte.

Hinzu kamen die schon bekannten finanziellen Sorgen. Oft war ich niedergeschlagen, weil ich nicht wusste, wie ich alles bezahlen sollte. Ich hatte erfahren, dass mein geschiedener Mann nun in einer chirurgischen Klinik in Hessen arbeitete und mit einer deutschen Frau zusammenlebte. Ich bat Ahmed schriftlich um materielle Unterstützung, schließlich hatte ich ihm ja sein Studium bezahlt. Er weigerte sich, mir Geld zu geben. »Das sind meine Kinder. Wenn du sie nicht ernähren kannst, müssen sie zu mir kommen. Sie können bei mir leben und bekommen genug zu essen und zu trinken«, schrieb er mir zurück. Seine Antwort machte mich wütend. Irgendwie hatte ich gehofft, unsere Situation könnte durch seine Hilfe gebessert werden. Aber das war ein Irrtum. Manchmal verzweifelte ich fast dran, dass ich die Dinge des Lebens oft anders sah als meine Mitmenschen. Warum war ich bloß so vertrauensselig, nicht vorsichtig genug, nicht so lebensklug und schlau wie viele andere?

Ich stand kurz vor dem zweiten Staatsexamen und musste Tag und Nacht lernen. Es war nicht mehr möglich, Nachtwachen zu übernehmen, um Geld zu verdienen. Sollte ich aufgeben und alles hinschmeißen? Es ging nicht. Ich konnte meinen Lebenstraum nicht einfach begraben, ich war zu sehr darauf fixiert. Im Nachhinein würde ich sagen, ich war geradezu besessen. Dadurch fehlte mir der nötige Durchblick. Für meine Kinder wäre es mit Sicherheit besser gewesen, wenn ich mich mehr um ihre Schularbeiten und um ihre seelischen Nöte gekümmert hätte.

Ich fragte einen Rechtsanwalt, ob es eine Möglichkeit gäbe, für mich und die Kinder Unterstützung zu bekommen. Seine Antwort war negativ. Ich sei keine deutsche Staatsbürgerin, und nach islamischem Recht müsse der Mann keinen Unterhalt für seine Kinder zahlen. Zudem würde Ahmed als Arzt arbeiten und genügend verdienen.

Es kostete mich große Überwindung, aber in meiner Not schrieb ich meinen Schwiegereltern, dass ihr Sohn nicht für seine Kinder sorgte. Ich hoffte, sie würden mich finanziell unterstützen. Ihre Antwort war ein Nein. Aber ich sollte Hanan und Gada zu ihnen schicken, sie würden für ihre beiden Enkelinnen sorgen. Ich erklärte meinen Kindern die Situation, und da sie ihre Großeltern liebten, willigten sie, wenn auch widerstrebend, ein, bis zu meinem Esamen bei ihnen zu bleiben.

Hanan und Gada flogen also im Namen des Islam, im Namen der Sitten und Gewohnheiten, im Namen der arabischen Gesetze zu ihren Großeltern, die mittlerweile bei ihrem Sohn Mohammed in Riad lebten. Ich ließ meine Töchter schweren Herzens gehen, schon wieder holte ich sie aus ihrer Schule heraus, aus ihrem vertraut gewordenen Umfeld. Es war eine Entscheidung gegen sie und für meinen kranken Sohn. Sie haben mir das später oft genug vorgeworfen. Zu Recht.

Einige Monate später erfuhr ich, dass ihr Vater sie auf Druck seiner Brüder von Saudi-Arabien zu sich nach Deutschland geholt hatte. Ahmed hatte seinen Eltern zu verstehen gegeben, ich hätte seine Kinder verdorben, weil ich sie nach deutschen Maßstäben erzogen hätte. Er redete ihnen ein, dass es den Töchtern besser gehen würde, wenn sie bei ihm lebten. Er hätte dann eine größere Kontrolle über sie, und zudem sei seine jetzige deutsche Frau viel gehorsamer als ich.

Ich konnte es nicht fassen. Nun hatte Ahmed doch noch sein Ziel erreicht. Er bestimmte über meine Töchter, noch dazu über Hanan, die er missbraucht hatte. Vor Wut hämmerte ich mit meinen Fäusten gegen die Wohnzimmerwand. Aber hatte ich nicht selber dazu beigetragen? Warum musste ich auch unbedingt Ärztin werden? Nun konnte ich nicht zu Ahmed gehen und meine Töchter zurückverlangen. Sie waren sein Eigentum.

Ein wenig beruhigte mich, dass Ahmeds neue Frau zwei Töchter mit in die Ehe gebracht hatte, die im gleichen Alter waren wie Hanan und Gada. Ich informierte dieser Frau bei einem Besuch über den Grund unserer Scheidung. Auch wenn sie mir vielleicht nicht glaubte und nur Ahmeds Version gelten ließ, so hatte ich zumindest einen kleinen Keim des Misstrauens in ihre Seele gesät – wenigstens wünschte ich mir das.

Ich telefonierte täglich mit meinen Töchtern; ich wollte sie nicht völlig verlieren. Talat besuchte seinen Vater und die Schwestern in den Ferien. Als Ahmed einmal den Versuch unternahm, seinen Sohn ebenfalls bei sich zu behalten, setzte sich Talat auf eigene Faust in den Zug und kam zu mir zurück.

Kaum waren Hanan und Gada volljährig, heirateten sie deutsche Männer. Meine beiden Töchter zogen in verschiedene Städte und hatten nur einen Wunsch: möglichst bald eine »richtige« Familie mit Kindern zu gründen. Es dauerte nicht lange, und Hanan bekam eine Tochter, Gada einen Sohn. Jede von ihnen sollte noch zwei weitere Kinder zur Welt bringen. In all dieser Zeit hatten meine Töchter Abstand zu mir gehalten. So schmerzlich das auch für mich war, ich konnte sie verstehen.

Das Leben wurde für meinen Sohn immer schwieriger. Inzwischen war er vierzehn Jahre alt. Immer häufiger reagierte er auf die Bluttransfusionen mit einem Kreislaufschock. Als Komplikationen und Nebenwirkungen der unumgänglichen Behandlung traten noch andere Krankheiten auf: Diabetes, gegen die er sich jahrelang Spritzen setzen musste, Osteoporose mit Wirbelfrakturen, die eine Operation erforderten, eine Leberzirrhose und immer wieder Nieren- und Herzinsuffizienz. Dennoch besuchte Talat das Gymnasium mit eiserner Disziplin. Lernen war für ihn kein Zwang, sondern eine Möglichkeit, um seine Probleme zu vergessen.

Trotz meines sehr innigen und liebevollen Verhältnisses zu meinem unheilbar kranken Sohn hatten wir unsere Alltagsprobleme. Ich war mal streng, mal nachgiebig, lobte und tadelte ihn, ich hatte mal mehr Zeit für ihn, mal weniger. Er ärgerte sich öfter über mich, aber dann schaute er mich an, nahm mich in den Arm und sagte beschwichtigend: »Ach Mama, es gibt wichtigere Dinge im Leben.« Sein Blick sagte mir, dass ihm nichts wichtiger war als unsere Liebe zueinander.

Die Sorge um Talat beschäftigte mich unentwegt. Ich hatte mir sämtliche Informationen über seine Krankheit besorgt, mit allen darauf spezialisierten Behandlungszentren in Europa schriftlichen Kontakt aufgenommen. Einmal war ich sogar nach London gereist, weil dort besonders viele Patienten aus außereuropäischen Ländern behandelt wurden, die an Thalassämie litten. Von allen Seiten erhielt ich die Bestätigung: Eine Heilung gab es nicht. Talat war sogar schon älter geworden als die meisten anderen Kinder, die mit dieser Erbkrankheit geboren wurden. Irgendwann würde aber auch er seinen Überlebenskampf verlieren. Der Tod stand immer auf der Schwelle. Diesen Gedanken musste ich akzeptieren. Doch ich gab bis zuletzt die Hoffnung nicht auf, und ich versuchte, seine verbleibende Lebensspanne so leicht und glücklich wie nur möglich zu gestalten.

Unser Leben ging weiter. 1979 gab es eine schwer errungene Friedensabmachung zwischen Israel und Ägypten – vielleicht gab es doch noch Hoffnung für uns Palästinenser. Im Dezember des darauf folgenden Jahres erhielt ich meine Approbation als Ärztin. Einen Monat später begann ich mit der Facharztausbildung. Ich wählte die Chirurgie.

Talat war mit seinen knapp sechzehn Jahren häufig auf sich gestellt. Ich konnte oftmals nicht mehr bei ihm bleiben, wenn er stationär behandelt wurde. Tagsüber arbeitete ich, nachts und an den Wochenenden hatte ich vielfach

Bereitschaftsdienst. Fünfzehn Nachtdienste in einem Monat waren keine Seltenheit.

Die Facharztausbildung war für mich nicht gerade die Hölle, aber so etwas wie das Fegefeuer. Die Arbeitsbedingungen in der Chirurgie waren hart, besonders für die wenigen Frauen, die diese Fachrichtung gewählt hatten. Ständig mussten wir uns anhören, dass wir hier nichts zu suchen hätten, wir seien zu ungeschickt, zu häufig krank, würden wegen Masern bei einem Kind fehlen. Mir schlug man vor, ich sollte Kinderärztin werden, die Innere Abteilung oder die Gynäkologie wären auch noch genehm gewesen. War einer meiner Kollegen höflich und zuvorkommend zu mir, hieß es sofort, wir hätten ein Verhältnis.

Ich hatte schon Magenschmerzen, wenn ich morgens in die Klinik fuhr. Ich wusste nie, welche neuen Verleumdungen wieder im Umlauf waren. Was hatte man sich heute wieder einfallen lassen, um mich zu beleidigen, mich kleinzukriegen und mich zu vertreiben. Ich hätte mich in der Tat lieber heute als morgen verabschiedet, aber die Art und die Anzahl der verschiedenen Operationen, die man durchführen musste, waren für die Ausbildung genau vorgeschrieben. Und ich wollte meinen OP-Katalog in den folgenden sechs Jahren erfüllen. Täglich musste ich darum ringen, für eine bestimmte Operation eingeteilt zu werden. Selten genug waren die Götter in Weiß so gnädig, den Platz im Olymp mit mir, einer Frau, zu teilen.

Nie vergesse ich den Tag, als ich zur ersten Assistentin bei einem der Oberärzte ausgerufen wurde. Während wir eine Hüftoperation vorbereiteten, ließ es sich der leitende Arzt nicht nehmen, gehässige Bemerkungen gegen mich zu richten. Plötzlich sagte eine OP-Schwester: »Herr Oberarzt, Sie haben kein Recht, die Frau Doktor so zu behandeln. Wenn Sie weiterhin solche Reden führen, assistiere ich Ihnen nicht mehr.« Ich bewunderte die Frau für ihren Mut, der mir in dieser Situation abhanden gekommen war.

Manche Kollegen konnten sich den Vorschlag nicht verkneifen, ob ich als Ausländerin nicht wieder in meine Heimat zurückgehen könnte, anstatt deutschen Ärzten eine Stelle wegzunehmen. »Ich zahle meine Steuern«, antwortete ich dann, »und achte die hiesigen Gesetze, und selbst wenn ich wollte, könnte ich nicht zurückgehen, denn meine Heimat existiert nicht mehr.« Es gab auch noch andere Beschimpfungen. Worte wie »Kameltreiber« oder »ihr dummen, faulen Araber« klingen noch heute in meinen Ohren nach, selbst wenn ich diesen Vorstellungen nicht im Geringsten entsprach. Bei jedem Gewaltakt, den die Palästinenser verübten, bekam ich die Wirkung zu spüren. »Könnt ihr Streithammel Israel nicht endlich in Ruhe lassen?«, fragten mich meine Kollegen. Ich antwortete ihnen dann, ganz egal, ob sie es hören wollten oder nicht: »Israel hat 1948 meine Heimat besetzt, 1967 Gebiete des Westjordanlandes, den Sinai und Ost-Jerusalem annektiert und 1981 die Golanhöhen. 1983 sind wieder tausende von Palästinensern umgebracht worden. Könnt ihr denn nicht begreifen, dass es in dieser Region nur Frieden geben wird, wenn die Palästinenser eine Heimat haben?«

Unfall mit Folgen

Nach einem Jahr in der Chirurgie wechselte ich zur Orthopädie. Ich wollte mir die Möglichkeit offen halten, später eine eigene Praxis zu gründen. Mein Freiheitsdrang zeigte sich auch hier: Mit einer Praxis würde ich von den Strukturen eines Krankenhauses unabhängig sein.

Mein neuer Chef war ein erstklassiger Fachmann und zeigte zudem menschliche Größe. Für jeden von uns Assistenzärzten hatte er ein Ohr. Ärztinnen hielt er nicht für »unbelastbar«, und wenn er mitbekam, dass das jemand zu mir sagte, meinte er nur: »Nehmen Sie es nicht persönlich. Verwenden Sie Ihre Energie für wichtigere Dinge.«

In dieser Zeit geschah etwas, das mein Dasein nachhaltig beeinflusste. Ich war in meinem Auto auf dem Weg zur Arbeit. Das Krankenhaus lag dreißig Kilometer außerhalb der Stadt. Es war noch stockdunkel, Regentropfen klatschten gegen die Windschutzscheibe. Nur wenige Pkws waren in meiner Richtung unterwegs, der Verkehr auf der Gegenfahrbahn aber war ziemlich dicht. Die vielen Lichter auf dieser Spur rissen nicht ab. Plötzlich fuhr ein Lieferwagen aus einer Seitenstraße direkt auf mich zu. Ich trat sofort auf die Bremse. Kurz darauf krachte es. Mein Atem stockte. Ein Kältegefühl breitete sich in meinem Bauch aus.

Als ich mich bewegen wollte, verspürte ich einen heftigen Schmerz im Rücken und ein Kribbeln in meinen Füßen. Mir war sofort klar: Ich hatte einen Wirbelbruch! Als Ärztin wusste ich um die Folgen von Rückenmarksverletzungen und Wirbelfrakturen. Hoffentlich war das Rückenmark nicht verletzt! Hoffentlich handelte es sich nur um eine Einblutung, die auf den Nerv drückte und mir dieses Kribbeln verursachte! In diesem Fall würde die Lähmung vorübergehen. Hoffentlich blieb das Kribbeln in den Füßen! Das tat es zum Glück auch. Ganz langsam stieg es die Waden hoch. Ich war erleichtert, denn damit zeigte sich, dass das Rückenmark nicht in Mitleidenschaft gezogen worden war. Regungslos blieb ich hinter dem Steuer sitzen, um jede weitere Verletzung zu vermeiden.

Nach und nach nahm ich die Welt um mich herum wahr. Ein gewaltiger Lärm drang zu mir. Dann wurde die Autotür aufgerissen.

»Sind Sie in Ordnung?«, fragte ein Mann.

»Nein!«, antwortete ich.

»Bleiben Sie ruhig, wir rufen einen Krankenwagen!«

Ich dachte an meinen kranken siebzehnjährigen Sohn. Vor einer halben Stunde hatte ich noch mit ihm am Frühstückstisch gesessen. Beim Abschied hatten wir uns für den Abend verabredet. Talat hatte noch gesagt: »Du wirst bestimmt wieder zu spät kommen, weil dir dein Krankenhaus und die Patienten wichtiger sind als ich.« Seine Worte hatten mir sehr wehgetan. Er wusste nicht, unter welchem Druck ich in der Klinik stand. Der größte Wunsch meines Sohnes war es, so viele Abende wie möglich mit mir zu verbringen. Nicht immer konnte ich ihm diesen Wunsch erfüllen. Ich hatte geantwortet: »Heute Abend komme ich mit Sicherheit, und zwar pünktlich.« Dann war ich losgefahren. Jetzt beschäftigte mich nur noch ein einziger Gedanke: Was würde aus ihm werden, wenn ich im Krankenhaus lag? Würden meine Töchter ihren Bruder aufnehmen oder zu uns nach Saarbrücken kommen? Besaßen Hanan und Gada nach all dem Chaos noch ein Gefühl der Hilfsbereitschaft für unsere Familie?

Die Sirenen des herannahenden Rettungswagens schreckten mich auf. Die Sanitäter waren erleichtert, dass ich bei Bewusstsein und nicht eingeklemmt war. Sie entdeckten auch kein Blut und baten mich, die wenigen Schritte bis zu ihrem Wagen zu gehen.

»Ich darf mich nicht bewegen. Keinen Schritt werde ich tun!«, rief ich. »Ich habe vermutlich eine Wirbelfraktur.«

Die Männer packten mich nun vorsichtig an und hoben mich aus dem zerbeulten Auto. Anschließend legten sie mich behutsam auf die Trage. Um einen Schock zu vermeiden, bat ich die Sanitäter, mir eine Infusion zu legen.

»Das dürfen wir nicht, das darf nur ein Arzt«, bekam ich zur Antwort.

»Ich bin selber Ärztin, ich trage die Verantwortung. Bitte, legen Sie mir schnell die Infusion an. Wir dürfen keine Zeit verlieren!«

»Das können wir nicht. Haben Sie dafür Verständnis. Wir müssen nach unseren Anweisungen handeln.«

Ich spürte, wie ich immer unruhiger wurde. Die Schmerzen nahmen zu, mein Puls stieg höher und ich begann zu frieren. Ein Kreislaufschock zeichnete sich in aller Deutlichkeit ab. Noch einmal versuchte ich die Pfleger davon zu überzeugen, dass eine Infusion für sie kein Risiko sei, weil doch eine Ärztin bei ihnen war – ich. Doch sie ließen sich nicht erweichen und brachten mich ohne Flüssigkeitszufuhr in das Städtische Krankenhaus.

In der Notaufnahme kam uns der Chefarzt der Chirurgischen Abteilung entgegen, den ich persönlich kannte.

»Gut, dass Sie da sind!«, konnte ich noch sagen, dann verlor ich das Bewusstsein.

Als ich in einem Krankenbett wieder aufwachte, hatte ich kein Gefühl in den Beinen. Ich versuchte sie zu bewegen, aber sie lagen wie schwere Klötze auf der Matratze, so, als ob sie gar nicht zu mir gehörten. Ich war also querschnittsgelähmt! Wie sollte es jetzt weitergehen? Es war nicht leicht, in einer solchen Verfassung über die weitere Zukunft nachzudenken. Für mich gab es wohl keine mehr. Aber was war mit Talat? Ich wollte es zwar nie wahrhaben, aber mein Verstand sagte mir, dass er nicht mehr lange zu leben hatte. Die kurze Zeit, die ihm noch blieb, wollte ich alles für ihn tun. Damit war es nun aus. Mit meinen lahmen Beinen konnte ich ihm nicht mehr helfen. Eher war ich noch zu einer Last für ihn geworden. Ich war nicht in der Lage aufzustehen, zu ihm zu gehen und ihm eine Infusion anzulegen. Ich konnte noch nicht einmal mir selber helfen. Ich war ans Bett gefesselt.

In meiner Not rief ich die Mutter einer ehemaligen MTA-Kollegin an und bat sie, meinen Sohn zu versorgen. Sie erklärte sich sofort dazu bereit. Erleichtert legte ich den Hörer auf.

Talat verkraftete meinen Unfall überhaupt nicht. Für ihn war es eine schlimme Zeit. Auf einmal war seine Mutter nicht mehr da. Er saß allein in der neuen Wohnung, die wir bezogen hatten, als deutlich wurde, dass Hanan und Gada bei ihrem Vater bleiben würden. Außer der älteren Dame und seinem Freund Ullrich kümmerte sich keine Menschenseele um ihn. Sein Vater wollte ihn nicht bei sich aufnehmen, seine Schwestern meinten, sie hätten genug mit ihren eigenen Kindern zu tun. Es war eine schlimme Zeit für Talat. Er war so verzweifelt, dass er eines Abends versuchte, seinem Leben ein Ende zu setzen. Das erfuhr ich später von der Mutter seines Freundes. An diesem Abend war Ullrich bei ihm. Sie tranken Rotwein, und Talat schüttete seinem Freund sein Herz aus: »Wenn meine Mutter gelähmt bleibt, bin ich für sie nur noch eine Last«, sagte er. »Ich weiß keinen Ausweg, ich möchte nur noch tot sein.«

Als Ullrich wieder zu Hause war, erzählte er seiner Mutter, dass Talat völlig durcheinander sei und davon gesprochen habe, sich umzubringen. Beide waren besorgt, aber sie schauten nicht bei ihm vorbei, obwohl sie einen Schlüssel zur Wohnung besaßen. Erst am nächsten Morgen sah Ullrichs Mutter nach Talat. Mein Sohn lag im Bett und schlief noch. Sie rüttelte ihn wach und fragte, ob alles in Ordnung sei. Talat gestand ihr, dass er nach dem Weggang von Ullrich ein paar Schlaftabletten, die er im Badezimmer gefunden hatte, im Rest des Weines aufgelöst hatte. Zum Glück hatte die Menge nicht ausgereicht. Mein Sohn schlief nur länger als sonst, etwas Schlimmeres war nicht passiert.

Als ich gelähmt im Krankenhaus lag, zogen immer wieder Bilder aus der Vergangenheit vor meinem inneren Auge vorüber. Ich sah mich unbeschwert in dem kleinen ägyptischen Dorf herumtollen, sah mich in der Enge der Großstadt Kairo, vermummt in schwarze Umhänge in Saudi-Arabien, unterdrückt bei den Schwiegereltern in Gaza, für meine Familie kämpfend in Deutschland. Jetzt lag ich unbeweglich in einem Krankenhausbett und musste Fremde dafür bezahlen, dass sie meinen Sohn versorgten, mir etwas zu trinken oder zum Lesen brachten. Ich war unter größten Mühen Ärztin geworden, um anderen Menschen zu helfen, und nun war ich auf Hilfe angewiesen.

Es dauerte einige Monate, bis ich wieder ein Gefühl in meinen Beinen bekam und sie wieder bewegen konnte. Schritt für Schritt musste ich das Gehen wieder lernen. Sobald das Korsett angepasst war, das die weitere Heilung des Wirbelbruchs unterstützen sollte, bat ich um eine frühzeitige Entlassung nach Hause, damit ich in der Nähe meines Sohnes sein konnte. Es war sehr mühsam, in dem Korsett den Alltag zu bewältigen. Immer wieder musste ich mich hinlegen, um mich zu erholen. Dazu musste ich das Korsett ausziehen, was angesichts der vielen Haken einige Zeit beanspruchte. Nach einem halben Jahr hatte ich es geschafft und brauchte das stützende Ungetüm nicht mehr. Körperliche und seelische Folgen des Unfalls sind aber heute noch spürbar.

Ein Jahr später fuhr ich mit Wolfgang, einem befreundeten Arzt, nach Budapest, um in den Thermalquellen weitere Heilung für meinen Rücken zu finden. Talat befand sich gerade in einer stabilen Phase. Auf dem Weg nach Ungarn kamen wir durch den Ort Mauthausen, in dem die Nazis nach dem gewaltsamen Anschluss Österreichs an Hitler-Deutschland ein Konzentrationslager errichtet hatten.

Mir waren die Juden lange Zeit von Herzen verhasst gewesen, weil sie meiner Familie und unserem Volk die Heimat genommen hatten. In unserem ehemaligen Palästina regierten die Israelis, erklärten alle Palästinenser zu Feinden und Terroristen, und versuchten, das Ansehen meines Volkes auf der ganzen Welt zu zerstören. Mit jedem getöteten Palästinenser traumatisierten sie die Seelen unserer Kinder – es war nicht weiter verwunderlich, dass Mordgedanken in deren Herzen herangezüchtet wurden. Doch wollte ich unbedingt das Konzentrationslager besichtigen, vielleicht konnte ich dadurch die Juden besser verstehen.

Ich ging durch das Lager und sah mir all die Baracken und die Verwaltungsbücher an, in denen fein säuberlich die Namen der Opfer aufgelistet waren. Ich betrachtete die schrecklichen Fotos, auf denen sich Schuhe, Kleidungsstücke, vergoldete Zähne und Leichen türmten. Es war grauenhaft, die Gaskammern zu sehen, und dahinter die steilen Abhänge, von denen die getöteten Frauen, Männer und Kinder in die Tiefe geworfen wurden. Ich fühlte mit ihren Nachkommen, die verzweifelt um das Land Palästina kämpften, das ihre neue Heimat geworden war. Nur hatten wir es verloren.

Hier in Mauthausen konnte ich mir vorstellen, wie brave, gesetzestreue und dienstbeflissene Deutsche ganz normal nach Feierabend in ihren Familien lebten, tagsüber aber Menschen zu tausenden und abertausenden vernichteten. Ich sah diese Leute vor mir, wie sie ihren Kindern über den Kopf streichelten, sie in den Arm nahmen und zu Bett brachten, und wie sie am nächsten Morgen fremde, jüdische Kinder in die Gaskammer schickten. Ein unbeschreibbares Grauen!

Nach dem Besuch im Konzentrationslager begriff ich, warum die Juden so besessen davon waren, eine Heimat für sich zu haben. Für sich allein. Sie wollten von niemandem mehr abhängig sein und nie wieder vertrieben werden. Sie brauchten einen eigenen Staat. Es lag nahe, ihn in Palästina zu gründen, dort, wo ihre Religion ihren Ursprung nahm. Doch bleibt die Frage: Hatten sie das Recht, die dort lebenden Menschen zu vertreiben?

Der vierte König

Meine Töchter hatten liebevolle Männer geheiratet, von denen sie Zuneigung, Vertrauen und Hilfe erfuhren. Sie hatten Kinder zur Welt gebracht und fühlten sich in den Familien ihrer Ehemänner wohl. Ich war froh darüber, wo doch ihr Leben so schwer gewesen war. Für sie war ein Studium kein erstrebenswertes Ziel.

»Wir wollen uns um unsere Kinder kümmern«, sagten sie. »Von dir hatten wir nichts.«

Immer wieder versuchte ich, mit Hanan über die Geschichte mit ihrem Vater zu sprechen. Sie war damals wütend auf mich gewesen, weil ich ihren Vater aus dem Haus gejagt hatte. Sie hatte nicht damit gerechnet, dass ich so reagieren würde. Hätte sie das vorausgesehen, dann wären ihr die verhängnisvollen Worte niemals über die Lippen gekommen. Aus ihrer Perspektive hätte alles so bleiben können, wie es war. Eine nach außen hin funktionierende Familie.

Ich brauchte lange, um sie zu verstehen. Für mich war Ahmed der rücksichtsloseste Mensch, dem ich je begegnet war, für Hanan war er der Vater, der sie begehrt hatte, den sie aber nicht als brutal, sondern sanft und zärtlich in Erinnerung hatte. Meine Tochter sagte oft zu mir: »Ich habe dir den Mann weggenommen.« Traumatisiert war sie nicht von dem Vater, sondern von mir. Hanans Verhalten war typisch für eine arabische Frau. Sie war bereit gewesen, die Qualen und Verletzungen durch ihren eigenen Vater auf sich zu nehmen, nur um den Zusammenhalt der Familie zu verteidigen. Am meisten tat ihr Talat Leid. Er war damals in dem Alter, wo er begann, sich für Stereoanlagen und ähnliche Dinge zu interessieren. Nachdem ich Ahmed fortgeschickt hatte, mussten wir wieder sparen. Viele Wünsche meiner Kinder blieben unerfüllt.

Jetzt waren Hanan und Gada glücklich. Um sie brauchte ich mir keine Sorgen zu machen. Anders war es bei Talat. Ende 1988 verschlechterte sich sein Gesundheitszustand dramatisch. Nach dem Weihnachtsfest musste er in die Intensivstation der Universitätsklinik eingeliefert werden. Ich hielt Tag und Nacht bei ihm Wache. Auch meine Töchter kamen, und wir wechselten uns ab. Ich hatte das Gefühl, dass meine Familie wieder zusammen war. Wir waren wieder zu viert, meine Kinder und ich, auch wenn der Vater fehlte. Aber es war ein trauriger Anlass. Wir machten uns gegenseitig Mut und trösteten uns. Ich war kurz zuvor am Knie operiert worden und hatte noch starke Schmerzen. Aber was waren meine Schmerzen gegenüber denen meines Sohnes? Nichts, sie waren bedeutungslos! Mein seelischer Schmerz war viel größer. Ich ahnte, dass es dieses Mal nicht gut gehen würde. Die Komplikationen waren anderer Art; überhaupt reagierte Talat nicht so, wie ich es von ihm kannte.

Ich betete und dachte, wenn er jetzt nicht schnell gesund wird, stirbt er. Die Qualen waren für ihn so groß wie nie zuvor. Ich konnte es fast nicht mehr ertragen, ihn so leiden zu sehen. Sein ganzes Leben lang hatte er gelitten. Er sollte nicht noch mehr aushalten, sein Maß war voll. Ich flehte: »O Gott, nimm ihn jetzt zu dir oder lass ihn gesund aufstehen.«

Jeden Tag kam Wolfgang zu Besuch, ebenso mein Chefarzt aus der orthopädischen Abteilung. Die Schwesternhelferinnen strickten ihm Pullover mit den schwierigsten Mustern, um ihn zu trösten. Mit seinem Charme hatte er sie um den Finger gewickelt. Alle wollten ihm helfen.

Ich bat Hanan, ihren Vater anzurufen und ihm mitzuteilen, wie ernst es um seinen Sohn stand, damit er sich von ihm verabschieden konnte. Doch er kam nicht.

Mein Sohn, der jetzt im Sterben lag, hatte nur für kurze Zeit eine vollständige Familie kennen gelernt. Ich hatte für ihn getan, was in meiner Macht stand, und dabei in Kauf genommen, dass ich für seine Schwestern zu wenig Zeit übrig hatte. Ich machte mir trotzdem Vorwürfe, weil das, was ich für ihn getan hatte, nicht gereicht hatte.

Ich berührte Talats dunkle Locken und schaute ihm ins Gesicht. In diesem Augenblick musste ich an meine Eltern denken, wie sie am Bett meines kleinen Bruders Joseph saßen und ihn liebkosten, als er längst tot war. Nun saß ich hier und strich meinem sterbenden Kind über das Haar.

Mit seinen unendlich müden Augen blickte er mich an und sagte: »Mama, hilf mir!« Nie in meinem Leben werde ich diese wenigen Worte vergessen. Ich wusste, was sie bedeuteten. Wir hatten vorher einige Mal über den Tod gesprochen. Er war ja oft im Krankenhaus gewesen und hatte viele Verletzte in der Notaufnahme gesehen. In der Kinderstation kam er in Kontakt mit an Leukämie erkrankten Jungen und Mädchen, die vor seinen Augen starben. Talat hatte bereits erfahren, was Tod bedeutete. Er ahnte, was ihm bevorstand.

»Mama, du bist Ärztin, hilf mir bitte, schnell zu sterben, lass mich hier nicht so lange mit meinen Schmerzen liegen«, bat er mich nochmals.

Aber ich durfte ihm diesen Wunsch nicht erfüllen. Ich hätte es auch nicht gekonnt, obwohl ich mir manchmal wünschte, den Mut dazu zu haben.

So saß ich nur neben ihm, hielt seine Hand und dachte oft an Situationen, in denen wir uns über banale Dinge gestritten hatten, aber auch an die Tage, an denen wir uns über genau so banale Dinge gefreut hatten. Die vielen Stunden, Tage, Monate und Jahre, die ich mit ihm verbracht hatte, sein Kampf um sein Leben, die ganzen zweiundzwanzig Jahre zogen an mir vorbei. Ich hatte im Lauf der Zeit eine große Achtung für chronisch kranke Kinder entwickelt. Durch die Thalassämie war Talat frühreif geworden; er war schon als Kind einsichtig und verständnisvoll gewesen, und das änderte sich auch nicht, als er ein junger Mann wurde. Er wuchs mit der Krankheit, ja, er wuchs buchstäblich über sie hinaus. Im wahrsten Sinn des Wortes. Es ist nämlich so, dass sich bei dieser Krankheit das zerstörerische Eisen auch in der Hirnanhangdrüse ablagert, wodurch es zu Störungen im Wachstum und in der Geschlechtsreifung kommt. Da Talat eine neuartige Kombination von Wachstumshormonen bekam, war er bislang der Größte unter den an Thalassämie erkrankten Kindern.

Unsere Vertrautheit wurde nur durch den zuständigen Arzt der Intensivstation gestört, der kam und ging, die Fieberkurven anschaute, Ausscheidungen, Puls und Blutdruck kontrollierte und Anweisungen gab, welche Medikamente zu verabreichen waren. Ich nahm das alles nur wie im Traum wahr. Für mich war es unwichtig, was er sagte, ob er erschien oder nicht. Ich wollte nur, dass mein Sohn nicht leiden musste. Dieser Arzt verstand nichts von unserem Leben, und ich konnte es ihm auch nicht erklären.

Es war ein junger Arzt, der seine Erfahrungen mit dieser seltenen Krankheit veröffentlichen wollte, um seine Karriere voranzutreiben. Immer wieder fing er an, über empfohlene Möglichkeiten zur Behandlung zu dozieren. Es ging nicht in seinen Kopf, dass an Talat bereits alle neuesten Therapien durchgeführt worden waren. Es gab für ihn keine Rettung, die Thalassämie war nicht heilbar.

Mein Sohn starb am Vorabend des Dreikönigstags. Darm, Nieren und Lunge wollten nicht mehr funktionieren, sein Herz wollte nicht mehr schlagen. Kurz vor seinem Tod hatte er noch zu mir gesagt: »Ich will in deiner Nähe begraben sein.« Er war bis zum Schluss wach. Erst als die Schmerzen unerträglich wurden, bekam er eine verstärkte Dosis Morphium. Er schlief friedlich in den Tod hinein. Seine Schwestern massierten ihm Füße und Beine, ich hatte seinen Kopf in meinem linken Arm und streichelte über Herz, Brust und Bauch.

Talats Leben war außergewöhnlich gewesen. Es war das Leben eines heranwachsenden Jungen in der Fremde, der von einer seltenen Krankheit gezeichnet war. Er war trotz aller Leiden niemals verbittert oder missmutig. Auch wenn es ihm noch so elend ging, niemals blieb er im Bett. Wenn seine Schwestern sich stritten, sagte er nur: »Schämt euch, ihr benehmt euch wie dumme Gänse.« Er schaffte es, den Führerschein zu machen und eine Ausbildung als Zahntechniker anzufangen. In einem Jahr wäre er damit fertig gewesen. Mein Sohn war fröhlich durch sein kurzes Leben gegangen. Wenn ich an ihn denke, sehe ich ihn immer lächeln. Sein Optimismus hält mich noch heute aufrecht und gibt mir die Kraft, nach vorne zu schauen. Sein Bild, seine Stimme sind fest in meinem Herzen eingeschlossen.

Ich wollte bei ihm auf der Station die Totenwache halten, aber ich durfte nicht bei ihm bleiben. Ich hatte auch nicht mehr die Kraft, meinen Wunsch durchzusetzen Die Ärzte und Schwestern baten mich, nach Hause zu gehen, weil sie sahen, dass ich erschöpft war. So streichelte ich noch einmal den Kopf meines Sohnes, das Haar, die Stirn, die Nase, den Mund, das Kinn, den Hals, die Brust, seine Hände und seine Füße. Als mein kleiner Bruder starb, war ich traurig, doch fühlte ich mich in meiner Traurigkeit bei meinen Eltern geborgen. Jetzt kam ich mir völlig allein gelassen vor.

Die Leiche meines Sohnes wurde zum Hauptfriedhof der Stadt gebracht und dort aufgebahrt. Talat hatte darum gebeten, verbrannt zu werden. Damals, als er diesen Wunsch äußerte, verstand ich ihn nicht. Heute, so glaube ich wenigstens, kann ich Talats Bitte nachvollziehen. Er hatte seinen Körper gehasst, weil er so schwach war. Er hatte als Junge nie über Zäune springen oder Wettrennen mitmachen können. Sein Leben lang war er von seinem Körper gequält worden.

Der Alltag bis zur Beerdigung war für mich kaum zu ertragen. Aber ich musste mich bewegen, etwas essen und trinken, bestimmte Formalitäten erledigen. Ich tat alles ganz mechanisch. Einen Tag nach dem Tod meines Sohnes kam ein Beauftragter eines Beerdigungsinstituts. Er trug einen dunklen Anzug mit breiten hellgrauen Streifen, eine protzige Armbanduhr am rechten Armgelenk, eine dicke Goldkette am linken, und an den Händen mehrere Ringe mit glitzernden Steinen. Aus einer abgewetzten Ledertasche holte er mehrere Kataloge raus, schlug sie wie ein gewiefter Vertreter auf und erklärte mir die Vorzüge diverser Särge aus Eiche, Nussbaum oder Kirsche. Ohne innezuhalten oder ein Wort des Beileids spulte er die dazugehörigen Preise herunter, so als wäre ich eine normale Käuferin, die einen Staubsauger oder ein Auto erwerben wollte.

In meinem Schmerz konnte ich seiner Geschäftigkeit keinen Einhalt geben. Er fragte mich, wie denn mein Sohn im Sarg liegen solle, in welchem Hemd, mit welchen Socken, auf welchem Kissen? Er würde Damast wählen, Satin wäre bei einem Mann nicht so angebracht, auch Spitze nicht, aber natürlich würde er sich nach meinen Wünschen richten. Bei diesen Worten blätterte er in seinen Hochglanzprospekten und zeigte mit seinen wurstigen Fingern auf die Gegenstände, die er nannte. Ich schaute ihn nur an und sah, wie sich seine Lippen bewegten. Ich verstand gar nicht, was er wollte, und dachte immer nur: »Was will er überhaupt von mir? Was will er mir verkaufen? Mich interessiert das doch alles überhaupt nicht. Redet er etwa wie ein Wasserfall, weil er einen eigenen Kummer überspielen will? Oder aus Verlegenheit? Da kann ich ihm auch nicht helfen.« Für mich war nur eines wichtig: Mein Sohn war nicht mehr bei mir. Er war für immer und ewig von mir weggegangen. Vor ein paar Stunden war er noch wach gewesen, und sein Körper hatte sich warm angefühlt. Er hatte noch die Augen aufmachen und mit uns sprechen können. Und heute, heute gab es ihn nicht mehr! Talat war tot, und ich konnte ihn nicht wieder lebendig machen. Weder mit noch ohne Damast.

Ich riss mich zusammen und sagte zu mir: »Wach auf, dir sitzt ein fremder Mann gegenüber. Er kann nichts dafür, dass er hier sitzt; es ist sein Beruf, ein Geschäft mit dem Tod von Menschen zu machen. Tagtäglich hat er sich um Todesfälle zu kümmern. Für ihn bedeutet es keinen Unterschied, ob es um die Leiche meines Sohnes geht oder um die eines anderen Menschen.« Ich suchte also einen Sarg für die Aufbahrung aus, eine Urne und Kleidung, von der ich hoffte, dass Talat mit ihr einverstanden gewesen wäre. Anschließend bedankte ich mich bei dem Herrn und verabschiedete mich von ihm. Die Stille war nun noch schrecklicher.

Talat blieb sechs Tage lang aufgebahrt. Das Krematorium arbeitete nur einmal in der Woche. Bis zur Einäscherung besuchte ich ihn jeden Morgen und verabschiedete mich immer wieder aufs Neue von ihm. Sein Gesicht zeigte immer noch ein ruhiges, glückliches Lächeln. Er war mit vielen bunten Blüten bedeckt, die ich um sein Gesicht gelegt und auf seinen toten Körper gestreut hatte.

Am Tag der Einäscherung fuhren mich meine beiden Töchter zum Hauptfriedhof. Zusammen verabschiedeten wir uns ein letztes Mal von Talat und gingen danach durch eine große Glastür auf eine weite Wiese, die vor dem Krematorium lag. Der Rasen war vereist, ich umklammerte die Enden meines Schals mit den Händen und rieb sie gegeneinander. Auf diese Weise versuchte ich meinen Schmerz zu beherrschen. Rauch stieg zum Himmel auf, dann folgte eine Pause. Durch die Glastür sah ich den Mann, der die Toten in das Feuer entließ. Ich stürzte zu ihm hin. »Bitte lassen Sie mich noch einmal meinen Sohn sehen.« Gutmütig hob er den Sargdeckel. Ein letztes Mal streichelte ich Talats Hand und dachte an die steinernen Brückenlöwen, die ich in Kairo so gern berührt hatte. Dann ging ich still zu meinen Töchtern zurück. Ich schaute über das Gebäude hinweg, hatte nur den Kamin im Blick. Wieder stieg Rauch auf. Ich stellte mir vor, dass hinter den Mauern viele Särge nebeneinander vor dem Feuerschlund aufgereiht waren. Schwarze Särge, braune und weiße, in denen junge und alte Tote darauf warteten, zu Asche zu werden. Ich fühlte die Flammen, die meinen Sohn verzehrten, an meinem eigenen Körper. Der Rauch vermischte sich mit den Wolken. Mein Sohn verteilte sich in alle Himmelsrichtungen. Plötzlich fühlte ich einen leichten Windhauch an meinem Gesicht. Mein Sohn war wiedergekehrt. Zu mir, bei der er einst herangewachsen war.

Ich zitterte am ganzen Leib wie die Eiskristalle unter mir, die ich mit meinen Füßen berührte. Mit einem Ruck drehte ich mich um und sah in die Gesichter meiner wartenden Töchter. Stets hatte ihr Bruder im Vordergrund gestanden, sie hatten auf vieles verzichten müssen. Sie waren mir jetzt nicht mehr gram. Seit sie selbst Kinder hatten, waren Hanan und Gada weicher gestimmt. Sie schauten mich hilflos an.

Am nächsten Vormittag war die Beerdigung. Talats Freund Ullrich kam und spielte im Hintergrund ein wunderschönes Musikstück von Arvo Pärt auf seinem Cello. Wir saßen in der kalten Friedhofskapelle, die Urne stand auf einem Tisch vor uns. Sie war umrankt von vielen Blumen.

Wolfgang, der meinen Sohn fast jeden Tag besucht hatte, hielt eine Abschiedsrede und las ein kleines Gedicht vor, das er am Sterbetag über Talat geschrieben hatte:

Der vierte König ist aus dem Dunkel gekommen,
er hat von allem nichts mitgenommen,
sein Lächeln ist geblieben.

Der vierte König ist in den Morgen gegangen,
er will uns am anderen Ufer empfangen,
sein Lächeln soll uns grüßen.

An diesem Tag konnte ich von den Versen nichts aufnehmen. Ich habe sie erst später gelesen. Unentwegt starrte ich immer nur auf die Urne. Darin sollten die Überreste meines Sohnes liegen? Der Körper meines Sohnes, der in meinem Bauch herangewachsen war, den ich geboren hatte und der zu einem Mann geworden war, sollte nun zu Asche verbrannt in dieser kleinen Urne eingesperrt sein? Es war für mich nicht vorstellbar. Und wo war seine Seele? Schwebte sie um dieses kalte Metall? Sah sie mich? Talat wollte in meiner Nähe begraben sein, er konnte nicht weit fort sein.

Meine Töchter gaben mir ein Zeichen. Wir sollten mit der Urne zum Grab gehen. Ich stand auf. In diesem Augenblick ging der Bestattungsunternehmer auf die Urne zu, um sie in die Hand zu nehmen. »Nein«, sagte ich abwehrend, »ich trage meinen Sohn. Ich will ihn mit meinen Händen zu Grabe tragen.« Ich wollte nicht, dass irgendein fremder Mensch meinen Sohn bei diesen letzten Schritten berührte.

Dicht trug ich das Gefäß an meinem Körper; ich wollte ihn mit meinem Wintermantel wärmen, wollte nur noch einmal mit ihm eins werden. Seinen geschundenen Leib vermochte ich in die Erde zu versenken, seine Seele aber sollte immer nah bei mir bleiben.

Das Grab war nicht weit von der Kapelle entfernt. Ich hatte den Platz vor ein paar Tagen ausgesucht. Vorsichtig stellte ich die Urne in die Grube, die Wolfgang selbst ausgehoben hatte. Ich legte sanft einen Strauß aus weißen und roten Rosen, Talats Lieblingsblumen, darauf. Während Wolfgang Urne und Rosen mit Erde bedeckte und Hanan und Gada sich von ihrem Bruder verabschiedeten, ging ich allein den Weg zum Ausgang zurück. Es war ein langer Weg, gesäumt von hohen dunklen Bäumen. Kein Mensch kam mir entgegen.

Die Zeit danach

Nach dem Tod meines Sohnes begannen schwere Wochen und Monate. Der Kampf um sein Leben war vorbei, ich hatte die Schlacht verloren. Zurück blieb eine Leere, die so eiskalt war, dass sie mir fast die Seele nahm. Eine Leere, die meinen Körper so ermüdete, dass ich mich noch nicht einmal fallen lassen konnte. Die Trauer ließ ich nur in meinem Innern zu, und sie engte mir wie ein Schraubstock das Herz ein. Nicht einmal weinen konnte ich mehr. Ein Teil meiner Gefühle, meiner Hoffnungen, waren mit Talat gegangen, hatten sich in Nichts aufgelöst, wie der Rauch der Flammen, die seinen toten Körper auffraßen. Ich fühlte mich wie eine leere Hülle, gänzlich ausgebrannt.

Ich konnte es nicht mehr ertragen, in dem Krankenhaus zu arbeiten, in dem mein Sohn gestorben war. Zu vieles erinnerte mich an ihn. Um der Lethargie zu entfliehen, entschied ich mich, eine eigene Praxis aufzumachen. Die tausend Dinge, die dafür zu erledigen waren, nahmen mich ganz in Anspruch. Es blieb mir nichts anderes übrig, als die starke, emanzipierte, selbstbewusste, erfolgreiche Frau zu sein, die anscheinend keine Hilfe brauchte, die sogar den Tod ihres Sohnes allein bewältigt hatte. Wenn ich Schwäche zeigte, um Unterstützung bat, nahm das kaum jemand ernst. Lag es an mir? An meinem traditionell verhaftetem Denken und Fühlen?

Eines Tages stand ich bei meiner Tochter Gada in der Küche und beklagte mich bei ihr über meine Heimatlosigkeit, über meine Einsamkeit. Gada ging zur Kaffeemaschine, füllte zwei Tassen, stellte sie mit Nachdruck auf den Tisch und sagte mit ernster Stimme: »Mama, setz dich. Trink deinen Kaffee und hör mir gut zu. Unterbrich mich nicht. Hör mir einfach nur zu. Du beklagst dich? Du bist in einer behüteten Familie, in einem friedlichen Land großgeworden. Du hast in Saudi-Arabien und Deutschland Zuflucht gefunden, hast hier studieren und deine Familie ernähren können. Beklagen dürfen sich Mütter, die mit ihren Kindern in Gaza leben, die ihre Kinder nicht vor Besatzungssoldaten, Schikanen und Terror schützen können. Ich musste als Kind mit ansehen, wie Häuser geplündert wurden, wie mein Großvater geschlagen wurde, wie Frauen verschleppt, geschunden und liegen gelassen wurden. Ich musste mit ansehen, wie israelische Soldaten Jungen in meinem Alter abführten, die nie wieder auftauchten. Ich erlebte, wie Großvater mit meinem Bruder von einem Arzt zum anderen ging und immer wieder weggeschickt wurde. In Gaza wäre Talat längst gestorben, hier konnte er immerhin zweiundzwanzig Jahre alt werden. Dafür solltest du dankbar sein.

Du hattest das Glück, in Deutschland zu sein. Du hattest das Glück, uns Kinder in Sicherheit zu bringen, du hattest das Glück, uns ein Leben in Frieden und Freiheit zu ermöglichen.«

Gada sprach so ergriffen, dass ich sie nur wortlos anschauen konnte. Im diesem Moment schämte ich mich vor meiner Tochter und vor meinem Volk wegen meiner Klagen.

Das Schicksal der Palästinenser hatte sich in all den vergangenen Jahren nicht verändert. Immer noch gab es verzweifelte, trauernde und hoffnungslose Menschen. Immer noch existierten die menschenunwürdigen Flüchtlingslager. Die Menschen lebten eingesperrt, die Zäune wurden immer höher. Die Jugend hatte keine Lebensperspektive. Die Kinder, die inmitten von Erschossenen und Ermordeten aufwuchsen, wurden in die Rebellion getrieben. Gewalt war die einzige Sprache, die sie verstanden.

»Danke«, sagte ich nur zu meiner Tochter.

Seit diesem Tag habe ich einen Traum: Ich sehe, wie sich alle Palästinenser den gewaltlosen Widerstand Mahatma Gandhis zum Vorbild nehmen, die Jungen und Alten, die Armen und Reichen. Wie sie alle in ihren weißen Gewändern aus sämtlichen Städten Israels und Palästinas nach Bethlehem und Jerusalem ziehen, in einem Friedensmarsch, dem sich friedlebende Israelis und Menschen aller Völker anschließen. Ich sehe, wie sie sich mutig und gelassen vor den israelischen Soldaten und ihren Panzern niedersetzen. Keine Macht der Welt wird ihnen auf die Dauer Frieden, Freiheit und Menschenrechte verweigern.

Ich träume den Traum fast jede Nacht. Ich gebe ihn nicht auf.

Nachwort

von Oskar Lafontaine

Die Eltern und Geschwister Halima Alaiyans wurden 1948 aus dem Dorf Ibdis bei Jaffa vertrieben. Ihre Familie hatte dort seit vielen Generationen eine Heimat, war seit Jahrtausenden in diesem Land verwurzelt. Inzwischen sind viele Jahre vergangen, aber immer noch erleben wir täglich als Fernsehzuschauer, wie Juden und Palästinenser einander umbringen. Es ist ein Kampf zwischen zwei Völkern um ein Land, dass beide als ihr Vaterland beanspruchen. Die Israelis nennen diesen Kampf Unabhängigkeitskrieg. Die Palästinenser sprechen von Nakbah, die Katastrophe, weil die Hälfte ihres Volkes im Krieg vertrieben wurde.

Halima Alaiyans Leben ist eine Begegnung der arabischen Kultur mit der europäischen. Von Kind an hat sich die Palästinenserin gegen die männliche Vorherrschaft in den arabischen Familien zur Wehr gesetzt. Als sie in Deutschland Medizin studierte, erfuhr sie, dass auch bei uns das tradierte Rollenverständnis zur Benachteiligung der Frauen im Beruf führt. Sie engagierte sich für die Gleichberechtigung und entwickelte eine andere Vorstellung über Krieg und Frieden. Damals lernte ich Halima Alaiyan kennen. Sie war eine Frau, die als alleinerziehende Mutter viele Schwierigkeiten überwand und so zu einer eigenen Identität fand. Sie lehnte Unterdrückung grundsätzlich ab, widersetzte sich jeglicher Gewalt. Halima Alaiyan wollte und will noch immer ein Ende der militärischen Kultur, die die Israelis und die Palästinenser beherrscht.

Verschärft hat sich der Konflikt im letzten Drittel des 19. Jahrhunderts. Ab 1880 beginnt die erste jüdische Einwanderungswelle mit der vor allem durch Progrome verfolgte Juden aus Osteuropa in Palästina eintreffen. Am 1. Juli 1920 wird eine britische Zivilverwaltung in Palästina errichtet. Dort lebten damals 600 000 Palästinenser und 70 000 Juden. Wegen der Gräueltaten der Nazis stieg die Einwanderung nach 1933 sprunghaft an. Der Widerstand der Araber gegen die Besiedlung verstärkte sich. Die aus aller Welt kommenden jüdischen Emigranten beanspruchten das »Land ihrer Väter« für sich. Auf dem zionistischen Weltkongress war die Parole ausgegeben worden: »Ein Land ohne Volk für ein Volk ohne Land.« Aber das Land war besiedelt. Es war die Heimat der Palästinenser. Im ganzen Land, so schrieb schon 1891 der jüdische Denker Asher Ginzburg, findet man kaum Ackerland, das nicht bestellt wäre.

Die erste palästinensische Intifada (1936–1939) wurde von der britischen Kolonialmacht brutal niedergeschlagen. Winston Churchill rechtfertigte das Vorgehen damals mit der Überlegenheit der Juden: »Ich bin nicht der Meinung, dass der Hund am Futtertrog das unwiderrufliche Recht auf den Futtertrog hat, auch wenn er dort schon sehr lange lebt. … Ich räume nicht ein, dass diesen Menschen (gemeint sind die Palästinenser) Unrecht widerfahren ist, weil eine stärkere Rasse, eine höherrangige, eine weltgewandtere Rasse, um es so zu formulieren, gekommen und an ihre Stelle getreten ist.«

1947 gaben die Briten ihr Mandat an die Vereinten Nationen zurück. Der Konflikt eskalierte. Im Mai 1948 wurde der Staat Israel ausgerufen. Bei der Vertreibung der Palästinenser gingen die Juden oft rücksichtslos vor. »Wer das zionistische Problem von einem moralischen Standpunkt aus angeht, ist kein Zionist«, meinte der Gründervater des Staates Israel, Ben Gurion.

Ein Ausweg aus dem nicht enden wollenden Blutvergießen wäre die Schaffung eines eigenen Palästinenserstaates, wie ihn die UN-Vollversammlung bereits 1947 gefordert hat. Da die jetzige amerikanische Regierung des Präsidenten George W. Bush die israelische Politik einseitig unterstützt, ist es Aufgabe der Europäer, für eine Lösung einzutreten, die die Interessen der Juden und Palästinenser in gleichem Maße berücksichtigt. Dabei ist die Bundesrepublik Deutschland besonders gefordert.

»Wir Deutsche wissen, dass den Palästinensern Unrecht getan wird, aber wir können wegen unserer Vergangenheit nichts gegen Israel sagen ... Wir würden sofort als Antisemiten beschimpft werden«, sagte ein Arbeitskollege zu Halima Alaiyan. »Dann seid ihr Mittäter«, antwortete sie. »Wer bei Verbrechen zuschaut und nicht versucht, sie zu verhindern, der ist doch ein solcher.«

Die Deutschen sind noch aus einem anderen Grund verpflichtet, den Palästinensern zu helfen. Die Verbrechen der Nazis führten nicht nur zur Schoah, zur Vernichtung von Millionen Juden in den Konzentrationslagern, sondern auch zur Vertreibung der Palästinenser aus ihrer Heimat.

Das Leben der Halima Alaiyan steht beispielhaft für das Schicksal vieler Palästinenser, die sich heute in der ganzen Welt eine neue Existenz aufgebaut haben. Dabei geht es ihnen in der Regel besser als ihren Landsleuten in den Flüchtlingslagern, die täglich gedemütigt werden. Israelische Soldaten haben die palästinensischen Städte und Dörfer besetzt. Menschen werden hingerichtet und Häuser zerstört. Eine ganze Bevölkerung ist eingesperrt. Sie hat keine Hoffnung mehr und ihre Kinder werden zu Selbstmordattentätern.

Uns erinnert das Buch daran, dass ein paar Flugstunden von Deutschland entfernt Menschen unter schrecklichen Bedingungen leben. Wir, die Deutschen, haben eine Mitverantwortung für das tragische Schicksal des israelischen und des palästinensischen Volkes.

Geschichtlicher Überblick

Die ersten Hochkulturen entstanden im Zweistromland von Euphrat und Tigris, im heutigen Irak. Eines dieser Zentren war Ur, die sumerische Hauptstadt, an der Mündung des Euphrat ins Meer gelegen. Um 2000 v. Chr. verlor es seine Vormachtstellung, weil von da an Assyrien und Babylon die Geschicke des Vorderen Orients bestimmten. Als die mesopotamischen Staatsgebilde ihre Machtbereiche immer weiter nach Westen und Süden ausdehnten, gerieten sie in Konflikt mit den ägyptischen Dynastien. Das Hinterland der östlichen Mittelmeerküste, Kanaan genannt, erlebte eine wechselvolle Geschichte. Es wurde zum Land der Bibel.

Die Historiker nehmen an, dass die israelitischen Stämme im 13. Jahrhundert vor unserer Zeitrechnung im Zuge des Weidewechsels aus den östlichen und südlichen Wüsten in die westjordanische Gegend und das Ostjordanland eingedrungen sind. Ihre Vorgeschichte ist dunkel. In der Bibel werden sie als Kleinvieh züchtende Halbnomaden beschrieben. Die Darstellungen des Alten Testamentes sind jedoch historisch nicht belegbar.

Wie es in der Bibel heißt, zog Abram, später Abraham benannt, mit seinem Vater und seiner ganzen Familie aus

Ur gen Norden und siedelte in Haran im nördlichen Mesopotamien. Von dort wanderte er auf Geheiß des *Herrn* weiter nach Westen und Süden, nach Kanaan. Wegen einer Hungersnot ging er nach Ägypten. Nachdem er wieder nach Kanaan zurückgekehrt war, lebte er als »Fremdling und Beisasse« unter den Einheimischen.

Abrahams Sohn war Isaak. Isaaks Sohn war Jakob, auch Israel genannt. Seine zwölf Söhne verkauften einen ihrer Brüder, Josef, nach Ägypten, wohin sie später selbst wegen Hungersnöten auswanderten. Ihren Nachkommen, die in Ägypten Fronarbeit leisten mussten, wies Moses auf Geheiß des *Herrn* wieder den Weg zurück in das Land zu beiden Uferseiten des Jordan, in das »Land der Kanaaniter, Hetiter, Amoriter, Perisiter, Hiwiter und Jebusiter, in das Land, darin Milch und Honig fließt«. Am Berg Sinai erhielt er vom Herrn, dem einzigen Gott *Jahwe*, den sie verehrten, die Zehn Gebote.

Die Stämme Israels führten unter ihren Königen Saul, David und Salomon Kriege gegen die Bewohner Kanaans und eroberten Jerusalem. Auch gegen die Seevölker, Philister genannt, die ihnen das eroberte Land wieder streitig machten, mussten sie sich zur Wehr setzen. Nach diesen Eindringlingen nannten Griechen und Römer das Land später Philistäa, wovon der heutige Name Palästina abgeleitet ist.

Nach dem Tod Salomons zerfiel das jüdische Königreich in das Nordreich Israel mit der Hauptstadt Samaria und das Südreich Juda mit der Hauptstadt Jerusalem. Im Wechsel der Geschichte gerieten die jüdischen Stämme unter die Herrschaft Assyriens und Babylons, wurden in Gefangenschaft verschleppt oder gingen nach Ägypten ins Asyl. Als der Perserkönig Kyros der Große 539 v. Chr. den Juden die Heimkehr aus dem Exil gestattete, zogen es viele vor zu bleiben. Auch ein Teil der nach Ägypten geflohenen Juden kehrte nicht zurück. Das war der Beginn ihrer Diaspora.

Im Jahre 63 v. Chr. wurde auch das Südreich Juda – das Nordreich Israel war längst untergegangen – zur römischen Provinz. 70 Jahre nach Beginn unserer Zeitrechnung zerstörten die Römer nach einem Aufstand der Bewohner Jerusalem und den Tempel und zerschlugen Juda endgültig.

Die jüdischen Staatsgebilde hatten nie die Machtfülle der anderen großen Reiche. Ihre historische Bedeutung beruht auf der jüdischen Religion, der ältesten monotheistischen Religion der Menschheit. In ihrer weltgeschichtlichen Wirkung wurde diese aber durch das Christentum überflügelt, später durch den aus diesem hervorgegangenen Islam, gestiftet vom Propheten Mohammed, in Mekka in der Zeit von 622 bis 632 n. Chr.

In den christlichen Reichen des Abendlandes wurden die dort lebenden Juden immer wieder verfolgt, während sie sich in den späteren islamischen Staaten, vor allem im Osmanischen Großreich gegen eine besondere Steuer Duldung erkaufen konnten, weil sie von der muslimische Religion – wie auch die Christen – als Gläubige angesehen und toleriert werden. Im Morgenland lebten Juden mit Moslems in Eintracht und wurden gemeinsam während der Kreuzzüge im 11. bis 13. Jahrhundert von Christen verfolgt. In der abendländischen Welt erlitten die Juden im 15. Jahrhundert schwere Verfolgungen in Spanien, nachdem die katholischen Könige Isabella von Kastilien und Ferdinand II. von Aragonien die Mauren besiegt hatten. Auch in anderen christlichen Ländern wurden die Juden als Urheber aller möglichen Übel, auch der Pest, beschuldigt, ihre Absonderung in Ghettos betrieben und das Tragen besonderer Kennzeichen wie des gelben Judenhutes in Venedig vorgeschrieben. Immer wieder flüchteten sich deshalb Juden in ihr »Heiliges Land«.

Ende des 19. Jahrhunderts siedelten sich, unterstützt von der Jewish Colonization Assocation des Barons Hirsch, Juden aus Osteuropa gezielt in Argentinien an und gründeten landwirtschaftliche Kolonien, um zur Bodenarbeit zurückzukehren, was als Grundvoraussetzung einer Landnahme in Palästina galt. Die organisierte Einwanderung nach Palästina, bei der sich Juden vor allem in den »Heiligen Städten« niederließen, begann 1881. Noch vor der Jahrhundertwende entstand auch die Zionistische Bewegung: Der in Budapest geborene Theodor Herzl verfasste 1896 die Schrift »Der Judenstaat«. Ziel war die Gründung einer eigenen Heimstatt für die Juden in Palästina. Unterstützt wurden die jüdischen Einwanderer durch Gelder, die in aller Welt von einflussreichen und vermögenden Glaubensbrüdern gespendet oder gesammelt wurden.

1914 In Palästina leben 1200 Juden. Nachdem das Osmanische Reich im Ersten Weltkrieg zerfiel, wurde Palästina zum Spielball der Kolonialmächte. Die Zionisten schlugen sich auf die Seite Englands und Amerikas.

1917 Am 2. November unterzeichnet der englische Außenminister Lord Balfour die Balfour-Deklaration zur Errichtung einer jüdisch-nationalen Heimstätte. Einen Monat später marschiert die britische Armee in Jerusalem ein.

1920 Der Völkerbund überträgt das Mandat für Palästina Großbritannien. In der Folge kommen weitere 75 000 Juden nach Palästina. Die arabischen Staatsführer sind mit der Errichtung einer jüdisch-nationalen Heimstatt in Palästina nicht einverstanden.

1922 Transjordanien wird vom Mandatsgebiet abgetrennt. Als Vertretung jüdischer Interessen wird bei der Mandatsmacht die *Jewish Agency* gegründet. Um diese Zeit leben in Palästina etwa 80 000 Juden.

1933 In Deutschland beginnt mit der Machtübernahme durch die Nazis die systematische Judenverfolgung.

1936 Es kommt zu Aufständen der arabischen Bevölkerung gegen die Mandatsverwaltung – vor allem wegen der von ihr betriebenen Politik der Zuwanderung von Juden. Zur Selbstverteidigung wird die jüdische Organisation *Hagana* gegründet. Anschließend kämpfen Hagana und britische Truppen gemeinsam gegen Aufständische.

1937 Eine Untersuchungskommission unter Vorsitz von Lord Peels schlägt die Teilung Palästinas vor, was von Juden und Arabern gleichermaßen abgelehnt wird.

1938 Nachdem die Mandatsregierung die Einwanderung und den Landkauf von Juden erheblich eingeschränkt hat, kommt es zu erheblichen Spannungen. Jüdische Untergrundorganisationen führen Terroranschläge gegen britische Einrichtungen durch, u.a. gegen das King David Hotel, den Sitz der Mandatsverwaltung.

1939 Bildung einer jüdischen Brigade zum Einschleusen von Juden in Palästina.

1945 Eine britisch-amerikanische Kommission empfiehlt die Aufnahme von 100 000 Juden in Palästina, was aber von England abgelehnt wird. In der Folge kommt es zu Unruhen unter palästinensischen Juden.

1947 Die Vereinten Nationen schlagen die Teilung Palästinas und die Bildung eines jüdischen und arabischen Staates vor. Kämpfe zwischen Juden und Arabern verhindern die Durchführung des Plans.

1948 Großbritannien beendet sein Mandat für Palästina; am 14. Mai verlassen die letzten britischen Truppen das Land. Jüdische Streitkräfte dringen in Palästina ein und vertreiben die dort lebenden Palästinenser, die von arabischen Staaten unterstützt werden. Am selben Tag ruft Ben Gurion in dem von Juden gegründeten Tel Aviv »den unabhängigen Staat Israel« aus. Es kommt zum 1. Nahostkrieg.

1949 Israel wird nach Beendigung des Krieges von den Vereinten als Staat anerkannt. Infolge von Krieg und Vertreibung leben jetzt hunderttausende Palästinenser in

Flüchtlingslagern, vor allem im Gaza-Streifen. Die Regierung Israels erklärt Jerusalem zur Hauptstadt. Zu dieser Zeit leben etwa 650 000 Juden im Land.

1956 Nach Sperrung des Sueskanals für israelische Schiffe kommt es zur Sueskrise und zum Sinaifeldzug (2. Nahostkrieg). Israel erobert den Gaza-Streifen und die Halbinsel Sinai; Briten und Franzosen besetzen die Kanalzone.

1964 Israel beginnt Wasser aus dem Jordan zur Bewässerung der Negevwüste abzuleiten, was von der Ersten Arabischen Gipfelkonferenz als Akt der Aggression gewertet wird. Auf Initiative Nassers wird die Palästinensische Befreiungsorganisation PLO (Palestine Liberation Organization) gegründet. Ziel der PLO ist die Schaffung eines unabhängigen Staates Palästina.

1967 Im Sechstagekrieg (3. Nahostkrieg) besetzt Israel das Westjordanland, die Golanhöhen und Ost-Jerusalem. Israel kommt in der Folgezeit den wiederholten Aufforderungen der Vereinten Nationen, die besetzten Gebiete zu räumen, nicht nach.

1969 Die palästinensische Untergrundorganisation *Al Fatah*, auf die sich die PLO hauptsächlich aufbaut, wird von Arafat geleitet.

1987 Es kommt zum Jom-Kippur-Krieg (4. Nahostkrieg). Nach anfänglichen Erfolgen der angreifenden Ägypter und Syrer behauptet sich Israel. Aufgrund der Politik in den besetzten Gebieten gerät Israel in eine außenpolitische Isolierung.

1979 Nach Verhandlungen zwischen Sadat und Begin in Camp David kommt es zu einem ersten Friedensvertrag zwischen Ägypten und Israel.

1982 Einmarsch der Israelis in den Libanon. Es kommt zu Massakern in den Palästinenserlagern.
Annektion der seit 1967 besetzten Golanhöhen.

1987 In der ersten *Intifada* gehen vor allem Jugendliche in den besetzten Gebieten (Westjordanland, Gaza-Streifen) gegen die israelische Besatzungsmacht vor. Auf palästinensischer Seite gewinnen neben der der PLO zuzurechnenden Al Fatah vor allem radikale Organisationen wie *Hamas* und *Dschihad* an Bedeutung.

1988 PLO-Chef Arafat bestätigt ausdrücklich das Existenzrecht Israels; Friedensbemühungen Jordaniens und der USA.

1989 Friedensplan der israelischen Regierung wird von der PLO und Teilen des Likud abgelehnt.

1990 Besetzung Kuwaits durch den Irak.
Die Intifada erhält neuen Auftrieb. Am 8. Oktober werden 21 Palästinenser während des Laubhüttenfestes auf dem Tempelberg von Sicherheitskräften erschossen.

1991 Nachdem 1988 die PLO in Algier einen Palästinenserstaat ausgerufen und der jordanische König Hussein den Souveränitätsanspruch auf das Westjordanland aufgegeben hatte, bemühen sich beide Seiten verstärkt um einen Frieden.
Auf Bemühen der USA finden Friedensverhandlungen statt, die in dem historischen Händedruck zwischen Ministerpräsident Rabin und PLO-Chef Arafat symbolischen Ausdruck findet. In der Osloer Prinzipienerklärung einigen sich beide Seiten darauf, dass in den besetzten Gebieten nach einer fünfjährigen Interimsperiode nach und nach palästinensische Autonomiegebiete eingerichtet werden sollen.

1993 PLO-Chef Arafat und der israelische Ministerpräsident Rabin erkennen im September gegenseitig Israel und die PLO formell an.
Am 13. September wird das Gaza-Jericho-Abkommen in Washington unterschrieben: Es beinhaltet den schrittweisen Abzug der israelischen Armee aus dem Gaza-Streifen und dem Westjordanland sowie die

Übergabe dieser Gebiete an eine palästinensische Autonomiebehörde.
Der Friedensprozess wird durch gewalttätiges Vorgehen israelischer Siedler in den besetzten Gebieten und der radikalen Palästinenserorganisation Hamas immer wieder bedroht.

1994 Am 4. Mai wird das 1. Autonomieabkommen zwischen Rabin und Arafat in Kairo getroffen.

1995 Das 2. Autonomieabkommen zwischen Rabin und Arafat kommt am 28. September in Washington zustande. Am 4. November bezahlt Rabin seinen Willen zum Frieden mit dem Leben. Er wird nach einer Friedensdemonstration von einem rechtsextremen jüdischen Siedler ermordet.

2000 Der provokative Besuch Ariel Sharons auf dem Tempelberg in Jerusalem führt zur zweiten Intifada. In deren Verlauf werden über fünfhundert Palästinenser und etwa achtzig Israelis getötet. Die unversöhnliche Haltung ist auf beiden Seiten noch immer vorherrschend.

Literatur

Ashrawi, Hanan: *Ich bin in Palästina geboren. Ein persönlicher Bericht*, München 1997.

Avnery, Uri: *Zwei Völker, zwei Staaten. Gespräch über Israel und Palästina*, Heidelberg 1995.

Bar-On, Dan (Hg.): *Den Abgrund überbrücken*, Hamburg 2002.

Baumgarten, Helga: *Palästina: Befreiung in den Staat. Die palästinensische Nationalbewegung seit 1948*, Frankfurt am Main 1991.

Chacour, Elias: *Auch uns gehört das Land*, Frankfurt am Main 1993.

Collins, Larry / Lapierre, Dominique: O *Jerusalem*, München 1989.

Dachs, Gisela (Hg.): *Israelis und Palästinenser. Ein schwieriges Verhältnis*, Heidelberg 1999.

Darwisch, Mahmoud: *Palästina als Metapher, Gespräche über Literatur und Politik*, Heidelberg 1998.

Dayan, Moshe: *Leben mit der Bibel. Archäologie im Heiligen Land*, München 1984.

Edlinger, Fritz (Hg.): *Befreiungskampf in Palästina. Von der Madrid-Konferenz zur Al-Agsa-Intifida*, Wien 2001.

Farhat-Naser, Sumaya: *Thymian und Steine. Eine palästinensische Lebensgeschichte*, Basel 1995.

Gedge, Pauline: *Die Herrin vom Nil*, Reinbek 1997.

Gremliza, Hermann L. (Hg.): *Hat Israel noch eine Chance? Palästina in der neuen Weltordnung*, Hamburg 2001.

Herz, Dietmar / Steets, Julia: *Palästina, Gaza und Westbank. Geschichte, Politik, Kultur*, München 2001.

Der Koran. Das heilige Buch des Islam, München 1992.

Krämer, Gudrun: *Geschichte Palästinas. Von der osmanischen Eroberung bis zur Gründung des Staates Israel*, München 2002.

Naipaul, V. S.: *Eine islamische Reise. Unter den Gläubigen*, München 2001.

Qleibo, Ali H.: *Wenn die Berge verschwinden. Die Palästinenser im Schatten der israelischen Besatzung*, Heidelberg 1993.

Scholl-Latour, Peter: *Lügen im heiligen Land. Machtproben zwischen Euphrat und Nil*, München 2000.

Tergit, Gabriele: *Im Schnellzug nach Haifa*, Frankfurt am Main 1998.

Van der Meulen, Lionel: *Fremde im eigenen Land. Die Geschichte der Palästinenser und der PLO*, München 1989.

Wolffsohn, Michael: *Wem gehört das Heilige Land? Die Wurzeln des Streits zwischen Juden und Arabern*, München 2002.

Wurmbrand, Max / Roth, Cecil: *Geschichte der Juden. 4000 Jahre Kampf ums Überleben*, Frankfurt am Main 1985.

Danksagung

Dank an meine Töchter; sie mögen mir verzeihen, dass ihr kranker Bruder mehr Aufmerksamkeit, Liebe und Zuwendung von mir erfahren hat.

Dank und Achtung an meinen Sohn, der die Abwesenheit seiner Eltern in der für sein Leben so wichtigen Zeit der frühen Kindheit und später die Trennung von seinem Vater hinnehmen musste: Du hast deine Krankheit ein Leben lang mit Geduld, Mut und Tapferkeit ertragen und dabei nie dein Lächeln verloren.

Dank an meine Eltern, die mich streng und liebevoll erzogen, die mir Kraft und Selbstvertrauen gaben.

Dank an das Land Ägypten, das uns als Flüchtlinge aufnahm und mir eine Schulbildung ermöglichte.

Dank an das Land Saudi-Arabien, das uns Palästinensern Arbeit gab.

Dank an das Land, in dem ich jetzt lebe. Hier wurde es mir möglich, meinen sehnlichsten Berufswunsch zu erfüllen, Ärztin zu werden. Hier gab man mir, der Staatenlosen, die deutsche Staatsbürgerschaft.

Dank all den Menschen, die mir mit Verständnis und Achtung begegneten, die aufrichtig zu mir und meinen Kindern waren.

Dank an Angela, Bernhard, Birgit, Gerti, Heinz, Helga, Helmut, Inge, Irmgard, Johanna, Maria, Nicola, Patricia, Rainer, Reinhard, Schahnas, Steffi, Thomas, und Regina Carstensen.

Dank an Wolfgang und seine Familie.

Danke, Oskar.